SIXIANG ZHENGZHI LILUN KECHENG XUEXI YANJIU

思想政治理论课程学习研究

● 吴学兵 著

中央编译出版社
Central Compilation & Translation Press

前　言

　　思想政治理论课程学习是与思想政治理论课程教学相对而言的，二者皆属于思想政治理论课程教育教学同一过程的两个不同方面。从根本目标而言，思想政治理论课程学习研究与思想政治理论课程研究及其教学研究是一致的，这三者均从不同角度、不同侧面、不同程度地推进和实现着思想政治理论课程教育教学的目的。而本书是以学习者为中心，紧紧围绕什么是思想政治理论课程学习、怎样进行思想政治理论课程学习这条基线，遵照从理论到实践、从宏观到微观、从外在到内在的逻辑思路展开，分别就什么是思想政治理论课程学习、思想政治理论课程学习的前提是什么、何以能学习思想政治理论课程、思想政治理论课程学习过程如何以及怎样学习思想政治理论课程等五个论域展开较为深入、详细的探讨。在界定和概括思想政治理论课程学习的含义、特征和本质的基础上，旨在阐明有效思想政治理论课程学习活动的开展离不开必要的前提和条件，学习者必须具备相关的学习素质，并需要正确运用有关学习策略才能实现该课程学习的目标。本书集中探讨了如下问题：

　　第一，高校思想政治理论课程学习的基本论域。由于思想政治理论课程学习是一个崭新的研究领域，研究的起点势必是从探讨其基本内涵着手，本书在探析思想政治理论课程的概念、性质和形态的基础上，根据学习的一般含义，界定了思想政治理论课程学习的含义，即思想政治理论课程学习是指大学生或学习者以自己现有的知识、技能和态度等心理结构为基础，在教师的指导下，通过一定方式和手段获取思想政治理论课程内容的信息，并把获取的信息进行转化促使自身思想观念变化的过程，而这种变化对学习者的成才成长产生重要影响。这就使得该学习显著区别于其他类型的学习，如智育课程学习、道德学习等。从思想政治理论课程性质及其功能来看，该课程学习实质是一种价值性学习，并由道德性学习和整合性学习等内容反映其本质属性，也由此概括出思想政治理论课程学习的三个外在特征，即认知性、体验性和建构性特征，由此阐明思想政治理论课程学习不但具有一般课程学习的共性，而且还具有本身的个性特点，揭示了该学习的根本在于建构正确的思想政治观念。事实上，思想政治理论课程学习在现实的实践活动中存在三种不同的形态，即受动性学习、自主性学习和信仰性学习，每一种学习形态皆是学习效果与学习者学习精神状态的集中体现。其中受动性学习是低效的学习形式，自主性学习是有效学习的常态，信仰性学习则是至高境界的学习。这些分析在一定意义上划定和确立了思想政治理论课程学习研究的边界和论域，初步厘定和廓清了所涉及的基本理论问题，奠定了研究的性质和向度，回答了什么是思想政治理论课程学习的问题。

第二，高校思想政治理论课程学习的现实境遇。有效思想政治理论课程学习活动的开展事实上离不开一定的前提和条件。本书遵从由内在到外在、从宏观到微观等思路分析和探讨了时代境遇下思想政治理论课程学习的要求和挑战：一是基于思想政治理论课程"05方案"的认识，阐析了该课程学习的内涵和基本要求；二是分析了当代新兴媒体及其信息传播方式的崛起、当代多样化社会思潮的激荡、当代多元性社会文化的冲突等社会环境因素对该课程学习的影响；三是探析了思想政治理论课程学习活动在高校这个特定教育系统中所遭遇的具体障碍。这些探讨和分析实质上是从"现实主义"视角阐明该课程学习的有效开展必须具备良好的学习条件和学习环境。

第三，高校思想政治理论课程学习主体的学习素质。思想政治理论课程的性质决定了其学习目标和学习要求不同于一般的高等教育课程，所以对学习者从事该课程学习的素质有特殊要求。这些学习素质要求既有与其他课程学习如智育课程学习存在共性的一面，同时更多具有个性和特殊性的一面，这是保证该课程学习得以顺利开展的前提和基础。该学习素质涵盖了学习动力系统、学习能力系统和学习品格系统等三个层面。学习动力是以学习动机为核心的素质系统,它是激发学习、维持学习并将学习导向某一目标的原动力,是学习者学习积极性、主动性发挥的前提和基础;学习能力系统主要由自主学习能力、理论思维能力和价值分析能力等三个基本成分构成,在具体的学习活动中分别发挥着相应的作用,推动学习活动的有效开展;学习品格体现为主体的学习态度和学习道德这两个因素,是学习者在学习活动中的精神状态、治学态度,以及处理与学习活动相关关系的思想作风和品质。

第四,高校思想政治理论课程学习的过程分析。从某种意义上来说,思想政治理论课程学习是一种内在的心理活动过程,但是其学习的内在运动过程不是自发产生的,而是由一系列内外矛盾综合作用的结果,该课程学习内在过程的发生、发展是为学习者主体自觉、有意识地掌控的,因而其学习过程呈现一定的规律。本书运用马克思主义认识论原理,并结合教育心理学相关原理如建构主义学习理论,着力解析了思想政治理论课程学习的内在过程,透析和揭示了思想政治理论课程学习的过程机制、过程机理及过程规律。本书首先从分析和确证思想政治理论课程学习过程的矛盾入手,阐明学习过程演进的动因和根源;然后从作用机制原理切入集中探讨了学习者如何获取、体验、认同、接受、整合内化学习信息的,该学习过程的内在机制主要包括认知获取机制、情感体验机制、认同接受机制、整合内化机制,各作用机制之间前后相续、上下递进,相互联系,相互转化,交织渗透,形成有机的、不可分割的联系,全景式透视了学习信息的纵向发展过程,从而揭示了学习者思想政治观念变化的过程;再次,基于前述分析,初步总结和概括了对思想政治理论课程学习过程的规律性认识,即该学习过程显示出自主建构与外力作用相统一、需要驱动与自我提升相统一这两方面特性;最后,根据对思想政治理论课程学习本质的认识,阐明该学习过程实质上是思想政治观念的个体化与个体思想政治观念的社会化的统一过程。

第五,高校思想政治理论课程的学习策略。思想政治理论课程学习研究的目的在于实践,在于指导其学习活动。然而学习者如何有效学习?这便涉及其学习策略的探讨和实施问题。本书在前述章节所阐发的理论认识的基础上,结合思想政治理论课程本身的性质和特点,界定了思想政治理论课程学习策略的含义和特征，使之区别于其他类型学习策略，并对其学习策略体系进行分类。本书认为思想政治理论学习策略既有普适的通用学习策略，如阅读学习策略、概念学习策略和问题解决策略等，又包含针对其学习中所遭遇的矛盾和问题而应采用的特殊学习策略，如自主学习策略、体验学习策略、探究学习策略等，这些特殊学习策略在当下学习环境下更具有实践意义。最后，本书就其特殊学习策略的运用和实践进行较为深入的探讨，从而使理论研究与实践探索紧密结合，彰显了本书研究的现实指向性。

最后，关于提升高校思想政治理论课程有效学习的相关对策。思想政治理论课程学习不是纯粹的个体实践活动，学习者身处高校教育教学环境之中，总是受到诸多教育教学因素的影响和制约。因此，结语部分立足于思想政治理论课程学习的现实，从学习者之外的角度探讨如何提升该课程有效学习的相关对策，即从思想政治理论课程教育教学理念的创新、思想政治理论课程的建设、思想政治理论课程教育教学的改革以及思想政治理论课程学习评价的完善等四个方面进行分析，并提出相关构想，这是合力提升思想政治理论课程学习有效性的现实性举措。

本文研究的创新点着重表现在以下两个方面。

其一，研究视角和研究范式的创新。本文是以学习者为中心，以学习作为其核心范式，从学习者这个视角着眼，对思想政治理论课程学习问题进行系统的、专门的研究；集中探讨了有效的思想政治理论课程学习活动是如何展开、如何推进的，以回答"什么是思想政治理论课程学习、怎样进行思想政治理论课程学习"这个基本问题，划分和确定其研究领域和研究边界，构建起思想政治理论课程学习研究的基本框架。这显著区别于传统的研究从教育教学层面关注和探讨思想政治理论课程学习问题，以教育者或教师为中心，立足于"教"而不是"学"。从这个意义来说，本课题研究凸显了研究视角和研究范式的创新，也是对当代人本化教育教学理念的回应。

其二，研究观点的创新。首先通过对思想政治理论课程学习的含义、本质、特征以及形态的界定和概括，诠释思想政治理论课程学习的内涵，以区别于其他类型学习如智育课程学习、道德学习等。其次提出学习者有效学习思想政治理论课程须具备三种学习能力的新见解，即自主学习能力、理论思维能力和价值分析能力。最后对思想政治理论课程学习策略的创新，即在思想政治理论课程学习过程中，学习者既要善于运用通用学习策略，又要学会正确运用特殊的学习策略，才能实现该课程学习的任务和目的。

目 录

导 论 ………………………………………………………… 1
 一、高校思想政治理论课程学习研究的意义 ……………… 1
 二、高校思想政治理论课程学习研究的现状 ……………… 8
 三、高校思想政治理论课程学习研究的理论基础 ………… 15
 四、高校思想政治理论课程研究的思路和方法 …………… 22

第一章　高校思想政治理论课程学习的基本论域 ………… 28
 一、思想政治理论课程学习的基本内涵 …………………… 28
 二、思想政治理论课程学习的本质 ………………………… 42
 三、思想政治理论课程学习的特征 ………………………… 52
 四、思想政治理论课程学习的形态 ………………………… 60

第二章　高校思想政治理论课程学习的现实境遇 ………… 66
 一、思想政治理论课程学习的基本要求 …………………… 67
 二、思想政治理论课程学习的时代际遇 …………………… 74
 三、思想政治理论课程学习的前台遭遇 …………………… 94

第三章　高校思想政治理论课程学习主体的学习素质 …… 115
 一、学习动力系统 …………………………………………… 116
 二、学习能力系统 …………………………………………… 133
 三、学习品格系统 …………………………………………… 153

第四章 高校思想政治理论课程学习的过程分析 …… 168
一、思想政治理论课程学习过程的矛盾分析 …… 168
二、思想政治理论课程学习的过程机制 …… 176
三、对思想政治理论课程学习过程规律的认识 …… 187
四、思想政治理论课程学习过程的本质 …… 192

第五章 高校思想政治理论课程的学习策略 …… 195
一、思想政治理论课程学习策略的基本认识 …… 195
二、思想政治理论课程学习策略的分类 …… 204
三、思想政治理论课程的特殊学习策略举隅 …… 211

结 语 提升思想政治理论课程学习效果的相关对策 …… 241
一、构建思想政治理论课程学习的生态系统 …… 241
二、改进思想政治理论课程学习评价的构想 …… 255

中外文参考文献 …… 261

后 记 …… 274

导 论

高校思想政治理论课程①学习是与高校思想政治理论课程教学相对而言的，二者皆属于高校思想政治理论课程教育教学同一过程的两个不同方面。从根本目标上来说，高校思想政治理论课程学习与高校思想政治理论课程及其教学是一致的，这三者均从不同角度、不同侧面、不同程度地推进和实现着高校思想政治理论课程教育教学的目的。

一、高校思想政治理论课程学习研究的意义

研究的视角在社会科学研究中具有根本的指向意义，直接决定了研究的起点、过程和终点。对思想政治理论课程研究来说更是如此。从思想政治理论课程研究的传统来看，其研究主要从教师的视角来预设研究思路、构建研究框架、推演研究结果。这种以教师为中心的思想政治理论课程研究大致是从两个论域探索其教育教学的路径和策略，以提升该课程教育教学效果的。一是直接从教学维度入手，探讨教的研究，如教的过程、教的方法和教的策略等方面的研究；二是围绕教学而展开，探讨如何通过加强学科建设、课程建设、教材建设和教师队伍建设等为教学提供支撑。这种研究视角和研究取向具有历史的必然性和现实的合理

---

① 高校思想政治理论课程专指我国高校直接以学科或理论形态通过课堂教育教学的方式对大学生进行马克思主义理论与思想政治教育的课程，但该课程在名称方面则呈现出变化性的特点，并不是一直使用思想政治理论课的名称，先后曾使用十多个课程名称；2004年8月在《关于进一步加强和改进大学生思想政治教育的意见》中首次正式使用"思想政治理论课"，取代了此前各种称呼至今。本书除了在每章标题使用高校思想政治理论课程名称外，一般称之为思想政治理论课（程）。

性，是"学术传统的惯性"①使然，但它主要是站在教育者或决策者立场进行回应，相对忽视了学习者"如何学"的研究，没有立足于"如何学"这个根本，未能足够重视学习者的主体性和能动性，难以实现其教育教学效果的最大化，困扰该课程教育教学实效不佳的难题依然如故。

而思想政治理论课程学习研究主要是从学习者的视角着眼，探讨学习者如何感知、获取、体验、接受和内化思想政治理论课信息。这与思想政治理论课程教学的区别十分明显。但无论以何者为中心，它们的研究目的却具有一致性。譬如，思想政治理论课程教学研究虽然是以教师为中心，关注的是教师的行动，但其根本在于教师如何有效地把思想政治理论课程教授给学习者，或者是如何正确有效地引导学习者接受既定的思想价值观念。从这点来看，二者存在不可分割的联系，它们互为表里，皆属于高校思想政治理论课教育教学体系的重要组成部分。

当下之所以强调对思想政治理论课程学习进行研究，凸显该课程学习的地位和作用，探其原由，是思想政治理论课程建设及其教育教学实践等多方面因素催生的必然结果。

第一，加强思想政治理论课程学习研究是该课程论和教学论发展的必然趋向。现代课程论和教学论均以学习为基础，以学习基本原理为立论依据，构筑其内容体系。在现代课程论视阈中，无论是课程的编制，还是课程的实施，均探讨课程如何学习的内容设置，"直接关注预期的学习目标或结果"②，对课程的学习方式、学习策略、学习过程等内容均有论及，学习成为其中不可或缺的内容。这表明学习与课程之间关系紧密，相互促进、相互依存。同时，学习研究向来是教学论的中心问题，教学的过程就是组织和激发学生如何学习的过程，教来源于学，依赖于学，服务于学，是学的外因和外部条件；而且"当代教学论把学习看成是一个积极主动的过程，认为学生学习到了什么主要取决于学生的认知活动，教师的教法必须以能够促进和引导学生积极、主动、有效地

---

① 从立新：《课程论问题》，教育科学出版社2002年版，第323页。
② 施良方：《课程理论：课程的基础、原理与问题》，教育科学出版社1996年版，第5页。

进行认知活动为前提"①。由是看出,"如何教"实际上就是从"如何更好学"出发的,教的落脚点和效果最终还是由学习的效果来体现。这些教育发展趋势说明,只重课程研究、教学研究而不重学习研究,只重研究课程研制、教法而不重研究学法,是不完整的、行不通的课程教育教学。

但是,从高校思想政治理论课的课程设置及其教育教学的历史发展来看,一般多重视该课程建设和教材建设,着力推进课程的学科化和科学化发展,也较为重视该课程如何"教"的研究,但对学的问题很少有直接的、专门的研究。这虽是由诸多主客观原因造成的,但显然是不合理的。事实上,思想政治理论课的学习研究同课程本身及其教育教学同样密切关联。从思想政治理论课程教育教学与学习关系来看,学与教是同一过程的两个侧面,是一对矛盾统一体,是学的"主体"与教的"主导"之间的对立统一活动,它们彼此依存、相互制约、协调统一。而该课程建设与学习研究的目标是相一致的,课程设计最终是要有利于学习者获取、接受、内化课程信息即学习。这充分表明其学习研究与该课程建设目标、教育教学目标根本一致。概言之,学习研究是实现思想政治理论课程教育教学目标的关键环节。

随着思想政治理论课程"05方案"的贯彻和实施,其教育教学实践获得新的发展机遇,不但有助于继续加强该课程的建设和发展,改进教学手段、方式和方法;而且也有助于调整研究视角,转换研究思路,开辟研究路径。思想政治理论课程学习研究就是从该课程学习这个关口直接切入,紧紧围绕着学习者"如何学"这个关键环节展开,分析学习如何可能,透析学习的过程及机理,构建学习策略,改进学习效率,以提高学习的效果,从而实现教育教学目的。所以,开拓思想政治理论课程学习研究的领域,对该课程学习进行专门化研究是课程发展的必然要求,成为推动课程发展的重要动因;同时也顺应了当下该课程教育教学改革的发展趋势,并会反过来推动教育教学改革的纵深发展。加强思想政治理论课程学习研究是研究视角和研究范式的转换和创新,就是从

---

① 张大均:《教学心理学》,西南师范大学出版社1997年版,第23—24页。

传统以"教"为中心向以"学"中心的转换，从单纯的教育者立场向学习者立场转移，从"如何学"的视角推动"如何教"和"课程如何建设"，并将其纳入思想政治理论课程整体教育教学的框架之中，这样不但开拓了该课程教育教学研究领域，同时借助学习研究使"课程"、"教学"、"学习"等各领域形成内在联系，构成体系化的理论整体，为思想政治理论课教育教学理论和实践的发展提供新的思路和参考框架，有助于进一步推动思想政治理论课程的学科化和科学化发展。

第二，加强思想政治理论课程学习研究是探索其学习性质的内在要求。高校思想政治理论课作为一种课程类型，除了具有一般学科课程的特点和共性外，还明显包含自身的课程个性和特色。究其根本，在于该课程的性质及其特殊的社会功能。思想政治理论课作为大学生公共必修课程，是国家意识形态和社会主流核心价值观的集中体现，是对大学生进行思想政治教育的主渠道，是帮助大学生树立正确世界观、人生观、价值观的重要途径，在大学生成长、成才过程中扮演着重要作用，体现了社会主义大学的本质要求；与此同时，思想政治理论课教育教学在马克思主义理论教育和马克思主义大众化过程中担负着重要职责，因而以其特殊的课程性质显著区别于其他学科课程，在整个高等教育体系中具有无可替代的地位和作用。如此看来，思想政治理论课程所具有的独特属性，意味着其学习与其他学科课程如智育课程的学习存在区别，规约其学习要求、学习目标和学习方式、方法。从表象上看，思想政治理论课程学习与智育课程学习类似，譬如，不仅要理解和掌握基本概念、基本原理等方面内容，甚至涵盖逻辑判断、推理等方面的训练和培养，似乎与一般学科课程学习毫无差别；从另一个侧面来看，它又与道德学习或思想品德学习存在诸多共同之处，它们在学习过程和学习内在机理方面具有同质性、相似性，其学习过程同样包括获取、体验、认同、接受、内化诸过程阶段。当然，思想政治理论课程学习与后二者之间的区别同样非常明显，这主要在学习目的、学习对象、学习途径等方面存在差异。这样看来，思想政治理论课程学习尽管具有这两种类型学习的特征，但明显具有自身的属性，绝不能归类到这两种学习的任何一类。这不仅反映了其学习的特殊性和复杂性，也反映了其学习具有自身的研究边界和研究领域,具有自身的学习规律和学习机理。因此,有必要对该课程学习进行专门化和体系化的研究,以便更好地解决"如何学"的问题。

第三,加强思想政治理论课程学习研究是新时期"以人为本"教育理念的本质彰显。从现代教育理论和实践的发展趋势来看,教育"已不再是从外部强加在学习者身上的东西,也不是强加在别的人身上的东西。教育必然是从学习者本人出发的"①。"以人为本"教育理念因而成为现时代主导性的教育观念,它是"以人的主体性和人的需要为核心建构教育的新理念,认为全部教育的根本任务在于个人的和谐发展、人性的全面实现"②。尽管其基本内涵在不同的教育理论体系尚存在争议,但其核心是以学生为中心,以学生为本,关注学生的精神世界,置学生于教育教学的中心地位,把教育教学的目标、原则和方法定位于尊重学生、理解学生、关心学生、提高学生、造就学生,而且所有教育教学资源和教育手段均应有利于学生的成才、成长。从价值层面上看,开展思想政治理论课程学习研究,不仅意味着其理论研究的自觉,合乎教育发展的逻辑,而且充分体现了人本化的教育价值观。思想政治理论课程教育教学以学生为本,是要求教育者尊重和理解学习者,遵循学习者成才成长的内在规律,从学习者实际的学习需要和学习状况出发进行引导和培养,激发学习者的主体性、能动性、积极性和创造性,帮助学习者树立正确的世界观、人生观和价值观,最终实现该课程教育教学的目的。思想政治理论课程学习研究的实质和目的就在于试图从学习者的角度来看待其教育教学,把教育教学建立在对学习者的全面了解之上,从而创造出适合作者学习和发展的教育教学,而不是像以往那样无视学习者的特点去培养和教育。作为学习的主体,学习者学习什么?怎样学习?学习多少?学习效果如何?这些问题贯穿于课程教育教学过程的始终,这些问题解决得如何实质上是衡量教育教学实效性的重要标尺。所以,从"教"的研究转向对"学"的研究,绝不是简单的概念上的、形式上的转换,它还意味着深刻的教育价值观的转变。以往该课程教育教学是以

---

① 联合国教科文组织国际教育发展委员会编著:《学会生存》,华东师范大学比较教育研究所译,教育出版社1996年版,第200—201页。

② 鲁洁、王逢贤:《德育新论》(第二版),江苏教育出版社2002年版,第427页。

教来塑造学、让学适应教，而现在是要以学引领教、让教适应学；"教"强调的是外在控制，"学"则强调内在的激发。因此，加强该课程学习问题的研究，将有助于拒斥"非人化"的教育教学，真正实现其教育教学的"以人为本"理念。

第四，加强思想政治理论课程学习研究是积极应对新时期学情变化的路径选择。随着我国对外开放不断扩大，社会主义市场经济的深入发展，"经济体制深刻变革，社会结构深刻变动，利益格局深刻调整，思想观念深刻变化"①，当代大学生成长的时代背景正发生巨大而深刻的变化，大学生思想活动的独立性、选择性、多变性、差异性明显增强，"其价值观念特别是首位价值观念难以定型，处于经常动荡变幻之中"②。这是新时期思想政治理论课程教育教学和学习所面临的最突出的学情。促成新时期学情产生显著变化的主要因素有：一是当代大学生是在日益开放的环境下成长、成才，开放的环境意味着信息处于开放、流动状态，尤其是互联网的普及使全球化的信息资源和跨文化的交流更加快速、便捷，给当代大学生提供了以个人身份参与全球化的机遇，他们所接触的信息远远超出了学校和家庭安排的范围。这样多样化的文化体验、多元化的价值碰撞，对他们的思维方式、民族情感、政治认同产生空前影响，也使得他们的思想情绪始终处于变动不居的状态。二是当代大学生出生并成长于我国社会深刻变革的历史进程之中，科技革命之迅猛，经济发展之快速，社会转型之深刻，多元文化碰撞之激烈，是人类历史上所罕见的，这必将对他们的行为方式和思想观念产生极大冲击。三是当代大学生是在以数字化技术为核心的现代科学技术条件下接受高等教育的，"由于科学技术的价值意蕴，它执行着对个体塑造的功能"③。譬如，信息技术和新兴传播方式的发展，改变了他们的学习、生活、娱乐、思维乃至语言方式，海量杂芜的信息造成学习者对现实世

---

① 《中共中央关于构建社会主义和谐社会若干重大问题的决定》，载《人民日报》2006年10月19日。
② 鲁洁、王逢贤：《德育新论》（第二版），江苏教育出版社2002年版，第158页。
③ 张耀灿、郑永廷、吴潜涛、骆郁廷：《现代思想政治教育学》，人民出版社2006年版，第63页。

界、理想世界、虚拟世界中的身份和价值信念的错位，给他们的思想观念带来诸多困扰。四是当代大学生是在高等教育大众化的背景下跨入校园的，完全学分制的实行改变了传统的班级管理模式；而且当代大学生的家庭状况和社会所属阶层的差异，使人际关系复杂化，这对他们的人格发展、心理健康带来微妙的影响。①

这些不断变动的社会环境新因素，不但极大地改变着当代大学生的生活方式和行为方式，甚至改变其思想价值观念。针对新时期学情的新变化，除了秉承传统的行之有效的思路和经验，通过加强和改进教育教学的方式、方法和手段去应对、适应；还需要转变观念和思路，直接从该课程的学习这个中心环节入手，根据大学生的身心特点和思想变化特点，展开系统研究，弄清当代大学生的思想诉求、价值取向、内心渴望，准确把握当代大学生思想情绪的变化、发展趋势、演变规律，以贴近他们的思想实际，从而认识和揭示思想政治理论课程学习的特点和规律，提高其教育教学的针对性和实效性，加强学习指导，完善学习策略，以提高学习效率，增强学习效果。由此可见，加强思想政治理论课程学习研究是源于其教育教学实践发展的需要，而非远离实际的形而上的思辨结果。

综上所述，之所以加强思想政治理论课程学习研究，是因为源自其内外因的合力推动，最终目的是为了更好地实现思想政治理论课程教育教学的目标。著名科学哲学家波普尔（K. R. Popper）指出："科学与知识的增长永远始于问题，终于问题——愈来愈深化的问题，愈来愈能启发大量新问题的问题。"② 思想政治理论课程学习研究也是始于该课程学习问题，终于该课程学习问题，若无课程学习问题，该课程学习研究就失去了作用对象而不能进行和发展。因此，本书认为，思想政治理论课程学习研究实质上是以该课程学习问题为研究对象，来实现和完成认

---

① 本部分对大学生学情的认识吸收了其他研究者的成果，详见《加强思想政治教育研究增强思想政治教育实效》，载《各省区市高等学校思想政治教育（德育）研究会：2003—2008年工作总结》，第29—30页。

② ［英］K. R. 波普尔著：《科学知识进化论：波普尔科学哲学选集》，纪树立编译，三联书店1987年版，第184页。

识该课程学习现象、揭示其学习规律和指导其学习实践的目的和任务，在于通过学习研究，揭示和阐明该课程学习的过程、机制和规律，探讨"如何学"的策略，提升其学习效果，从而最大化地实现思想政治理论课教育教学的目的。

二、高校思想政治理论课程学习研究的现状

高校思想政治理论课程学习是一个熟悉而又陌生的论题。言其"熟悉"，是基于该学习是思想政治理论课程教育教学整体不可或缺的组成部分，各种经验化的学习行为和主观性的学习观念广泛存在；而所谓"陌生"，是相对于该论题研究的现状而言，因为对思想政治理论课程学习的研究尚未引起足够的重视，还未成为该课程发展及其教育教学关注的焦点，属于亟待开拓的崭新课题。然而，对思想政治理论课程学习的关注和探讨始终是该课程教育教学的中心话题，见诸于教育教学理论和实践的各个层面；教育者和理论工作者结合教育教学活动的实际，结合大学生思想个性和行为的特点，结合时代的发展特征，多角度、多层次和多侧面地对该学习问题予以理论阐发，或者进行实践探索和经验总结，积聚了有价值的和启发性的文献资料，既为本书研究提供了研究支撑，又开阔了研究视野。

第一，关于高校思想政治理论课程性质的界定。课程是学习的对象和载体，不但课程的内容及其体系结构决定了学习方式的不同，而且不同性质课程的学习目的和学习要求也不尽相同。所以，课程性质的界定是准确把握其学习性质的前提和起点。课程性质实质是指课程是什么的问题。从目前所掌握的资料来看，对"思想政治理论课是什么"的认识大致是沿着两条不同路线进行界定的，且殊途同归。其一，课程决策者（或决策部门）的权威性话语界定。思想政治理论课开设伊始，就明确规定了该课程的目的，旗帜鲜明地阐明该课程性质和拟实现的教育教学目标。然而，在不同的历史时期和不同的社会发展阶段，随着社会实践的深入和理论认识的深化，课程决策者对该课程性质的界定在基本立场一致的基础上凸显了与时俱进的特点。党和政府制订了一系列关于

高校思想政治理论课教育教学和高校德育工作方面的政策文件和规章，这应当是把握该课程性质的基本依据。① 但是，这些政策文件并未直接地、专门地概括该课程性质，而是从其教育教学目标、课程地位和课程社会功能等角度来阐述的。有学者专门对此给予了系统解读和比较分析，认为新中国成立以来，国家对思想政治理论课的性质认识和概括，在改革开放前、改革开放后以及新世纪新阶段以来等三个历史时期事实上存在不断深化的特征，尤其"05方案"将其性质的定位置于新的战略高度。② 其整体含义大体概括为：通过思想政治理论课进行马克思主义理论教育和思想教育，培养大学生科学的世界观、人生观、价值观，把无产阶级及其政党的崇高奋斗目标内化为学生自觉的理想信念，成为有理想、有道德、有文化、有纪律的德才兼备的社会主义的建设者和接班人。这充分阐明了思想政治理论课的政治性、意识形态性和育德性。

其二，学界和教育界（即民间）的理论概括。学界对此研究一方面离不开对官方相关权威文件的解读和阐释，另一方面是根据思想政治理论课教育教学理论和实践的发展进行理论论证和阐发。主要是从两个维度来概括的：其一是从教学性质和学科性质角度来论证的，有研究者认为："就'两课'教学的性质而言，它有两层含义：一是'两课'教学反映的制度性质，是我国高等教育社会主义性质和办学方向的重要体现；二是从学科性质看，应归属思想政治教育学科"；③ 也有学者主张，"通过'两课'教学使学生的精神世界充分均衡发展，成为具有完全人格的社会主义合格公民"；④ "从'两课'教育教学功能定位来看，它是寓思想政治教育于理论知识传播之中，实现理论知识教育与思想政治教育的完美统一"。⑤ 就目前研究成果来看，对此较为简练、明确地概括如，

---

① 对该部分分析资料来源于教育部社科司组编：《普通高校思想政治理论课文献选编（1949—2006）》，中国人民大学出版社 2007 年版。

② 余双好：《思想政治理论课程教师应提升学科建设意识》，载《思想理论教育导刊》2007 年第 9 期。

③ 杜学锋：《"两课"教学的性质和基本原则》，载《思想理论教育导刊》2003 年第 6 期。

④ 陈秉公：《论"两课"教学的六个基本范畴》，载《思想教育研究》2004 年第 1 期。

⑤ 思言、张云：《"与时俱进地推进德育主渠道建设"》，载《思想理论教育（综合版）》2004 年第 6 期。

"'两课'教育是政治教育、思想教育、品德教育的辩证统一",① 即视其为政治课、思想课和品德课于一体的课程。当然,也有少数学者持一家之言,认为它还是"文化知识课"(房玫,2005)。其二是从课程的角度来辨析其性质,主要根据思想政治理论课与其他哲学社会科学课在教学的目标、教学的内容以及教学方法等层面的区分,以阐明该课程的真理性、价值性和属人性等特征。② 这些研究成果从不同视角生动说明了该课程性质的特殊性和复杂性,有助于深化对该课程性质的认识。

第二,关于对高校思想政治理论课程学习问题的直接研究。在此,"直接"的含义是指直接围绕学习问题展开研究,即就学习问题论学习问题,而不论及其余。即研究者结合思想政治理论课程教育教学的实践,结合该课程内容及其结构特点,并结合大学生特点,分别从学习方法、学习手段、学习条件、学习环境、学习风格以及学习策略等方面进行阐发、提炼;或是对学习的经验进行梳理、总结,形成了经验性的或个案性的关于学习研究的内容。其一,移植、借鉴和应用相关学习理论探索其学习的效果。譬如,运用自主学习的理论和方法,论证其在大学生思想政治理论课学习中的重要意义,并分析它对加强大学生思想政治理论课学习所产生的积极效果。③ 还有从研究型学习理论角度探讨其学习方法和模式,其要旨是指学生在教师指导下,从一定的情境出发,以研究的方式来学习新知识,并相应的使研究意识、能力和精神得到提高。开展研究型学习的目的在于培养学生提出问题、研究问题、解决问题的能力,核心是要改变学生的学习方式,强调一种主动探究式的学习方法,以创新的学习来取代传统式的学习,以参与性的学习来取代被动式的学习。④ 其二,关于其学习的内在驱动系统和学习心理的研究。其

---

① 参见石云霞:《把握"两课"教育的性质和功能,推进"三个代表""三进工作"》,载《学校党建与思想教育》,2003年第10期;石云霞:《"两课"教学法研究》(第二版),武汉大学出版社2003年版。

② 杨经录:《思想政治理论课与(其他)哲学社会科学课区别探讨》,载《思想政治教育研究》2007年第1期。

③ 王成光:《大学生思想政治理论课自主学习的实践教育探索》,载《西华师范大学学报(哲社版)》2007年第7期。

④ 郑彦良、黄建华:《思想政治理论课研究型学习的探索与实践》,载《清华大学学报(哲社版)》2006年第2期。

基本观点是：思想政治理论课程学习是有其学习动力系统驱动的，通过激发其动力系统的各要素，如学习需要（内动力）、学习兴趣（原动力）、学习自信心（自动力）、学习期待（他动力）、学习竞争与合作（互动力）、学习激励（外动力）等，提高其学习效果。① 其三，从接受理论角度来探讨思想政治理论课程学习。在此，视其学习活动为受教育者接受活动，把学习过程看成接受过程，"两课"教育是"大学生出自于思想、政治、道德需要而对'两课'教师利用各种媒介所传递的政治、思想、道德文化信息的反映与择取，理解与解释，整合与内化以及外化践行的求真、求善、求美的过程"；② 并且对高校思想政治理论课教育接受含义予以界定："高校思想政治理论课教育接受是指发生在高校以课堂教学为主要场所的对思想政治理论的接受活动，是学习者即学生出于自身需要，在环境作用影响下对教师在教学过程中所传递的思想政治文化信息，加以反映、选择、整合、内化、外化和践行的连续的完整的认识和实践过程。"进而明确指出，"对思想政治理论课教育的接受不同于对科学认识成果的接受。"因为"思想政治理论课教育接受的是思想、政治、道德文化信息，它不仅是科学认识成果，更是人类的价值认识的成果。受教育者对它的接受不仅取决于它的科学性，更取决于它的价值性；而它的价值是建立在该课程客观属性和满足大学生主观需要的基础上"③。很明显，这是借用其他学科的接受理论对该课程学习活动的理解和剖析，在一定程度上揭示了受教育者的学习心理活动过程，但它把受教育者的接受活动等同于思想政治教育的接受活动，并以教育者为中心和主导，忽视了该课程学习的性质和特点。

第三，关于高校思想政治理论课程学习问题的间接研究。所谓"间接"，是指不直接以学为中心展开研究，而是借助其他主题或结合其他相关内容进行探讨，是使学习研究达到这些主题或目标的手段和途径。

---

① 刘运喜：《医专学生"两课"学习动力系统构建》，载《西北医学教育》，2007年第2期。

② 苗慧：《大学"两课"教育主体接受障碍原因分析》（硕士学位论文），苏州大学，2003年。

③ 于宏：《略谈高校思想政治课教育的可接受性》，载《琼州大学学报》2007年第1期。

第一，从高校思想政治理论课教育教学改革的角度关注其他学习问题。这方面的研究一般与其教学论相联系，作为一种教学策略、教学理念，它是从增强教学绩效角度即从教学的结果来探讨学习问题。譬如，有主张高校思想政治理论课教育教学活动应当引入和推广研究性学习，因为"研究性学习作为一种学习方式，是学生在教师指导下自主发现问题、探究问题、获得结论的过程。而研究性学习方式突出了学生的主体性，极大地调动了学生的积极性，引起了一场学习方式的革命，也引起了一场新的教学革命"①。但是，其主旨是"教师通过引发、促进、指导学生的研究性学习活动，来完成学科教学任务，实现教学目标的一种教学思想、教学模式和教学方法"②。值得注意的是，合作学习模式也被引入其教学论域，合作学习是"一种以小组学习为形式，旨在促进学生合作从而达到最佳学习效果的教学方法"，是一种教学理论与策略体系，主要内容包括小组形式、互动合作、目标导向、团体奖励和教师调控等几方面。合作学习模式有利于认知、情感和技能目标的均衡达成。将合作学习运用于思想政治理论课教学，不仅能够克服传统"注入式"教学方式的弊端，提高思想政治教育的针对性、实效性和说服力、感染力。③ 也有从大学生的思想政治理论课的具体学习行为表现入手，来探讨大学生对思想政治理论课的学习态度、思想状况，但还是借此改变高校思想政治理论课的教学模式、教学理念，来提高思想政治理论课的针对性、实效性。④ 还有从"学生学习主导型教学模式"间接论述其学习问题，"它由学生的学习活动与教师的教学活动有序衔接且有机结合而构成，以学生学习主导全部教学活动。"⑤ 第二，从思想政治理论课学

---

① 李连根、李惠阳：《高校思想政治理论课教学中研究性学习探索》，载《纺织教育》2006 年第 6 期。

② 袁惠红：《研究性学习在高校思想政治理论课教学中的应用初探》（硕士学位论文），西南大学，2006 年。

③ 刘其君、谭劲松：《合作学习模式在思想政治理论课教学中的运用》，载《思想理论教育（综合版）》2007 年第 1 期。

④ 王晓辉：《关于高职学生思想政治理论课学习行为的研究》（硕士学位论文），华中师范大学，2006 年。

⑤ 李盛业：《"学生学习主导型教学模式"的理论探析》，载《石河子大学学报（哲社版）》2005 年第 4 期。

习与素质教育关系的视角展开阐述的。譬如，《"两课"教学法研究》在教学论视阈下专辟章节来系统探讨学习问题，其中涉及了学习理论、学习动力、学习方法等问题，显得较为系统和条理。① 但其所论述的学习问题属于其教学论的重要组成部分，服务于和服从于其教学需要，落脚点在于拓展大学生的素质教育，而不是着眼于高校思想政治理论课程学习的本质、特点以及其功能，其局限性显而易见。总之，高校思想政治理论课程教育教学中关于学习问题的间接研究也是本书的源头活水，是本书研究的基础和思维的起点。

由上述研究现状来看，目前对高校思想政治理论课程学习的研究尚处于感性经验阶段，无论在思想政治理论课程建设领域，还是在其教育教学实践中，对思想政治理论课程学习的研究和探讨尚未形成规模，也未聚集成持续性的研究视点，更谈不上有自成体系的相对独立的研究领域，研究处于个案化、经验化、非自觉的状态，对其重视程度和研究水平尚未达到与其地位相称的高度，该课程学习研究有待进一步深化、开拓。整体来看，这些研究和探索基本上还是从教学论角度切入，或是把学习问题当做教学手段和技巧的一部分，或是实现其教学目标的基本途径，显示了研究思维的惯性和传统，尽管出现了有价值的洞见，但基本未触及其学习本质的论述，对学习的必要性、可能性和可行性研究缺少相关的理论支撑；虽然也有运用心理学原理进行理论和实践探讨，但未能充分注意到该课程的特性，把它等同于一般学科课程，将其混同于一般智育课程学习，研究的是其学习的技能和方法等等，尽管其中部分研究不乏启发性的亮点，但也存在明显的不足，目前研究大致存在"三多三少"现象：

一，从研究态势来看：微观个案分析多，宏观整体研究少。对该课程的学习问题多见于微观研究，主要是从某一个视角、某一个侧面如学习方法、学习行为等来研究其学习问题，或是从教学角度对该课程学习进行经验总结，关注其学习实践的较为普遍，着重探讨学习技巧和方法

---

① 参见石云霞：《"两课"教学法研究》（第二版），武汉大学出版社2003年版，第415—432页。

等方面的问题，关于其学习方式、方法和手段等方面研究文献相对丰富一些。这些研究处于感性经验阶段，如此便造成零星化、分散化的研究格局，研究内容既缺乏有机联系，又没有理论支撑。与此相对应的是，宏观整体的研究几近于无，既没有正面对该课程学习性质的概括或归纳，也没有对其学习机理、学习机制和学习过程等方面展开分析和揭示，遑论从整体上阐释"什么是思想政治理论课程学习、怎样进行思想政治理论课程学习"的问题，未能从理论上予以系统地、自觉地论证和建构。

二，从研究理论基础来看：心理学和教学理论运用居多，课程论、哲学、社会学等理论和原理运用较少。其根源在于研究者对高校思想政治理论课程的理论认识和教育教学实践的脱节。在认识层面上人们对该课程性质有理论共识，但在实践中往往视高校思想政治理论课程为一般课程，把其学习当成一般学科课程如智育课程学习，所以习惯于从心理学角度探讨其学习问题，来分析和揭示个体学习心理机制及过程；而从哲学、社会学等理论观照其学习的相对较少，更没有从多学科综合的角度研究思想政治理论课程的学习。

三，从研究视角来看：以教学角度关注学习问题的多，而就学习角度直面学习问题的少。综观高校思想政治理论课程的历史发展，直接关涉该课程学习的内容少之又少，即使谈及其学习问题，也主要是以教师为中心、从教育教学层面展开的，落脚点是服务和服从于其教育教学的效果；而从"学习"和"学习者"的视角透视其学习的较少，还是将该课程学习问题作为一种教学策略，统摄于教学过程之中，而不是把学习问题置于教育教学的中心环节。

鉴于目前研究存在的不足，本书将紧紧围绕学习者的学习这个中心环节，不仅要回答"为什么进行思想政治理论课程学习研究"，还要从理论和实践两个维度阐释"什么是思想政治理论课程学习、怎么进行思想政治理论课程学习"，即以学习为中心搭建研究架构，旨在阐明有效思想政治理论课程学习活动的开展离不开一定的前提和条件，学习者不但要具备相应的学习素质，而且要善于运用相关的学习策略，以实现该学习的目的。

三、高校思想政治理论课程学习研究的理论基础

社会科学研究须臾离不开科学理论的指导,其立论须有一定的基础理论作支撑,才能具有科学性和价值性。学习(专指狭义层面上的)作为一种特殊的认识活动和实践活动,具有内在规定性;若要深刻把握和揭示其发生、发展的规律性,同样需要相关基本理论的指导。在思想政治理论课程学习研究中,支撑其研究的理论基础包含两大原理:即马克思主义认识论和建构主义学习理论,它们使该研究置于科学的轨道。

(一)马克思主义认识论

马克思主义认识论,即辩证唯物主义认识论,是关于认识的本质、来源、发展过程及其规律的科学理论。该原理是迄今为止唯一阐明人类认识发展过程的科学理论,是认识世界、改造世界的科学的方法论,是科学研究必须始终坚持和贯彻的方法论,同样也是认识和探究思想政治理论课程学习的过程、机理及其规律的方法论。

马克思主义认识论在批判继承主观唯心主义认识论和旧唯物主义反映论成果的基础上,找到了主客体统一的真正基础——实践。马克思主义首先扬弃了旧唯物主义关于主体——客体关系的机械反映论观点,把"实践"的概念和辩证法引入认识论。"从前的一切唯物主义——包括费尔巴哈的唯物主义——的主要缺点是:对事物、现实、感性,只是从客体的或者直观的形式去理解,而不是把它们当作人的感性活动,当作实践去理解,不是从主观方面去理解。"[①] 根据这一思想,凡是外部事物成为主体的对象性活动有意义的客体,不能由单方面来决定,即不能仅仅由于它是客观的存在,而同时要有主体同它的具体关系来规定。因此,应当从主体方面去理解事物和感性,应当重视主体性因素及其与客体建立于实践基础上的价值联系。马克思指出:"在黑格尔看来,思维过程,即他称观念而甚至把它变成独立主体的思维过程,是现实事物的

---

① 《马克思恩格斯选集》第1卷,人民出版社1995年版,第54页。

创造主，而现实事物只是思维过程的外部表现。我的看法则相反，观念的东西不外是移入人的头脑并在人的头脑中改造过的物质的东西而已。"① 在这段阐述中，马克思明确提出不能仅用"主体性"去说明认识过程的机制，还应当确定这种主体性的成立前提——对外物的反映。否则，就会把主体看成不受任何限制的行为和能力，从而导致把思维、认识理解为现实事物的创造主体。先验论的根本错误恰恰在于此。虽然它给予主体性以高度重视，但它只是"抽象地发展了"、"认识的能动方面"，"因为唯心主义当然不知道真正现实的、感性的活动本身"。

同样，在马克思主义者看来，主体与客体关系的本质不能单方面、孤立地归结为反映或选择。人的认识一开始就面临双重任务：既要从客观事物出发，承受外部事物信息的作用，对其进行反映性认识；又要从主体出发，获得确定客观事物对于人有无价值的选择性认识，对已反映到主体内部的外部事物的信息进行选择和"改造"。这样，马克思主义在实践的基础上建构了主客体双向联系和相互作用的认识论科学原则。它首先承认客体对于主体认识的前提性，但同时又特别强调主体的能动性，强调主体认识是一个创造过程。

关于认识的发展过程，马克思主义者精辟地概括为："从生动的直观到抽象的思维，并从抽象的思维到实践，这就是认识真理、认识客观实在的辩证的途径。"② 不仅如此，在研究深化的基础上还作进一步阐发："实践、认识、再实践、再认识，这种形式，循环往复以至无穷，而实践和认识之每一循环的内容，都比较地进到了高一级程度。"③ 这些论断高度抽象地概括了人类的一般认识过程。从认识形成的过程来看，感性认识和理性认识是人类认识过程中的两个必要环节。一方面，认识始于感觉经验，感性认识是理性认识的基础；另一方面，感性认识只是对事物外部现象的反映，理性认识的任务在于通过对感性材料的科学抽象，透过事物的外部现象，把握事物内部的本质。换言之，理性认识依赖于感性认识，感性认识有待于上升到理性认识。作为认识过程的

---

① 《马克思恩格斯选集》第2卷，人民出版社1995年版，第112页。
② 《列宁全集》第55卷，人民出版社1984年版，第142页。
③ 《毛泽东选集》第1卷，人民出版社1991年版，第296—297页。

两个阶段，感性认识与理性认识是相互渗透、相互补充的。只有感觉到了的东西，才能真正理解它；反之，只有理解了的东西，才能更深刻地去感觉它。因此，把感性认识与理性认识割裂开来的任何观点都是不科学的，都是与马克思主义认识论相悖的。归根结底，马克思主义认识论包括两个基本点，即认识方面和实践方面，二者紧密联系，相互作用，推动人类认识和实践的不断发展。

思想政治理论课程学习是一种特殊的认识活动，是学习者对于教育者所传递的思想政治理论课程内容的认识过程。学习过程是学生在教师指导下，从不知到知、从知之较少到知之较多，逐渐掌握社会历史经验、认识客观世界和改造主观世界的过程。这一认识过程既包含着学习者对思想政治理论内容客体进行反映性认识，又包含着从其自身需要出发，依据自身思想价值观念进行的建构。学习活动既不是简单地承袭，也不是盲目地获取和否定，而是一个复杂的扬弃过程。因此，进行思想政治理论课程学习研究，应始终坚持把马克思主义科学认识论作为理论指导。一方面是使研究始终置于辩证唯物主义的科学立场，防止滑入空想的或"先验"的泥塘，杜绝出现封闭的或脱离现实的研究倾向；另一方面，根据马克思主义认识论对人类一般认识过程的科学阐释，来探讨思想政治理论课程学习过程的机制和规律，不但有助于加强其研究的科学性和可靠性，也是马克思主义认识论在具体学科领域得到深化发展的基础，进一步生动昭示其科学性和真理性。

(二) 建构主义学习理论

自20世纪80年代以来，建构主义学习理论逐渐流行并占据一席之地。建构主义（constructivism）是学习理论中认知主义理论的进一步发展，它进一步揭示了学习者在学习过程中的主动性，突出了"意义建构"和"社会文化"在学习中的作用。所以，建构主义理论的兴起被誉为当代教育心理学中的一场革命。

事实上，建构主义学习理论的渊源比较复杂，该理论的形成与发展离不开一定的哲学原理和心理学理论的坚实支撑，其哲学渊源最早可以追溯至维科的"新科学"原理，而其心理学源流则发端于皮亚杰的

"结构观"和"建构观"。① 由于其理论立场和研究视角的不同,导致建构主义理论流派纷呈,划分方法和标准形色各异,因此建构主义的分类也呈现出多种样态。在教育的视界下,建构主义理论一般分为个人建构主义、激进建构主义和社会性建构主义三种类型。虽然不同的建构主义流派基于各自的哲学观提出了自己独特的观点,但是它们在有关学习和知识等问题上存在共识。在教育心理学中,"建构是指学习者通过新旧知识经验之间反复、双向的相互作用,形成和调整自己的经验结构的过程。"② 而建构主义学习理论则将学习作为个体原有经验与社会环境互动的加工过程。其理论主张为:世界是客观存在的,但是对于世界的理解和赋予意义却是由每个人自己决定。个体以自己的经验为基础来建构现实,或者至少说是在解释现实。基于个体对世界独特的经验集合以及对这些经验的信念不同,于是个体对外部世界的理解差异明显,因此在学习上教育者应该更加关注学生如何以原有的经验、心理结构和信念为基础来建构知识,强调学习者的主动性、社会性和情景性。③

基于研究课程学习视角的考虑,建构主义学习理论在学习观、知识观和学生观方面的观点对本论题研究具有启发和借鉴意义的,其具体观点集中阐述为:

1. 学习是意义建构的过程

建构主义在吸收许多认知主义学习理论的合理因素基础上,形成了富有特色的学习观。其一,学习者以自己的方式主动学习。建构主义认为学习不是个体被动接受的过程,而是主动建构的过程。个体与外界环境相互作用,基于自己的认知结构赋予外在环境以意义。当然,建构主

---

① 参见高文、徐斌艳、吴刚:《建构主义教育研究》,教育科学出版社 2008 年版,第 3—13 页。

② 吴庆麟主编:《教育心理学——献给教师的书》,华东师范大学出版社 2003 年版,第 195 页。

③ 由于建构主义理论自上世纪 90 年代以后就成为学术界研究的热点,众多学科如教育学、心理学、政治学和社会学等从不同视阈展开了理论研究和实践应用,出现了一批成熟的有分量的研究成果。出于本论题研究的需要,本书引用和参阅了新世纪以来一些教育心理学教材和著作对建构主义学习理论评述的成果,其中参阅的著作有:莫雷:《教育心理学》,广东人民出版社 2005 年版;张大均:《教育心理学》,人民教育出版社 2005 年版;陈奇、刘儒德:《当代教育心理学》,北京师范大学出版社 2005 年版。

义都主张世界是客观存在的，但同时也认为，对于理解并赋予这个世界以何种意义却是由每个人自己决定的，而不是单纯由外部施加的教育来完成的。即使是接受外部的信息或刺激，要想把这种外部的刺激转化为自己的知识、真正理解和吸收，还必须依靠个体的自我建构。其二，学习者的建构依赖新旧经验的相互作用。建构主义者认为，学习者是在自己的经验基础上建构现实，或者至少是在解释现实的。学习者在日常生活和学习中，已经形成了广泛而丰富的经验和背景知识，一旦问题呈现在他们面前，他们就会基于自己的相关经验，依靠已有的认知结构做出某种他们认为是合理的解释。"因而建构主义者断言，离开学习者的经验来谈'建构'是毫无意义的。"[①] 所以，"无论是学生还是专家，在学习过程中对新事物或新的知识产生意义或理解时，都是以个体已有的经验为基础，与以前的知识或经验相互作用，即形成一种新的事物的意义与先前经验、知觉相结合的倾向"[②]。建构既是对新信息的意义建构，同时又包含着对原有经验的改造和重组。其三，社会互动可以促进意义建构的多元化。建构主义认为，世界的意义依存于主体的解释框架，由于个人经历、成长过程和所处的社会环境不同，人们形成的认知结构不同，因而对世界的观察和理解也就不同。既然人的活动是在包含多元系统的世界中进行的，人们就可以在不同的主观框架下获得对活动意义的解释。这意味着知识不是说明世界的真理，只是个人经验的合理化，个人知识的形成不是取决于与客观世界相一致，而是取决于个人通过与他人的合作和交流，彼此尊重，肯定差异，接受一切有别于自己的合理思想和行为，从而获得对事物更丰富和更全面的理解。因此，充分的社会互动可以促进意义建构的多元化。其四，情境是经验建构的土壤。建构主义认为，学习是在一定情境下，通过人际间的协作而实现的意义建构过程。在教育教学的视野中，情境主要包括直观情境、知识情境、问题情境、协作情境和创作情境等五个方面。因此，教师不仅要从考虑教学目标分析，更要把情境创设看做是教学设计的重要内容之一，要从有利

---

① 顾明远、孟繁华：《国际教育新理念》，海南出版社2001年版，第277页。
② 王希华：《现代学习理论评析》，开明出版社2003年版，第132页。

于学习者对所学内容进行意义建构的角度出发创设丰富的学习情境，加强学习者之间的交流与合作，并尊重学习者独特的情感和体验。

2. 知识是主动建构的结果

传统的知识观是建立在客观主义基础上的，客观主义认为知识是客观的、固定的和无可怀疑的。而建构主义却持迥然不同的观点：其一，强调知识的社会性和建构性。建构主义认为，人们身陷于纷繁的万事万物和思想的复杂旋涡之中，并努力通过赋之以意义来解释周围的一切，人们对世界的认识和解释打上了自己思维方式的烙印，认识的结果也不再是由某种对认识对象反映的假定的精确性来判断，决定这种认识或构造的并非外部世界，而是人的理性思维，世界的意义依存于主体的解释框架。按照这种观点，知识便不再是概括世界的法则、反映世界的真理，"只是对客观世界的一种解释，它不是最终的答案，更不是终极真理"[1]，是由人类创造的并受他们的价值观和文化的影响，是经验的合理化。知识不是静态的，而是动态的。同时，建构主义认为，知识不可能以实体的形式存在于具体个体之外，尽管我们通过语言赋予知识一定的外在形式，甚至这些命题还得到了较普遍的认可，但并不意味着学习者会对这些命题有同样的理解，因为这些只能由个体自己的经验背景而建构起来，它取决于特定情境下的学习历程。[2] 建构主义还认为，知识的基础是语言、约定和规则，语言、规则和约定在确定和评判某一领域的知识是否是"真理"的过程中起着关键性作用。个人的主观知识必须通过主体间的审视、进一步完善至最终认可，然后经发表而转化为使他人有可能接受的客观知识。这一转化需要人际交往的社会学习过程，而且这一过程不是一蹴而就的，需要经过大量的协商和讨论。客观性归根结底应被理解为社会性，知识也具有社会性特征。主观知识只有经社会接受方能成为客观，反过来，所谓客观知识在很大程度上也是主观知识社会化的结果。因此，"无论是在主观知识的建构和创造过程中，还是参与对他人发表的知识进行评判并使之再形成的过程中，个人均能发

---

[1] 高文、徐斌艳、吴刚：《建构主义教育研究》，教育科学出版社2008年版，第26页。
[2] 参见高文、徐斌艳、吴刚：《建构主义教育研究》，教育科学出版社2008年版，第31页。

挥自己的积极作用"①。

其二,强调知识是由围绕着关键概念的网络结构而不是层级结构组成的。建构主义认为,知识的建构包括两个基本过程,首先学习者要对原有的、不能吸收新刺激的知识结构进行解构,然后在此基础上建构新的知识结构,把新的刺激容纳进来,在不断的解构、建构过程中,生成一种具有无限发展可能性的知识网络。"建构主义的这一认识超越了认知主义的知识'层级结构观',揭示了知识结构的复杂性、动态性和无限发展性。"② 建构主义的这种知识观不免过于激进,按照这种观点,课本知识包括科学知识只是一种较为可靠的假设,不是绝对的终极答案,只是对现实的一种更为正确的解释。而且更重要的是,这些知识在被个体接受之前,它对个体来说是毫无权威可言的,不能把知识作为预先决定了的东西教给学习者,不要用我们对知识正确性的强调作为让个体接受它的理由,不能用权威来压服学生。学习者对知识的"接受"只能靠他自己的建构来完成,以他自己的经验、信念为背景来分析知识的合理性。学习者的学习不仅是对新知识的理解,而且是对新知识的分析、检验和批判过程。学习不能满足于教条式的掌握,而是需要不断深化,把握它在具体情境中的复杂变化,使学习走向"思维中的具体"。这种知识观向传统的教学观和课程理论提出了巨大挑战,值得深思。

3. 尊重学生主体的学生观

建构主义者强调,学习者并不是空着脑袋走进教室的,在日常生活和以往的学习中,他们业已形成了丰富的经验,几乎确定了一些对于世界和现实的看法和观点。在学习者建构新的知识过程中,现有的知识经验和信念起着重要作用。而且,有些问题即使他们从未接触过,没有现成的经验,但问题一旦呈现在面前时,他们往往也可以基于相关的经验,依靠他们的认知能力,形成对问题的某种解释。并且这种解释不是胡乱猜测,毫无联系,而是从他们的经验背景出发而推出合乎逻辑的假

---

① 高文:《维果斯基心理发展理论与社会建构主义》,载《外国教育资料》1999 年第 4 期,第 10—14 页。
② 彭红卫、蒋京川:《对建构主义学习理论及其教育意义的反思》,载《教育探索》2004 年第 5 期,第 52—54 页。

设。所以，教学不能无视学习者的这些经验另起炉灶，从外部转进新知识，而是要把学习者现有的知识经验作为新知识的生长点，引导学习者从原有的知识经验中"生长"出新的知识经验。这揭示出"教学的本质不在于知识的传递，而是教师与学生共同建构、发展学生认知结构的复杂过程"①。所以，教师不仅仅是知识的呈现者，他们更应该重视学习者自己对各种现象的理解，倾听他们的看法，洞察他们这些想法的由来，以此为根据，引导学习者丰富和调整自己的理解。这需要与学习者共同针对某些问题进行探索，并在此过程中相互交流和质疑，了解彼此的想法，彼此作出某些调整。这不得不要求教师在教学过程中必须始终秉持尊重学生主体的学生观，必须重视学习者带入学习情境的学习目的与已有观念，理解他们的经验背景和个体差异，从而促进他们学习的进行。

综上可见，建构主义学习理论之所以能够指导思想政治理论课程学习研究，不仅在于它在某种程度上揭示了思想政治理论课程学习过程的本质，有利于加强对该课程学习认识的批判与反思，即思想政治理论学习过程不是学生单纯接受灌输、倾向于固定化和教条化的观念接受过程，而是一个学习者主动建构和创造的过程；而且，基于该课程学习本身的特点，也决定了建构主义学习观能够更好地指导学习，但建构主义在该课程学习领域的应用，绝不是在课程学习领域的简单移植，也是一种"建构"与创造。

四、高校思想政治理论课程研究的思路和方法

（一）研究的思路

本书是以学习者为中心，紧紧围绕什么是思想政治理论课程学习、怎样进行思想政治理论课程学习这条基线，遵照从理论到实践、从宏观到微观、从外在到内在的逻辑思路展开，分别就什么是思想政治理论课程学习、思想政治理论课程学习的前提是什么、何以能学习思想政治理

---

① 高文、徐斌艳、吴刚：《建构主义教育研究》，教育科学出版社2008年版，第30页。

论课程、思想政治理论课程学习过程如何以及怎样学习思想政治理论课程等五个论域展开较为深入、详细的探讨，在界定和概括高校思想政治理论课程学习的含义、本质和特征的基础上，旨在阐明有效思想政治理论课程学习活动离不开必要的前提和条件，学习者必须具备相关的学习素质，并需要正确运用学习策略才能实现该课程学习的目标。从结构上来看，本书实际上内在地分为思想政治理论课程学习的基本理论研究和其学习实践探索研究这两大部分。本书的具体思路如下：

第一，高校思想政治理论课程学习的基本问题。由于高校思想政治理论课程学习是一个崭新的概念，研究的起点势必是从探讨其基本内涵着手，本书在探析思想政治理论课程的概念、性质和形态的基础上，根据学习的一般含义，界定了思想政治理论课程学习的含义，使其学习显著区别于其他类型的学习如智育课程学习、道德学习等。这既是本书的立论基础，又是本书的重点内容之一。从思想政治理论课程性质及其功能来看，该课程学习实质上是一种价值性学习，并由道德性学习和整合性学习等内容反映其本质属性，也由此概括出思想政治理论课程学习的三个外在特征，即认知性、体验性和建构性特征，这阐明思想政治理论课程学习不但具有一般课程学习的共性，而且该学习还具有自身的个性特点，揭示了该学习的根本在于建构正确的思想政治观念。事实上，思想政治理论课程学习在现实的实践活动中存在三种不同的形态，即受动性学习、自主性学习和信仰性学习，每一种学习形态皆是其学习效果与学习者学习精神状态的集中体现。其中受动性学习是低效的学习形式，自主性学习是有效学习的常态，而信仰性学习则是至高境界的学习形式。这些分析在一定意义上划定和确立了思想政治理论课程学习研究的边界和论域，初步厘定和廓清了所涉及的基本理论问题，奠定了研究的性质和向度，回答了什么是思想政治理论课程学习的问题。

第二，高校思想政治理论课程学习的现实境遇。有效的思想政治理论课程学习活动事实上是在一定前提和条件下开展的。本书遵从由内在到外在、从宏观到微观等思路分析和探讨了现时代境遇下思想政治理论课程学习的要求和挑战。一是基于思想政治理论课程"05方案"的认识，阐析了该课程学习的内涵和基本要求；二是分析了当代新兴媒体及其信息传播方式的崛起、当代多样化社会思潮的激荡、当代多元性社会文化的冲突等社会环境因素对该课程学习的影响；三是探析了思想政治理论课程学习活动在高校这个特定教育系统中所遭遇的具体障碍。这些探讨和分析实质上是从"现实主义"视角阐明该课程学习的有效开展必须具备良好的学习条件和学习环境，也为第五章的思想政治理论课程学习策略研究提供相关依据和参考。

第三，高校思想政治理论课程学习主体的学习素质。由于思想政治理论课程的性质决定了其学习目标和学习要求不同于一般的高等教育课程，所以对学习者从事该课程学习的素质有特殊要求。这些学习素质要求既有与其他课程学习如智育课程学习存在共性的一面，同时更应具有个性和特殊性的一面，这是保证该课程学习得以顺利开展的前提和基础。主体的学习素质涵盖了学习动力系统、学习能力系统和学习品格系统等三个层面。学习动力是以学习动机为核心的素质系统，它是激发学习、维持学习并将学习导向某一目标的原动力，是学习者学习积极性、主动性发挥的前提和基础；学习能力系统主要由自主学习能力、理论思维能力和价值分析能力等三个基本成分构成，在具体的学习活动中分别发挥着相应的作用，推动主体学习活动的有效开展；学习品格体现为主体的学习态度和学习道德这两个因素，是学习者在学习活动中的精神状态、治学态度，以及处理与学习活动相关关系的思想作风和品质。

第四，高校思想政治理论课程学习的过程分析。从某种意义上来说，思想政治理论课程学习是一种内在的心理活动过程，但是其学习的内在运动过程不是自发产生的，而是由一系列内外矛盾综合作用的结果，该课程学习内在过程的发生、发展为学习者主体自觉地、有意识地掌控，因而其学习过程呈现一定的规律。本书运用马克思主义矛盾原理，并结合教育心理学相关原理如建构主义学习理论，着力解析了思想政治理论课程学习的内在过程，透析和揭示了思想政治理论课程学习的过程机制、过程机理及过程规律。本书首先从分析和确证思想政治理论课程学习过程的矛盾入手，阐明其学习过程演进的动因和根源；然后从作用机制原理切入集中探讨了学习者如何获取、体验、认同、接受、整合内化其学习信息的,其学习过程的内在作用机制主要包括认知获取机制、情感体验机制、认同接受机制、整合内化机制,各作用机制之间前后相续、上下递进,相互联系,相互转化,交织渗透,形成有机的、不可分割的联系,全景式透视了学习信息的纵向发展过程,从而揭示了学习者思想政治观念变化的过程;再次,根据对思想政治理论课程学习本质的认识,认为该学习过程实质上是思想政治观念的个体化与个体思想政治观念的社会化的统一过程;最后,基于前述分析,初步总结和概括了对思想政治理论课程学习过程的规律性认识,即该学习过程显示出自主建构与外力作用相统一、需要驱动与自我提升相统一这两方面特性。

第五,高校思想政治理论课程的学习策略。思想政治理论课程学习研究的目的在于实践,在于指导其学习活动。然而学习者如何有效学习?这便涉及其学习策略的探讨和实施问题。本书在前述章节所阐发的理论认识的基础上,结合思想政治理论课程本身的性质和特点,界定了思想政治理论课程学习策略的含义和特征,使之区别于其他类型学习策略,并对该学习策略体系进行分类。本书认为思想政治理论学习策略既有普适的通用学习策略,如阅读学习策略、概念学习策略和问题解决策略等,又包含针对其学习中所遭遇的矛盾和问题而应采用的特殊学习策略,如自主学习策略、体验学习策略、探究学习策略等,这些特殊学习策略在当下学习环境下更具实践意义。本书就其特殊学习策略的运用和实践进行较为深入的探讨,从而使理论研究与实践探索紧密结合,彰显本书的现实指导性。

最后,关于提升高校思想政治理论课程有效学习的相关对策。思想政治理论课程学习不是纯粹的个体实践活动,学习者总是身处学校教育环境之中,受到诸多教育教学因素的影响或制约。因此,结语部分立足于思想政治理论课程学习的现实,从学习者之外的角度探讨如何提升该课程有效学习的相关对策,即从思想政治理论课程教育教学理念的创新、思想政治理论课程的建设、思想政治理论课程教育教学的改革以及思想政治理论课程学习评价标准的完善等四个方面进行分析,并提出相关构想,这是合力提升思想政治理论课程学习有效性的现实性举措。

(二) 研究的方法

基于高校思想政治理论课程性质的特殊性和学习的独特性，并结合研究目标的需要，本书除运用教育学和心理学的研究方法和多学科透视法外，主要采用以下几种研究方法展开研究。

1. 辩证分析法。这是贯穿本书研究过程的基本方法。所谓辩证分析法，即马克思主义唯物辩证的分析方法，是指按照客观事物自身的运动与发展规律来认识事物的思维和分析方法。这一方法的具体运用，就是坚持联系的观点、发展的观点、全面的观点、对立统一的观点、具体问题具体分析的观点、实事求是的观点来认识事物的本质。由于本研究采用跨学科的视角，借鉴教育学、心理学、社会学、伦理学甚至是现代系统科学的研究成果，所以坚持辩证分析法显得尤为重要。这样，在论证过程中，具体问题具体分析，紧密结合现实，根植于其学习的现实，围绕思想政治理论课程的性质、特点、地位和作用展开阐述，力图避免抽象武断的结论。通过该方法来阐明和揭示思想政治理论课程学习的本质及其特征、学习过程及其本质。

2. 比较分析法。所谓比较分析法，将两个或多个同类或相近的事物，按同一法则进行对比分析，寻找它们的相同点与差异点，并根据同一法则进行对比分析的结果来推测未知的事物或具有同样（或近似）的性质和特征。本书结合一般学科课程学习如智育学习的特点和规律，以及其他近似实践活动的特征，与之进行对比分析，归纳、总结出它们之间的异同点，从而深化对高校思想政治理论课程学习本质的认识，以改进其学习方式和学习策略。

3. 价值分析法。它是指人们认识、评价社会现象、社会事实对人和社会的价值的研究方法。这是思想政治教育学科必须始终秉持的基本方法。因为任何一种思想道德学说不仅是一种知识体系，而且是一种价值体系；任何一种思想政治教育活动不仅传授具体的理论知识，而且传授世界观、人生观和价值观等。基于此，在研究过程中要始终以一定的价值判断作为出发点和落脚点，不但要把思想政治理论课程学习与一般课程学习进行界定、区分，同时还要自觉地与西方教育理论所阐述的观点进行比较和判断，划清界限，尽管它们具有可借鉴性。在此基础上，阐明思想政治理论课程学习的目的和意义。

4. 理论思维法。它是指在大量获取经验事实和文献资料的基础上，运用从分析到综合、从抽象到具体的逻辑方法来加工整理感性材料，形成概念，进行判断和推理，逐步达到对相关研究本质和规律的理性认识的逻辑研究方法。这也是本书研究的基础方法之一。由于思想政治理论课程学习尚处于零散的、自发的、非系统的研究阶段，对其本质和规律的认识和把握还在探索之中，其中学习策略研究也是感性的、经验性的，尚未上升到自觉的高度。鉴于此，在充分占有资料的基础上，一方面进行分析和综合，梳理感性材料，形成核心概念；另一方面通过运用归纳和演绎的方法，进行判断和推理，力图形成对思想政治理论课程学习较为科学的认识。

第一章　高校思想政治理论课程学习的基本论域

高校思想政治理论课程学习是一个崭新的研究领域，为了进一步全面认识其要求和目的，有必要对高校思想政治理论课程学习的基本内涵、本质、特征、类型等内容进行分析和概括，从而准确把握"什么是高校思想政治理论课程学习"这个基本问题。

一、思想政治理论课程学习的基本内涵

思想政治理论课程学习研究的内容关涉诸多层面和环节，均需要予以细致地廓清和厘定，其中首要界定的是思想政治理论课程的内涵。如前所述，学界对"什么思想政治理论课程学习"这个基本含义尚未触及，也未自觉将该课程学习与其他类型课程学习如智育课程学习给予明确区分，这就导致在教育教学实践中往往混同于一般理论知识教学，而不是着眼于在帮助学习者树立正确的思想政治观念和巩固党和国家思想基础这个高度上来教育和培养，学习者也习惯于按照一般理论知识的学习思维模式去理解和接受该课程内容，如此，无形之中就会偏离其教育教学的目标。因此，准确理解和把握思想政治理论课程学习的内涵是其关键所在，也是本书研究的逻辑起点，为后续研究奠定立论基础。

（一）思想政治理论课程的界定

从思想政治理论课程学习这个概念的结构来看，"课程"和"学习"是其核心成分，那么界定其内涵势必从思想政治理论课程和学习这两个最基本的概念入手，方能从根本上获得正确的认识和理解。

"在教育活动中,课程往往与教育内容或教育影响联系在一起。因而,只要有教育活动的存在,就存在着联系教育者和受教育者之间的内容和纽带。"① 可以说,课程是学校教育系统的"软件",教师的"教"和学生的"学"无不依托于课程而展开、运行。思想政治理论课程也是联结其"教"与"学"的"软件"。但究竟什么是思想政治理论课程?对于这个问题的精确回答相对比较困难,但并非不具有不可定义性,可以从两个维度进行研判、概括:一是从课程事实这个层面来理解,即从思想政治理论课程在高等教育体系的运行状况以及其地位和作用来把握;二是从"课程"这个上位概念来概括其含义。

其一,从课程事实来看,思想政治理论课程是"以学科知识或理论知识为基础建立起来的"② 学科课程,是"国家主流意识形态的载体"和"国家意志"的表达,是我国普通高校开设的一门公共的必修课程。它作为大学生思想政治教育的主阵地、主渠道和主课堂,自设置以来一直与其他专业课程、人文素质课程、体育课程、实践课程等构成完整的高等教育课程体系,并形成了一整套的课程建设、课程教育教学实践以及相关理论研究的体制和机制,自立于高等教育体系之中,不断推动了该课程的学科化和科学化发展。从思想政治理论课程开设的目的来看,其主要任务不但是对大学生进行系统的马克思主义基本理论教育和思想品德教育,帮助大学生确立正确的政治方向,培养他们成为德、智、体、美全面发展的"四有"新人;而且它是中国共产党强本固基的战略性工程,肩负着确立和巩固党和国家事业长远发展的思想基础这一战略性使命,这使得其在高等教育课程体系中居于比较特殊的地位,该课程的属性显著区别于其他课程,是社会主义大学的本质特征之一。由此可见,思想政治理论课作为高等教育的一种课程类型,既具有一般高等教育课程的共性和特点,但同时又有自身鲜明的个性和特征,该课程学习与其他课程学习的内涵差别明显,具有内在的规定性。

其二,从"课程"的范畴体系来看,课程是思想政治理论课程的

---

① 佘双好:《现代德育课程论》,中国社会科学出版社2003年版,第1页。
② 骆郁廷:《高校思想政治理论课程论》,武汉大学出版社2006年版,第33页。

上位概念，该课程作为高校课程类型的一种，应具有一般课程的本质特征。但是，从现代课程的理论和实践来看，课程是一个多样性且不间断发展的概念，课程的含义比较复杂，具有多样性、歧义性和复杂性的特征，尚未有一种课程概念得到学界共识性的肯定，精确界定课程的含义相对比较困难。本书无意对课程含义作体系化和专门化的梳理、探析，为了研究和探讨的便利，并根据课程概念在各种理论探讨中呈现出规律性的内容，如它"总是围绕教育的内容、教育的功能而展开"①，并结合思想政治理论课程教育教学的实然状况，本书"把课程看成是与教育内容相关联的概念，课程是教育内容或教育经验的一种组织方式，是学校教育的基本载体"②。这一课程定义有这样几个特点："（1）它涵盖了正规课程与潜在课程两个方面的内容，具有统整性；（2）它阐明了课程的目的指向性，就是促进学生身心的全面发展；（3）它限定了课程经验的性质，即它是起教育作用的，不是起错误的教育作用或不起教育作用的，（4）它隐含着课程评价的因素，亦即课程必须以有助于学生的身心全面发展为标准，发挥正效应。"③ 基于这一课程理念，并综括上述分析，思想政治理论课程可以界说为我国普通高校"直接以学科或理论形态通过课堂教育的方式对大学生进行马克思主义理论与思想政治教育的课程"④。思想政治理论课程是其教育教学及学习的主要组织形式和基本载体，是高等教育课程体系的重要组成部分。它反映了我国高校思想政治教育的基本特色，体现了社会主义大学的本质要求。

（二）思想政治理论课程学习的含义

学习是一个内涵极为广阔的概念，同时学习在理论和实践上又存在不同分类或类型。作为一种具体的课程学习，思想政治理论课程学习是一般学习的下位概念，若要正确理解思想政治理论课程学习的概念，必然要从厘清一般学习的含义及其分类着手，才能从中辨析、概括出思想

---

① 丛立新：《课程论问题》，教育科学出版社2002年版，第5页。
② 骆郁廷：《高校思想政治理论课程论》，武汉大学出版社2006年版，第26页。
③ 靳玉乐：《潜在课程论》，江西人民教育出版社1996年版，第22页。
④ 骆郁廷：《高校思想政治理论课程论》，武汉大学出版社2006年版，第33页。

政治理论课程究竟是何种形式的学习，才能深刻揭示其学习的本质，加深对其学习意义的认识，并促使学习者更好地掌握其学习的特点和规律，指导学习者有效地进行学习。

1. 学习的基本含义梳理

学习向来是教育学和心理学中基本的、核心的问题，而且"关注学生在学校里的学习，现已成为当代学习理论的一个趋势"①。但由于学习内涵的多义性，在不同的领域存在不同的理解，如教育学把凡是增进个体的知识和技能、影响个体的思想品德的活动称之为学习；社会学视学习为个体获得符合特定社会要求的知识、技能、价值观和行为方式的社会化过程；而"学习"作为心理学中的一个术语，其内涵与人们日常生活中的理解有所不同。② 这些对学习的理解均有各自的理论依据，在某种程度上触及学习的本质认识。为了便于准确把握学习的基本内涵，本书拟由心理学视阈着力进行分析和梳理，从学习的定义和学习的分类这两个方面来认识"什么是学习"这个基本问题。

（1）学习定义的分析

在心理学领域中，学习的概念有广义与狭义之分。从广义上来说，众多研究者根据不同的理论基础或研究成果，从不同的角度出发，提出了各种各样关于学习的定义。为了简便起见，把这些学习定义归类为行为主义和认知主义两大类。③ 例如，美国心理学家鲍尔和希尔加德就认为："学习是指一个主体在某个现实情境中的重复经验引起的、对那个情境的行为或行为潜能变化。不过，这种行为的变化是不能根据主体的先天反应倾向、成熟或暂时状态（如疲劳、醉酒、内驱力等）来解释的"④。日本学者山内光哉也认为："学习，是由于过去的经验而获得，它不依赖于暂时的疾病、疲劳或药物等心身状态的变化，而是比较持久

---

① 施良方：《学习论》，人民教育出版社2001年版，第8页。
② 同上，第2页。
③ 同上，第14页。
④ ［美］G. H. 鲍尔、E. R. 希尔加德著：《学习论——学习活动规律的探索》，邵瑞珍等译，上海教育出版社1987年版，第198页。

的行为和行为的可能性的变化。"① 我国也有学者在已有成果基础上提出了富有见地的定义，施良方认为："学习是指学习者因经验而引起的行为、能力和心理倾向的比较持久的变化。这些变化不是因为成熟、疾病或药物引起的，而且不一定表现出外显的行为。"② 这些定义强调学习主要是获得经验。而行为主义心理学家往往把学习定义为有机体由于经验的结果而发生的行为的比较稳定的变化，认为"学习是个体经练习或经验使其行为产生较为持久改变的历程"。③ 我国学者莫雷认为学习是指"有机体在后天生活过程中经过练习或经验而产生的行为或内部心理的比较持久的变化的过程"④。这种定义似乎是认知主义和行为主义的折中、综合。这些学习定义的不同提法，固然与学习本身的复杂性有关，但也反映了各派观点的分歧。正如鲍尔和希尔加德所言，学习是一个很难定义的概念，"要提供一个足以包括一切不同的学习形式，将行为发生变化的其他原因排除在外的学习定义，这是不容易的"⑤。

综合来看，这些不同的定义，虽然存在一定的分歧，但是也有共识性的地方，如在对学习结果的认识方面比较接近，学习的结果包括"行为"、"能力"或"心理"等方面的改变，同时在揭示和概括学习特征方面有一致性认识：一是学习是学习主体有机体后天习得经验的过程。学习不是先天遗传的经验，而是指后天的、习得的经验的掌握，它要在有机体个体后天生活中实现。同时，学习发生的变化有时直接表现在行为方面，有时这种变化未必立即见诸行为，可以视为行为潜能的变化或内部心理的内容与机能的变化。当然，无论是行为还是心理的变化，都是比较持久的。二是学习表现为学习主体的行为由于经验而发生较稳定的变化。学习的发生是由于经验所引起的，此种经验不仅包括外部环境刺激，也包括个体的练习，更重要的是包括个体与环境之间复杂的交互

---

① ［日］山内光哉：《学习与教学心理学》，李蔚等译，教育科学出版社1986年版，第5页。
② 施良方：《学习论》，人民教育出版社2001年版，第5页。
③ 张春兴、林青山：《教育心理学》，东华书局1994年版，第64页。
④ 莫雷：《教育心理学》，广东人民出版社2005年版，第43页。
⑤ ［美］G. H. 鲍尔、E. R. 希尔加德著：《学习论——学习活动规律的探索》，邵瑞珍等译，上海教育出版社1987年版，第27页。

作用。学习的这个特征很重要，它将学习的结果与其他非学习过程的结果区别开来。学习主体的行为经常会发生一定的变化，但是，有的变化是学习的结果，有的则不是。例如，有时学习主体由于特定的心理状态，如疲劳、醉酒而引起某些行为的变化，这只是一种临时性的变化，一旦这些特定的状态消除，这些行为的变化也就随之消失；另外，个体由于变得成熟等因素也会发生行为方面的比较稳定的变化，但这不是由于经验的结果，因此也不是通常所言的学习。①

而狭义的学习，是专指人类学习，"其学习是指人类包括人的个体在社会生活实践中，并且通过社会实践活动，以语言为中介，自觉地、积极主动地掌握社会的和个体的经验的过程"②。人类是万物之灵，除了具有有机体学习的一般特征之外，还有其特定的特征。人的学习，无论在内容上、方式上及性质上都与其他有机体有重要的区别。在狭义的学习即人类学习视阈中，包含有学生的学习，也就是在学校教育系统中的学习，显然，学生的学习是狭义学习的一种特殊形式，二者之间是一般与特殊的关系，学生的学习既与人类的学习有共同之处，但又有其自身特点。

其一，学生的学习以掌握间接经验为主。因此，它与人类认识客观世界的过程有所不同。人类的认识是从实践开始的，而学生的学习则未必如此，他们不必要也不可能事事从直接经验开始，而可以从现有的经验、理论、结论开始。同时，尽管学生的学习也要求个人有一定的经验基础，但学生的实践活动的目的与方式也与人类认识世界的过程有所不同。因此，在教学组织和教学方法上，特别要求教师能把学校学习与实际生活和学生的原有经验相联系。如果不了解学生学习的特点，就可能使学生的学习成人化，事事要求直接经验，或是放弃指导，强调生活即教育，这都是不恰当的。其二，学生的学习是在教师的指导下，有计划、有目的和有组织地进行的。由于教师既掌握所教知识的内在联系，又了解学生学习过程的特点，因此能够保证在较短时间内，采用特殊有

---

① 参见莫雷、张卫等：《学习心理研究》，广东人民出版社2005年版，第2—3页。
② 同上，第4页。

效的方法,帮助学生学会学习,完成掌握前人经验和建构自己的认知结构的学习过程。其三,学生的学习具有一定程度的被动性。学生的学习与人类学习一样,应该是一个主动建构的过程。但他们的学习又不是为了适应当前的环境,而是为了适应将来的环境,当学生意识不到他当前的学习与将来的生活实践的关系时,就不愿为学习付出努力。因此,教师要注意用各种方法来培养和激发学生的学习动机,提高其学习的主动性和积极性。

综上所述,学生的学习是在教师的指导下,有目的、有计划、有组织地掌握系统的科学知识和技能,发展各种能力,形成一定的世界观与道德品质的过程。[①]

(2) 学习的类型

尽管学习是一种极为复杂的现象,范围广泛,形式多样,层次不一,但学习并不是神秘的、不可捉摸的、无规律可循的东西。在一定范围和领域内,还是能够按照学习活动的规律和特征等将其分门别类,划分为不同类型,尤其是学生的学习。对学习进行分类实际是对学习活动认识深化的反映,是对学习本质的深刻把握。在理论和实践过程中,研究者从不同角度和不同维度对学习进行了分类。[②] 虽然各种划分都有各自的理论依据和实践基础,具有一定的合理性,同时也有不可避免的缺陷,学习类型之间交叉重叠,种属不分。因此,就学校教育而言,对学生学习的分类要根据学校教育活动的实际以及学生学习的特点,以利于推进学校教育教学和学生学习活动的开展。所以,本书认为从以下两个维度进行划分比较合理。

[①] 关于狭义学习的含义以及学生学习的定义,在各种学习理论或教育心理学论著均有详略不同的论述,其基本观点基本接近,这反映了该方面研究认识趋同性,本书在此所引用和采纳的理论观点均源自莫雷、张卫等:《学习心理研究》,广东人民出版社2005年版,第4—5页。

[②] 关于学习的分类,我国研究者提出了多种划分的观点和主张,其中有代表性的划分,如冯忠良的五分类观,即按照学习主体、学习水平、学习性质、学习结果和学习内容进行划分,详见冯忠良等:《教育心理学》,人民教育出版社2000年版,第188—199页;又如陈琦、刘儒德则有六分类法,在前者基础上增加了学习的意识水平分类,详见陈琦、刘儒德:《当代教育心理学》,北京师范大学出版社2007年版,第114—118页;而莫雷是二分法,即按照学习的内容和学习活动的性质或机制给予归类,详见莫雷、张卫等:《教育心理学》,广东人民出版社2005年版,第7—9页。

第一，按照学习的内容来划分。我国教育心理学家冯忠良（1992，1998）认为，依据所传递经验的内容不同可以将学生的学习分为知识学习、技能学习和社会规范学习三类。① 莫雷在学习分类上进一步深化，将学习分为四类："知识的学习、技能的学习、心智的以思维为主的能力的学习以及道德品质与行为规范的学习。知识的学习，主要是掌握反映客观事物的属性、联系与关系的知识与知识体系。技能的学习主要是掌握顺利地进行活动的动作活动方式或心智活动方式。以思维为主的能力的学习主要是掌握具有高度概括特征的认识能力。道德品质与行为规范的学习则是指掌握一定的社会规范。这种分类与学校的教育实践活动相吻合，适合教育工作的实际需要。"② 美国心理学家林格伦（H. C. Lingdren）也有类似的分法，把学习内容把学习分为三类：（1）技能和知识的学习；（2）概念学习；（3）态度的学习。

第二，按照学习的结果来划分。这种划分的代表性观点是由美国心理学家加涅（R. M. Gagne）所主张的，他根据学习所得的结果或形成的能力不同，提出了五种学习结果的划分：（1）言语信息的学习。学生掌握的是以言语信息传递（通过言语交往或印刷物的形式）的内容，学生的学习结果是以言语信息表达出来的。（2）智慧技能的学习。言语信息的学习帮助学生解决"是什么"的问题，而智慧技能的学习要解决"怎么做"的问题，以处理外界的符号和信息，又称过程知识。（3）认知策略的学习。认知策略是学习者用以支配自己的注意、学习、记忆和思维的有内在组织的才能，这种才能使得学习过程的执行控制成为可能。认知策略与智慧技能的不同在于智慧技能定向于学习者的外部环境，而认知策略则支配着学习者在对付环境时其自身的行为，即"内在的"东西。简单地说，认知策略就是学习者用来"管理"他的学习过程的方式。这种使学习者用来实施管理自己思维过程的内在的、有组织的策略非常重要。（4）运动技能的学习。运动技能又称为动作技能，指习得的、协调自身肌肉活动的能力，如体操技能、作图技能、操作仪

---

① 冯忠良等：《教育心理学》，人民教育出版社2000年版，第194页。
② 参见莫雷、张卫等：《教育心理学》，广东人民出版社2005年版，第7页。

器技能等,它也是能力的组成部分。(5)态度的学习。态度是通过学习获得的内部状态,这种状态影响着个人对某种事物、人物及事件所采取的行动。学校的教育目标应该包括态度的培养,态度可以从各种学科的学习中得到,但更多的是从校内外活动中和家庭中得到。① 这五种学习事实上可分为三个领域:前三者学习结果属于认知领域(包括知识、技能和策略);第四种学习结果属于动作技能领域;而第五种学习结果属于情感领域。加涅还认为,每一种学习结果都有其各自的特点,其产生依赖于不同的内部条件,教学只有了解各种不同条件,才能有效地促进学习结果的产生。

2. 思想政治理论课程学习的含义

根据对上述学习含义和学习分类的认识,并从高等教育这个特定教育系统进行观照,可以形成对思想政治理论课程学习的如下认识:从学习的性质上看,思想政治理论课程学习是一种经验获得的学习,但属于狭义的学校学习范畴,是诸多课程学习的一种类型,其学习是通过相关理论知识学习和掌握以建构起一定的世界观、价值观、人生观与思想道德的过程,亦即经验的获得;从学习的内容来看,它主要学习马克思主义基本理论,并包括相关政治理论、道德和法律方面的内容;从学习的类型来看,该课程具有知识学习或认知学习的表征,学习涉及概念范畴学习、规则学习,甚至包括推理、判断等学习内容,但该学习又不局限于此,该课程的理论知识学习是载体和基础,是要求先行者在掌握和理解这些理论知识的基础上,以认识客观世界并改造自己的主观世界,最终是要建构起社会主导的思想政治观念。通过这些分析、概括,就不难对思想政治理论课程学习作初步界定。所谓思想政治理论课程学习,是指大学生或学习者以自己现有的知识、技能和态度等心理结构为基础,在教师的指导下,通过一定方式和手段获取思想政治理论课程内容的信息,并把获取的信息进行转化以促使自身思想观念变化的过程,而这种变化对学习者的成才成长产生重要影响。该学习定义涵盖了三方面要

---

① 转引自陈琦、刘儒德:《当代教育心理学》,北京师范大学出版社2007年版,第116—117页。

点：第一，学习的主体限指大学生，他们是具有较高学习素质的群体，在心智发展程度、知识存量和理论修养等方面较之中小学生比较突出；第二，学习的对象是思想政治理论课程，该课程是高等教育课程体系的一部分，但与专业课程及其他课程在学习任务和学习目的方面有显著区别；第三，学习的结果是指学习者思想观念发生变化，即建构起社会主导的思想政治观念，该思想政治观念之于其成才成长具有不可替代的价值和意义。这表明该学习如同其他学习活动一样，"学习是一个经历过任何部分或者方面留存在学习者的身上以备将来的经验中相机再现的一种倾向。"[①] 在此，为进一步理解思想政治理论课程学习的内涵，还需要把握以下几点：第一，该学习是以课程为对象，但不能理解为学习的仅仅是思想政治理论课程的教科书或教材，它应该是以国家统编的教材为核心，该教材是国家意志或法定文化以及党的重大理论创新成果的集中体现，同时还包括党的基本路线、基本方针和基本纲领以及国家的基本政策等学习内容。第二，该学习是在教师指导下的特殊认识活动，教师在整个学习过程中发挥着教育的主导性作用，但学习者的主动性同样非常重要，积极参与、思考、反思和体验等是该学习进程的持续推动力；同时，学习的活动空间不单单局限于课堂，它应该以课堂学习为中心，并结合课外实践活动，以及形式多样的社会实践活动。第三，该学习活动的有效开展对学习者有一定的学习素质要求。由于思想政治理论课程学习实质是一种价值观念的学习，其目的是要树立或建构社会主导的思想政治价值观念，是学习者内在思想或灵魂的活动，所以在该学习过程中，学习者不但要具备良好的、积极的学习动力素质如学习动机、学习兴趣、学习情感等，它们是学习活动开展的前提，在学习过程中分别发挥激发、促进、深化的作用；同时学习者应当具有特定的学科学习能力，即要具有自主学习能力、理论思维能力和价值分析能力，这些特定的学习能力契合该课程学习的要求，只有恰当运用这三种学习能力才能掌握和领会该课程的要旨和精髓；而且学习者还需要具有优良的学习品质，如学习态度和学习道德，优良的学习品质既是学习的前提条件，

[①] 王承绪、赵祥麟：《西方现代教育论著选》，人民教育出版社2001年版，第58页。

又是学习的目的所在，学习品质与学习目的在一定程度上融为一体。第四，该学习活动的有效开展离不开学习者对相关学习策略的正确运用，学习者不仅要善于根据学习任务和学习要求运用一般学习策略来学习，而且要善于结合具体的学习情境和学习目标运用特殊学习策略来完成学习任务。第五，该学习过程是一个感应、获取、体验、接受和内化（建构）的完整过程，缺失其中任何一个环节均不能使学习活动完整，其中体验是思想政治理论课程学习的关键所在，建构是该学习内在运动过程的终点，这是区别于其他课程学习的标识。最后，该学习的结果不唯是学习者获得和掌握有关马克思主义理论的知识，而且应该是领会和掌握马克思主义理论的精髓，并善于运用马克思主义立场、观点和方法认识问题、分析问题，树立和建构起社会主导的思想政治价值观念，为以后的学习、生活和工作提供正确的行动指南。

（三）与思想政治理论课程学习相关的概念

虽然思想政治理论课程学习是一个崭新概念范畴，具有自身的内在属性，但它毕竟是一种课程学习，不但与其他类型学习存在共性的一面，而且在教育学（含德育）、思想政治教育学等学科中也有与之近似的概念。通过辨析、区分相关概念，能进一步深化对思想政治理论课程学习含义的认识。

1. 与智育课程学习的区分

在学校课程体系中，各种课程按照教育教学目标分类依次归类为智育课程、德育课程和体育课程等。其中智育课程无论在基础教育阶段，还是在高等教育中，它在课程体系中所占比例和权重最大，课程数多、课时量大。学习者学习智育课程的时间也是最多。根据教育心理学的观点，智育课程学习总体上属于陈述性知识学习和程序性知识学习，它"是正规学校教育中最基本的内容，从造句这种最基本的语言技能到科学、工程和其他学科的高级技术技能（如求出桥梁负重或货币贬值的影响等）"①。就我国高等教育而言，其智育课程几乎覆盖了除人文素质课

---

① 李洪玉、何一粟：《学习能力发展心理学》，安徽教育出版社2004年版，第8页。

程（或通识课程）、体育素质课程以及思想政治理论课程之外的整个课程体系，智育课程的主体是各种学科门类的专业课程，而专业课程主要以理工类课程和人文社会科学课程最为常见。毋庸置疑，智育课程学习在培养和提升学习者认识世界和改造世界能力过程中占有极其重要地位。那么，智育课程学习与思想政治理论课程学习究竟有何联系和区别呢？从学习的形式上看，二者极为近似，它们皆是以课程学习为中心，辅之以必要的实践学习或专业实习，当然某些专业课程的实践学习更为重要和特殊。尽管如此，但二者区别同样非常明显，它们的区别主要在于学习目的和学习结果的差异。智育课程学习主要掌握知识和理论，是一种智慧技能素质的学习，立足于解决认知问题，解决知与不知的矛盾，其目的是帮助学习者建构知识、专业技能和创新能力，说到底，智育课程学习是一种知识素质学习，尽管其中人文素质课程学习是培养学生审美等方面的能力，但也应该归为知识技能素质学习范畴。而思想政治理论课程学习从表象上看，也需要进行基本理论知识的学习，甚至涉及逻辑归纳、抽象思维能力的学习，但其主要是对学习者进行马克思主义世界观、价值观、人生观和理想信念的教育，解决的主要矛盾是"信"与"不信"、"信什么"与"信多少"的矛盾。其学习的目的是树立和建构社会主流价值观念，确立科学的世界观、人生观和价值观。由此可见，二者区别明显，而且它们在学习过程中对学习方式和学习要求的把握也不尽相同。

2. 与道德学习的区分

道德学习是近年来教育学和伦理领域的研究焦点和热点。道德学习在心理学领域被称之为社会规范学习，它"作为人类社会经验系统的获得，区别于知识学习与技能学习，是一种以社会规范为对象的价值习得过程"[①]。道德学习是与思想政治理论课程学习最为接近的范畴，二者具有最高限度意义上的共同面，但仍然存在内涵和外延上的区别。为了便于区分，首先是要对道德学习基本含义作初步了解。"道德学习就是

---

① 王健敏：《道德学习的心理特点与基本方式》，载《山东师范大学学报（人文社会科学版）》2005年第2期，第31页。

一种接受、内化社会规范，通过获得、体验、实践——建构等途径，形成并完善道德信念与行为的价值性学习。"① 其心理机制比知识学习与技能学习要复杂得多，它是以体验为核心的知情行整合学习，既有认知学习，也有行为学习，更有情意学习。"道德学习尽管包括知识、技能的学习，但又不同于知识、技能的学习，其核心是态度、信仰的学习。"② 所以，"道德学习属于一种特殊类型的学习，除包括道德认知的学习以外，还包括道德情感或态度的学习，这主要不是靠直接的道德教学而是靠间接的道德渗透而进行，这种渗透若要有意义，也需要有计划、有措施地予以保障，而不能单纯诉诸学生的喜好。间接的道德学习尽管不同于直接的学习，但仍然具有学习的基本要素，如主动性、自主参与性、实践性等。"③ 在教育教学实践中还要区分这三类不同学习之间的差别，防止以知识学习、技能学习混同或取代道德学习。从道德学习的目的来看，如果说认知学习即智育课程学习要解决的是"知与不知"的问题，技能学习要解决的是"会与不会"的问题，那么，道德学习要解决的是"信与不信"的问题。从根本上来说，道德学习是获得道德认知、道德观念和道德智慧的基本方法。由道德学习的基本含义为立足面，可以辨析道德学习与思想政治理论课程学习之间的异同。二者的相同点：其一，学习内在心理过程相同。二者内在的过程机制都涵盖了认知、接受、体验和内化（即建构）等诸阶段，缺少其中任何一个环节便中断其学习的开展。其二，学习目的和结果相同。二者的落脚点都是要将主流的社会行为规范和价值观念转化为内在思想品德观念。二者的不同之处在于：首先，学习方式和途径不同。思想政治理论以间接的课堂学习为主，而道德学习不仅包含间接的课程学习，同时直接的实践学习也同等重要。其次，学习的主体不同。道德学习的主体主要是未成年人群体，正如罗尔斯指出："道德学习的一个基本部分发生在人

---

① 戚万学等：《道德学习与道德教育》，山东教育出版社2006年版，第13页。
② 同上，第27页。
③ 同上，第31页。

生的早期,发生在对道德的理性基础的理解之前。"① 而思想政治理论课学习的主体是在校大学生,学习主体间在身心发展程度和知识结构方面存在差异;再次,学习的内容不同。道德学习的内容极其广阔,它不仅包括社会核心价值观和主流社会行为规范,还应该涵盖人类社会其他社会制度下产生的优秀道德传统和行为规范;而思想政治理论课程学习主要是马克思主义理论和以马克思主义为指导的社会主义道德规范学习,是一种给定的"文本"学习;二者尽管有重合的地方,但前者具有无限的包容性;第四,学习活动的领域不同。道德学习不单单在学校这个特定教育场所进行,它也可以在包括家庭、社区和同辈群体之间等在内的社会生活领域发生;而思想政治理论课程学习主要在学校范围内,尽管它也通过社会实践进行学习,那只不过是学校课堂学习的必要补充。经过上述对比分析,思想政治理论课程学习与道德学习之间各自属性就能得到清楚的揭示。

3. 与道德接受的区分

道德接受及其相关理论是我国20世纪90年代以来被广泛关注和探讨的研究课题,是德育和思想政治教育学科的重要研究领域之一,而当下对其关注度有所下降。"道德接受就是指发生在道德领域的特殊的接受活动,它是道德学习者出自于道德需要而对道德文化信息的传递者利用各种媒介所传递的道德文化信息的反映与择取,理解与解释,整合与内化及外化践行的求善过程。"② 这个定义比较全面地描述了道德接受活动的过程及其特征。道德接受活动是作为社会活动大系统中的一个独立的活动过程,其诸要素包括传导者、道德学习者、道德接受客体、道德接受媒介和道德接受环境。接受活动所反映的是认识主体与信息客体之间的相互关系,是由"接受目的与标准系统的形成与确立、获取接受客体信息、内化整合、外化为行为几个主要环节组成,这几个环节相互联系,相互转化,交织渗透"③,构成连续、完整的认识过程。接受过

---

① [美]约翰·罗尔斯著:《正义论》,何怀宏等译,中国社会科学出版社1988年版,第460页。
② 张琼、马尽举:《道德接受论》,中国社会科学出版社1994版,第58页。
③ 王敏:《思想政治教育接受论》,湖北人民出版社2002年版,第102页。

程具有阶段性与整体性统一、稳定性与变动性统一、多级反馈、连续运行、螺旋上升的运行特征。接受是在各构成要素的参与下，学习者对教育者所传导的接受客体进行选择、加工、内化、外化的一系列连续反应，从而形成社会、阶级或社会集团所期望的思想政治品德的过程。该过程大体包括：教育传导者认同教育客体的过程，学习者选择、加工、内化教育接受客体的过程，学习者将内化的接受客体外化为行为实践的过程。从接受的含义和活动过程来看，它与思想政治理论课程学习过程有诸多共同之处：首先，二者活动的发动都源自教育主体的导引，教育主体在它们的活动进程中发挥着至关重要的作用；其次，二者的内在活动过程近似，都是含有反映、选择、整合、内化多环节构成的连续、完整的认识过程；第三，二者活动的目的相同，活动的结果皆是受教育者树立和建构起主流的思想政治品德观念。然而，二者区别也同样明显：其一，二者实践活动的对象不同。道德接受的客体具有广泛性，既有日常的社会伦理道德规范，也包括社会主流的核心价值观；而思想政治理论课程学习的对象以"文本"为主要内容，是以课程形式所呈现的社会主流意识形态和马克思主义思想理论。其二，二者的活动方式不同。道德接受的场所不固定，随机性强；思想政治理论课程学习则相对固定，依托于学校的教育环境之中，活动氛围良好。其三，二者所反映的教育理念不同。从逻辑层面上来说，接受是在教育者主导下进行的活动，是以教育者为中心，带有明显的灌输教育痕迹，含有"你说——我听、我接受"的意味，在整个活动中受教育者的主动性、主体性得不到彰显，带有消极、被动之嫌；而学习活动是以学习者为主导的能动性教育活动，是以学习者为中心，学习者的主动性、积极性和创造性是该教育活动的动力源泉，体现了当代"以人为本"的教育理念。

二、思想政治理论课程学习的本质

课程学习的本质问题是"元"问题，是该课程学习的价值及意义的集中反映。对思想政治理论课程学习本质的探讨，亦是如此。一门课程学习的本质究竟是什么，不是取决于研究者持什么样的学习观，或是学习者采取什么样的学习立场和学习态度，而是取决该课程本身的内在属性及其外在功能。所以，对此探究的触角应当直接指向该课程本身，主要从两方面着力梳理、厘定：一是从课程性质上来分析，因为课程之间的根本差别就在于课程性质，对哲学社会科学类课程来说尤其具有决定意义，这是其学习本质最根本的反映；同时，课程性质直接决定该课程的功能，不同性质的课程必然有不同的教育功能或社会功能；二是从课程功能上来审视，虽然课程的本体功能是育人，但不同课程却因性质差异而导致它们在培养人的维度、层次和规格上存在明显区别，譬如智育课程与动作技能课程之间在培养目标上就截然不同。需要指出的是，课程的最直接功能是它之于学习者成长成才的意义，但课程还有其社会功能，即其之于社会的意义，这对哲学社会科学类来说非常突出。基于此，要认识和把握思想政治理论课程学习的本质，须从该学习的目的、意义以及该学习形式的特殊性等方面进行概括，方能推导出应然的结论。思想政治理论课程学习的本质属性集中体现如下：

（一）价值性学习：思想政治理论课程学习的本质属性

现代课程理论认为，各课程之间的根本差别就在于课程性质，对哲学社会科学类课程来说尤其具有决定意义，而且课程性质还直接规约该课程的功能，不同性质的课程必然有不同的教育功能或社会功能。思想政治理论课程的根本性质究竟是什么？这需要从该课程本身探本溯源。

首先，从课程论的视界来透视思想政治理论课程的性质。尽管课程是一种复杂的教育问题和教育现象，但是课程作为国家教育或文化的一部分，其产生、发展和变迁从根本上来说均是由社会存在所决定的。从最一般意义上来说，"课程客观上是由一定的社会形态决定的，这包括经济的、政治的、文化的、科学的发展状况，主观上是受课程决策者的价值观、价值取向，受教育类型、制度、育人目标受决定。"[①] 而且"从迄今为止的历史发展过程来看，国家在课程发展中还是长期占据主导地位的，课程实质上成了一种国家层面上的'法定知识'，它集中体

---

① 孙喜亭：《教育原理》，北京师范大学出版社2003年版，第315页。

现了国家（主要是统治阶级）对于社会文化的规范要求，体现了国家的'文化意志'"①。无论研究者持什么立场和视角，都不能改变社会存在决定课程这一根本事实。有研究者指出："事实上，每一种课程定义都隐含着某种哲学假设和价值取向，隐含着某种意识形态以及对教育的某种信念，从而标明了这种课程最关注哪些方面。"② 所以，无论传统意义的课程开发理论还是当代的"理解课程"理论，都认为不存在纯客观的"价值中立的"（value-neutral）课程，而是或显或隐的"价值负载"（value-laden）课程，即使最纯粹的工程技术课程亦是如此。课程领域中的客观事实，均是种种价值关系及其表现形态：课程事实价值主导的事实，课程价值的产生与实现以课程事实为基础。③ 从上述简要分析来看，课程蕴涵价值性或意识形态性是必然的，是课程文化的共同现象。而思想政治理论课程却不同于一般课程，不是从某一方面或局部地反映社会主流的意识形态，而是最直接地、全然地体现和贯彻了我国社会主义社会占主导地位的意识形态。思想政治理论课程所承载的内容是"国家主流意识形态"和"国家意志"，贯彻了国家的文化意志和马克思主义的指导思想。该课程开设伊始，就以马克思主义理论为指导，该课程核心内容是关于社会主义意识形态方面的阐述，主要是以马克思主义基本原理、马克思主义中国化的理论成果及社会主义思想道德理论为教育主题，是工人阶级和广大人民群众意志的体现，是马克思主义指导思想的反映，贯彻了我国社会主义国家的主流文化意志的要求。譬如，"05"方案的思想政治理论课程就自始至终贯彻着马克思主义的基本理论、理论发展和理论应用这三大块内在逻辑关联的内容。

其次，从课程的功能来把握思想政治理论课程的性质。传递和选择文化是一般课程教育教学的重要内容。但"课程所传递的文化，一般说是社会占主导地位的阶级、集团的文化，即优势的和主流的文化"④。

---

① 吴康宁：《课程社会学研究》，江苏教育出版社2004年版，第44页。
② 施良方：《课程理论：课程的基础、原理与问题》，教育科学出版社1996年版，第1页。
③ 该部分论证所涉及的理论和知识均参阅了张华：《经验课程论》，上海教育出版社2000年版，第1—24页。
④ 丛立新：《课程论问题》，教育科学出版社2002年版，第103页。

这是因为"统治阶级的思想在每一时代都是占统治地位的思想。这就是说，一个阶级是社会上占统治地位的物质力量，同时也是社会上占统治地位的精神力量。支配着物质生产资料的阶级，同时也支配着精神生产资料"①。这一点对思想政治理论课程来说更是如此。思想政治理论课程教育是一种有关政治的思想意识层面的教育，是马克思主义意识形态的系统传播和教育的主渠道和主阵地，包括政治基本理论教育、政策教育和时事教育等内容。在当下西方敌对势力对我实施"西化"、"分化"图谋的背景下，要培养社会主义的建设者和接班人，就必须联系政治。联系政治，就是要进行无产阶级的思想政治教育、马克思主义基本理论教育，且该教育任务显得尤为重要。所以，思想政治理论课程教育教学在本质上是确立、巩固马克思主义理论成为占统治地位的指导思想的过程，是中国共产党强本固基的战略性工程的一部分，承担着为"党和国家长远发展的思想基础的奠定"②的历史使命。概言之，思想政治理论课程性质是由其"政治教育、思想教育和品德教育"等功能来综合体现的，这表明该课程性质显著不同于其他高等教育课程，也是其他高等教育课程所不能企及的。

综上分析可见，思想政治理论课程的根本性质是政治性，从某种意义上说，就是指意识形态性。其政治性的意涵是指涉及该课程的指导思想、课程内容、课程设计、课程教育教学目标均承载着非常明确的教育和培养目标，即以社会主流、主导的思想政治观和价值观教育、引导学习者，并为创造未来理想社会奠定思想理论基础。所以，思想政治理论课程学习不同于一般高等教育课程学习之处在于，它不是学习者智力或智慧技能的开发式学习，学习的目的不是解决学习者一般学科认知问题，而是通过该课程学习获得对社会主流价值的体认、建构起正确的思想政治观念。因此，该课程学习是一种价值性学习，而这种价值性学习在此具有特定的内涵，不应是泛指意义的所谓普世价值，也不是道德学

---

① 《马克思恩格斯选集》第1卷，人民出版社1995年版，第98—99页。
② 佘双好：《思想政治理论课程教师应提升学科建设意识》，载《思想理论教育导刊》2007年第9期，第70页。

习论域所指称的社会规范的"价值性学习",① 而是指思想政治理论课程内容及其性质所承载的价值指向,即包含思想观念、政治观点和道德规范等在内的价值性学习。学习者通过该课程学习认同和接受马克思主义的政治价值、思想价值和道德价值,自觉接受以马克思主义为指导思想的意识形态的影响,最终树立和建构起正确的思想政治观念。这有利于贯彻落实国家意志,统一国家意志,用主流社会价值引领和推动社会进步发展。这不仅是思想政治理论课程显著区别于其他哲学社会科学课程学习目的的根本所在,更是其学习本质最根本、最集中的反映。

(二)道德性学习:思想政治理论课程学习的功能属性

探析思想政治理论课程学习的本质必然绕不开该课程的功能。如前所述,课程的功能是由该课程性质所决定的。一般而论,课程的最直接功能是其之于学习者成长成才的意义,但课程还有其社会功能,即其之于社会的意义,这对哲学社会科学类课程来说尤为显著。若审视思想政治理论课程的最直接功能,该课程学习无疑具有道德性学习的属性。在此,道德性学习的内涵有所专指,并不是教育学或伦理学视阈中的道德学习,即"一种接受、内化社会规范,通过获得、体验、实践—建构等途径,形成并完善道德信念与行为的"② 学习,或是"重在形成以需要、情感、态度等为中心的主体的精神性人格"③ 学习,它们主要是"以社会规范为载体"的学习;而是指通过思想政治理论课程学习提升学习者自身的思想道德素质,该思想道德素质是指以马克思主义为灵魂的思想道德素质,并不是一般意义上的道德认知、道德情感、道德信念和道德行为的学习,尽管它们在某些方面存在一致或共同的一面。从某种意义上来说,道德性学习是一种价值性学习,是因为"思想道德素质发展就是接受和选择社会价值并且把文化上得到公认的思想、情感和行

---

① 据笔者所知,目前我国学界对道德学习本质的界定几乎略同,皆以"价值性学习"来概括,是指社会规范的价值性学习,详见戚万学等的《道德学习与道德教育》、王健敏的《道德学习论》、吴俊的《道德学习研究》等论著。
② 戚万学等:《道德学习与道德教育》,山东教育出版社2006年版,第13页。
③ 吴俊:《道德学习研究》,吉林人民出版社2007年版,第50页。

为内化的过程"①。这种思想道德素质具有明确的以马克思主义理论为指导的价值取向。

从根本上来说，思想政治理论课程学习的道德性属性是由该课程的本体功能所决定的。关于课程的社会功用和价值，每个研究者都能持一套理论来论证该课程应该具有什么样的功能，然而，在课程诸多社会功能中，培养人才是课程的本体功能。因为"课程是为培养人和教育人而产生、而发展的，培养人是课程的本体功能，一旦离开了这个本体功能，课程便不复存在"②。然而，培养人是一个泛义的、笼统的表述，而且每门课程因课程性质差异、专业培养方向或学科属性的不同而导致它们在培养人的维度、层次和规格上存在明显区别，对人的培养或教育是有范围和层次的界限的，不可能是万能的，"包打一切"。譬如，智育课程与动作技能课程之间在培养目标上就截然不同。就思想政治理论课程来说，它是直接对大学生进行马克思主义理论与思想品德教育的课程，该课程教育教学的目标是培养用马克思主义理论武装的合格的社会主义事业建设者和接班人，该课程所涉及的课程内容事关大学生的政治方向和思想道德素质，着力于培养大学生的思想政治素质。"要说素质，思想政治素质是重要的素质"，"是素质教育的灵魂"，"如果轻视思想政治素质、历史知识教育和人格培养，那就会产生很大的片面性，而这种片面性往往会影响人的一生轨迹"③。从这个意义来说，思想政治理论课程是"使人成为人"的课程，并且"使人成为人"是课程的核心。它通过教育教学活动引导学生学习和解读"国家主流意识形态"，并转化为自己的世界观、人生观、价值观、理想信念和品德，④ 从思想和道德层面来培养人。其育德性功能体现如下：

第一，从思想政治理论课程学科内容来看，思想政治理论课程讲授的具体内容是马克思主义学科研究形成的理论知识，属于哲学社会科学

---

① 骆郁廷：《高校思想政治理论课程论》，武汉大学出版社2006年版，第49页。
② 从立新：《课程论问题》，教育科学出版社2002年版，第99页。
③ 《十五大以来重要文献选编（中）》，人民出版社2001年版，第879页。
④ 陈秉公：《论思想政治理论课"教材体系"向"教学体系"转化的规律性》，载《全国高校思想政治教育研究会第七次代表大学暨2008年会论文集》，第91页。

课程中的一种。但是，思想政治理论课程与哲学社会科学课程及其他课程又有很大的区别，思想政治理论课程教学内容与哲学社会科学课程相比，除了学科内容不同以外，其教学目的和着眼点也有区别：哲学社会科学课程和其他课程在教学工作中的主要任务是传播某学科专业方面的知识和技能，培养专业学科的人才和为社会服务的实际本领，该课程教学主要指向学科内部的知识结构和学生的科学文化素质，当然也有对大学生进行思想政治教育的责任。而思想政治理论课程的主要任务是对大学生进行马克思主义理论教育，进行正确的世界观、人生观、价值观教育，其教育的主要指向是学生内在的思想政治结构，着眼于思想政治素质的提升，思想政治理论课程是真正意义上"以学生为中心"的育德课程，① 是真正属人性的课程。换言之，思想政治理论课程作为直接学科形态的理论课程，对大学生思想、政治和道德发挥重要指导作用和影响，是他们树立正确的世界观、人生观、价值观和道德观的基本途径。

第二，从"05方案"的"思想道德修养和法律基础"课程内容特征来分析，"基础"课程本身就是针对大学生成长成才过程中普遍存在的实际问题而开设的课程，它强调的是对大学生成长成才的现实指导性，具有更鲜明的育德性。其中"思想道德即指社会主义思想道德，是指社会主义理想、信念、世界观、人生观、价值观、政治观、道德观等方面内容。而思想道德修养是指进行社会主义思想道德方面修养的过程，具体来说，就是对大学生进行以为人民服务为核心、以集体主义为原则的思想道德教育，培养大学生高尚的理想情操和良好的道德品质，引导和帮助大学生树立马克思主义世界观、人生观和价值观，培养有理想、有道德、有文化、有纪律的社会主义事业建设者和接班人的教育过程。"② 正如有研究者从更为开阔的教学视角阐述道："思想品德课程也需要通过教学让学生掌握一定的理论、知识和技能，但如果仅仅停留在这一步，就显得很不够了。应当看到，思想品德课程的教学目的，是为

---

① 参见骆郁廷：《高校思想政治理论课程论》，武汉大学出版社2006年版，第36—37页。

② 佘双好：《充分认识"思想道德修养"与"法律基础"的内在结构关系》，载《清华大学学报（哲学社会科学版）》2008年第1期，第121页。

了有效地促进学生沿着正确方向全面提高自身的思想品德修养和人格的社会化程度。一个人思想品德修养水平的提高虽然与某些正确理论、知识和技能的掌握密切相关，但却不能完全用后者来代替；前者较之后者，显然是一个更复杂、更微妙、更艰巨的过程。因此，为了真正实现思想品德课程的教学目的，就不能以单纯传授某种现成的理论、知识或技能体系作为中心任务来组织教学，而必须以更好地促进学生提高自身的思想品德修养作为中心任务来组织教学。这是思想品德课程区别于其他各种类型课程的突出特点，因而也是探索其特殊教学规律和教学模式的重要前提。正是在这个意义上，不能把思想品德课程简单地归入理论课、知识课或技术课的范畴，而应当实事求是地把它界定为'修养课'，或称'修身课'。"① 从这段较长的论述中不难看出，思想政治理论课程教育教学的目的既要求大学生掌握一定的理论知识，同时更要培养和树立大学生崇高的理想信念，并且还要求大学生在实际生活中自觉遵守和运用。为了深化这种理解，不妨从其他角度的论述中增强该认识，前苏联社会主义学者就认为："教育人的一个最重要的任务是教会人选择真正的、而不是虚伪的价值，就是说，像行为、观点和生活方式的现象，在客观上能给人类和社会进步带来对身心有益的东西。"② 而思想政治理论课程在教会大学生选择价值方面更为确定不移、一以贯之，具有非常明确的价值性和育德性。

由上述论证推导出，思想政治理论课程学习不能仅仅停留在理论知识学习本身，而是要求学习者把理论内容内化成自身内在的思想道德素质，并外化成自身的行为和行为习惯，进而在现实的社会实践中发挥作用。所以，这些不能不凸显出思想政治理论课程学习的道德性属性。

（三）整合性学习：思想政治理论课程学习的过程属性

从思想政治理论课程学习的要求和内在运动过程来看，该课程学习显示出整合的特性。整合性是一般课程学习的基本要求和基本特点，但

---

① 转引自骆郁廷：《高校思想政治理论课程论》，武汉大学出版社 2006 年版，第 36 页。
② ［苏联］伊·斯·马里延科著：《德育过程原理》，牟正秋、王明辉译，人民出版社 1985 年版，第 51—52 页。

在思想政治理论课程学习中更为突出。之所以如此，是源于个体思想政治观念形成过程的复杂性。思想政治理论课程学习并非纯粹的自主或自发的实践活动，而是在外部影响作用下特别是在教师教育教学引导、指导下开展的。一方面，"思想政治理论课程的学习过程是一个知、情、意、信、行的完整过程，它比一般的课程学习更为复杂、更为全面，需要触及个体的心灵，需要个体全面参与，"① 其作用机理和作用过程异常复杂；另一方面，该学习活动是学习者自主建构与外界影响相互作用的过程，这说明外在环境因素对个体思想观念的影响较之于对个体智力状况的作用更为复杂和难以预控。所以，该学习活动的要求和条件不同于一般课程学习，以其价值性内在规约着其要求和条件，反映其目的和意义。其整合性属性具有以下三层意涵：

第一，该学习前提条件的综合性。现代心理学研究表明，人的思想观念的形成、发展是一个异常复杂的变化过程，各种理论学派尚在不断深化探索和验证其内在作用机制和作用机理，而且人的思想观念还显现出反复性、"返祖性"等特征，并非无限上升和不断向前演进的。从这个意义来说，思想政治理论课程学习作为一种思想政治观念的建构活动，远比其他课程学习复杂，学习要求高于一般课程学习，不像智育课程学习主要对学习者的智慧基础有要求，动作技能学习要求学习者具有特定的生理条件，等等。因此，该学习的整合性应理解为学习者要具备综合性的学习素质条件，即学习者要以现有"知识、技能和态度"为基础。学习者的"知识"基础主要是理论知识，即与思想政治理论课程相关的理论知识，如社会科学领域和人文学科领域的基础知识，还包括逻辑方面的基本素养，这与其他高等教育文科课程要求近似。"技能"主要指该课程的特定学习能力，如理论思维能力和正确运用相关学习策略的能力，这是理解和掌握该课程内容最基本的学习素质。而学习者的"态度"不能狭义理解为学习态度，它是包括学习态度在内的学习动机、学习情感、学习兴趣以及学习道德等内容系统，事实上是涵盖了智力因素和非智力因素两大系统。这三方面基础条件在该学习发展过

---

① 骆郁廷：《高校思想政治理论课程论》，武汉大学出版社2006年版，第34—35页。

程中分别发挥不同作用,共同推进该学习活动的发展。

第二,该学习内在运动过程的综合性。即其学习是包含知、情、信于一体的整合学习。这里的"知"、"情"、"信"分别指该学习过程中的认知、情感和信仰等三种作用形式,实质上它们是整体学习活动不可分割的组成部分,并不是相互独立、各行其是的,而是相互渗透、相互促进、相互转化的。认知作用是指对理论观点、价值观念和道德规范及其社会意义的认识,它涉及理论概念范畴及理论体系的获取和认同,以及相关的评价判断。认知作用是该学习的基础和起点,怀特海曾从道德教育角度阐明个中缘由:"对伟大崇高的认识和判断构成道德的基础。"① 情感作用是指经由情感来体验或作用学习内容的一种内心体验,它表明了学习者对学习对象的态度倾向。情感是激发学习活动的动力因素,情感体验或情感作用是该学习产生质变的关键环节。从现实层面来看,学习者的理性、思想往往先诉诸情感,而且情感因素能加强移情能力、增强辨别能力。情感的核心价值在于协助主体认同学习内容,产生接受意愿。因为"认同不仅是一个理性的理解过程,更重要的它还是一个情感参与的过程"②。若无情感体验,该学习内容便无从被接受认同。信仰作用则指主体的理想信念和价值观对学习内容的"论证"、"聚合"和"圣化"③ 作用,经由信仰作用,表明学习内容已为学习者真正接受,并成为其内在价值观念体系的一部分;这说明该学习内容或信息实现了内化,该学习活动不再受外力作用,而是发自内在价值信念的驱动,实际上是一种人格化学习过程,真正实现了学习要求和目的。

第三,该学习活动方式的综合性。即该学习活动不能仅局限于课堂学习这种形式,而是要将课堂学习与其他学习活动尤其是实践学习结合起来,实现学习者思想观念的转化和提升。尽管思想政治理论课程学习实质是内在思想观念建构的活动,需要学习者在学习活动中综合运用理论认知的指导,以学习情感与信念动力进行自主建构,但实现其学习目的和任务的学习方式却是综合性的。它应该是以课堂学习为中心,将该

---

① [英] 怀特海著:《教育的目的》,徐汝舟译,三联书店2002年版,第123页。
② 吴俊:《道德学习研究》,吉林人民出版社2007版,第105页。
③ 参见檀传宝:《信仰教育与道德教育》,教育科学出版社1999年版,第10—12页。

课程学习与各科课程学习、社会活动及其他教育活动有机结合起来，力求直接学习、间接学习与综合学习的统一，最大化地保证该学习活动的实效性，实现自身思想政治观念的转变与提升。

综上所述，思想政治理论课程学习并非体现为某个单一属性，而是以价值性为核心，集价值性、道德性和整合性等属性于一体，从不同维度、不同侧面共同彰显其学习的本质。

三、思想政治理论课程学习的特征

思想政治理论课程学习的特征是其本质的外在表现。正确把握其特征，有助于深刻理解该学习的特殊性及本质。从该学习的发展过程来看，一个完整有效的思想政治理论课程学习，实质上包括认知性学习、体验性学习和建构性学习三个相互渗透、互为依存的紧密联系层面，它们是完整的学习过程不可或缺的组成部分。

（一）认知性特征

思想政治理论课程是由一系列概念、范畴和基本原理等所构建起的知识内容体系，如同诸多高校专业性课程一样，对该课程进行学习不得不涉及认知方面的内容，因而显现为一种认知性学习。

据教育心理学相关理论可知，所谓认知性学习，学习者"依赖于他原有的认知结构和当前的刺激环境"，在教育教学的导引下，通过理解，"把外界客观事物（知识及其结构）内化为其内部的认知结构"[①]。那么思想政治理论课程的认知性学习，乃是学习者将社会主流价值观念和道德规范内化为自身的思想政治品德的认知结构，获得关于思想政治理论认知、判断、推理和思想道德观念形成的过程、规律的客观知识，以及思想道德修养的方式、方法、途径的一种有意义的认知学习。言说它是一种有意义的认知学习，意在表明它是一种获取思想政治道德间接经验的认知学习，是学习者的一种充实、丰富自己思想道德经验结构的过程，

---

① 张大均：《教育心理学》，人民教育出版社2005年版，第111页。

主要是对课程开设的意义与价值的学习,通过获得与该课程紧密联系的基础知识、基本理论和基本概念、范畴,以形成关于思想政治观念与思想道德判断的认知能力,而不是学习者的智慧技能生成的创造学习。

一般而言,高等教育课程学习都离不开对基本理论、基本概念和基本知识的认知、理解和掌握,是需要通过学习加以领会和掌握。而且"在品德和态度的结构中,第一个因素即认知成分,这也就是说品德和态度形成的第一步就是要使学生真正地认识、了解有关的价值观念和行为规范等"①。关于理论学习和理论思维的极端重要性,恩格斯曾进行了精辟的阐述。"一个民族想要站在科学的最高峰,就一刻也不能没有理论思维"。② "没有理论思维,就会连两件自然的事实也联系不起来,或者连二者之间所存在的联系都无法了解。"③ 同时还指出理论思维"这种才能需要发展和培养,而为了进行这种培养,除了学习以往的哲学,直到现在还没有别的方法"④。譬如"马克思主义基本原理概论"课,其内容逻辑缜密、体系严整、理论高度抽象概括,充分展示了马克思主义理论的整体性、科学性、辩证性和真理性,而若学习和掌握这门课程,没有一定的理论思维和逻辑思维作为学习的基础,是不可能把握其理论精髓和要旨的。同样,一种思想政治观念的树立和建构需要以基本的理论认识、理性判断与智慧技能为基础。"认识不是拥有自由的充分条件,但常常是一个必要条件。如果我不能自由地理解我的欲求的原因和性质,不能自由地重新评估它们,那么,我就不能仅仅因为得到了自己所想要的东西而获得自由。"⑤ 知善未必行善,但不知善断然无法行真善。认知判断能力是使人成为思想政治道德上的自主行为者、自主建构者、自我解放者的理性力量。这种知识是需要诉诸教育的引导和学习的掌握而获得的,因此认知学习在强化学习者对思想政治理论的认识力、理解力,对思想价值关系的思考能力和道德价值的判断能力等方面

---

① 张大均主编:《教育心理学》(第二版),人民教育出版社2004年版,第113页。
② 《马克思恩格斯选集》第4卷,人民出版社1995年版,第285页。
③ 同上,第300页。
④ 同上,第284页。
⑤ [美] 阿拉斯代尔·麦金太尔著:《伦理学简史》,龚群译,商务印书馆2003年版,第199页。

起到了积极的作用。思想政治理论的规范、概念和原则通常以较具体的逻辑规则呈现出来,是须诉诸课程学习而获得。"只要我们的道德概念是概念,只要我们的道德词汇是词汇,那么,就必须有使用它们的标准。除非有使用它们的规则,否则,它们就不是我们语言的一部分。规则是可教和可学的,是社会所确立的,也是社会所分享的。"① 因而又必定是思想政治理论课程教育教学和学习应当依循的。"有一些规则,没有它们的话,人类生活根本就不会存在,还有另一些规则,没有它们的话,人类生活甚至不会以一种最低限度的文明方式继续下去。这些规则就是说真话、遵守诺言和起码的公正原则。"② 显然,这些认知能力是学习者在该课程学习过程中必须首先获得的。

无论如何,思想政治理论课程学习的发生、发展须以学习者一定的心智发展水平为前导,以一定的认知能力为基础,以学习者基本的思想政治价值观的判断与选择能力为指导,否则,该课程学习的目的性、自觉性、成效性就难以逻辑地获致担保。尽管学习者在某些情况下也会本能地、直觉地、不假思索地获得思想政治观念的感悟,发乎本能地践行道德规范,但这毕竟不是有意识的行为,而只能是自发的、本能的、质朴的自我行为反应,不符合学习的构成要件,因而是无意义的学习;即使有意义,也是极为有限的。基于此推导,则意味着思想政治理论课程学习之开展必须依赖其基本理论基础和理论认知的指导,学习者理论思维能力的培养必然内嵌于该课程学习之中,因此,思想理论教育"要重视思想理论知识的学习和对思想理论的信仰"③,由此可知,认知性学习必然是该课程学习的逻辑起点和前提保证。

(二) 体验性特征

从思想政治理论课程学习的内在运动过程来审视,该课程学习区别

---

① [美] 阿拉斯代尔·麦金太尔著:《伦理学简史》,龚群译,商务印书馆2003年版,第53页。
② 同上,第149页。
③ 祖嘉合:《"思想道德修养与法律基础"课教学三题》,载《思想理论教育导刊》2007年第1期,第46页。

于一般专业课程之处在于，它是以体验为核心的认知与情感的整合学习。理与情是个体认识和学习活动中的一对孪生子，如果在该学习活动中只有认知理性的作用，而无个体的情感参与，没有经过情感体验，那是不可能完整的学习活动，该学习活动也无法继续深入发展。

究竟什么是体验性学习？先要从理解体验这个关键词入手。"体验"是一个内涵极为丰富的概念，不同的学科有不同的视点和阐释。从心理学视角来检视，体验是情感的成分之一，"是心理活动的一种带有独特色调的觉知或意识，是心理的一种主观感受"①。所以，一般将体验界定为情感、情绪体验，而"情绪体验的意义和特有色调是从有机体同环境相适应过程中的生成和需要的满足与否的感受状态发展而来"②。在教育学领域也对体验的含义作了不同的概括与界定，有学者较为深刻和全面地揭示其内涵，认为体验是"一种思维图景活动，其中不仅含有混沌的直觉领悟，也含有理性的反思；它是符号、文字、语言'串行信息'和行为、图像、情景'并行信息'综合作用的融通式思维；它源于生存实践而又超越于生存实践，穿越和贯穿具体生活经历的场景，透视生存实践的意义"③。由上述体验含义来看，体验活动是一种个体积极地、主动地在内在心理机制协调作用下改变心理情境、改造心理世界，以主体意义的产生、形成为目的的特殊类型的活动。那么，体验性学习是指一种以学习者为中心，通过学习实践活动产生情绪、情感体验与反思而获得知识、技能和态度的学习活动。具言之，学习者在学习活动或社会实践中通过亲身参与或想象，对活动对象进行内省反思，从而建构起某些情感、态度、观念。从发生学上说，体验的意义和特有色调，不是从内在认知加工系统获得的，而是以包括认知在内的先在思想观念结构综合作用的。因而，体验性学习需要个体全身心地投入，不仅仅是某个特定的心理要素，而是全部人格因素。所以"不论刺激学习的外部因素是什么——教师、材料、有趣的机会——只有当学习者进行了

---

① 王健敏：《道德学习论》，浙江教育出版社2002年版，第11页。
② 孟昭兰：《人类情绪》，上海人民出版社1989年版，第126—127页。
③ 刘惊铎：《道德体验论》，人民教育出版社2006年版，第65页。

体验,至少某种程度上进行了体验,学习才会发生。只有通过转化学习者的体验,这些外部影响因素才能起作用"①。

思想政治理论课程视阈中的体验性学习,是指学习者在思想政治理论课程的认知学习或具体的社会实践过程中对其学习对象的一种情感体验,它以坚定思想政治信念和高尚道德情感的生成为目标。体验性学习的关键是体验和反思。体验是对理论知识的理解和情感共鸣,反思是个体对理论知识的构建和深化过程。它让学习者在心理上亲历学习对象,从中获得真切感受,以提升理论认识,并激发起相应的思想道德情感。"道德,只有当它被学生自己去追求,获得亲自体验的时候,才能真正成为学生的精神财富。"② 而"没有体验的道德知识是'概念的木乃伊'"③。所以,体验性学习是其学习结果产生变化的重要节点,是使静态知识内容转化或内化为思想政治品德观念的关键所在。

首先,体验在思想政治理论课程学习过程中的重要作用。因为该课程学习的根本是学习者主动建构思想品德的过程,其核心的心理环节必然是体验,没有体验学习者就无从建构思想政治观念。马斯洛通过"高峰体验"状态的描述极其生动、深刻地阐明该道理:"这种体验可能是瞬间产生的、压倒一切的敬畏情绪,也可能是转眼即逝的极度强烈的幸福感,或甚至是欣喜若狂、如醉如痴、欢乐至极的感觉,在这些短暂的时刻里,他们沉浸在一片纯净而完善的幸福之中,摆脱了一切怀疑、恐惧、压抑、紧张和怯懦。他们的自我意识也悄然消逝。他们不再感到自己与世界之间存在着任何距离而相互隔绝,相反,他们觉得自己已经与世界紧紧相连融为一体。他们感到自己是真正属于这一世界,而不是站在世界之外的旁观者。最重要的一点也许是,他们都声称在这类体验中感到自己窥见了终极的真理、事物的本质和生活的奥秘,仿佛遮掩知识

---

① [英]柯林·比尔法、约翰·威尔逊著:《体验式学习的力量》,黄荣华译,中山大学出版社2003年版,第17页。
② [苏联]苏霍姆林斯基著:《给教师的建议》,杜殿坤编译,教育科学出版社1984年版,第348页。
③ 孙迎光:《占有化德育与生活化德育》,载《道德与文明》2002年第5期,第7页。

的帷幕一下子拉开了。"① 这说明体验是推进学习活动深化发展的关键环节。其次，该课程学习体验是思想政治观念的体验，不同于对社会科学知识、自然科学知识的体验。思想政治观念体验是对人和社会的价值及意义的领悟，包括理性认知与理性情感。这种价值的体验是与体验者融于一体的，而不像社会科学或自然科学那样人与对象是一种主客的分立关系。（尽管社会科学和自然科学也强调学科伦理和社会价值，但那不是它们学科的主旨，它们是精确描述社会现象或自然现象为鹄的。）理性情感体验主宰着学习者的内心活动和精神自由，是在理性判断、规范的指导下对思想政治观念的正确把握与深刻体验。它注重学习者对经验的总结和反思，以及在反思和体验中获得成长性的发展。所以，体验性学习不仅是对认知结果的深化，也是对认识结果的重新组合、选择和建构。体验性学习可以实现两层目的：一是深化已有的经验和认识，通过情感体验的内在机制作用，达到对思想政治理论的观念、原则、规范等知识的态度认同；二是进行既有理论知识和思想观念的重组，实现个人思想政治观念的升华。从这个意义上，体验性学习不是对认知性学习的抛弃，而是实现对它的优化和超越。有学者把体验上升到哲学高度上也就不难理解，认为"体验，是人的生存方式，也是人追求生命意义的方式"②。这一论断具有相当的价值性。

（三）建构性特征

学习者的思想政治观念并非与生俱有的，而是通过一定形式的学习如思想政治理论课程学习实现建构的。皮亚杰在《结构主义》一书中，就把道德价值、美学价值看做同普通知识一样，都处于不断的建构之中。③ 思想政治理论课程学习是学习者思想价值观念形成的最为重要的基础和形式，这表明建构性是该课程学习的重要特征。

"建构"是现代心理学领域中的一个重要概念，而且"学习"几乎

---

① ［美］马斯洛著：《人的潜能和价值》，林方等编译，华夏出版社1987年版，第366—367页。
② 朱小蔓：《情感教育论纲》，南京出版社1993年版，第225页。
③ 参见鲁洁、王逢贤：《德育新论》（第二版），江苏教育出版社2002年版，第74页。

与"建构"同义。现代认知心理学认为,"学习是一种主动建构知识的历程,而非仅仅被动地吸收知识。"① 而现代建构主义学习理论更是认为,"意义建构"是整个学习过程的最终目标。建构的"意义"是指事物的性质、规律以及事物之间的内在联系。在学习过程中建构意义就是学习者对所学内容所反映的事物的性质、规律以及其他事物的内在联系达到较为深刻的理解。② 另一方面。建构主义学习理论还认为:知识不可能以实体的形式存在于具体的个体之外,尽管语言符号等载体赋予了知识普遍认可的外在形式,但并不意味着学习者对这些命题会有一致的理解,因为这些理解只能由个体学习者基于自己的经验背景,结合具体情境的体验与感悟自主建构而来。这就是说,课程的理论知识和思想价值在被个体接受之前,它对个体来说是毫无权威可言的,学习者对知识的"接受"只能靠他们自己的建构来完成,以他们自己的经验、信念为背景来分析知识的合理性。③ 尽管这种理论论调充斥相对主义色彩,但其强调人的主观能动性,即要求学习者自己积极主动地参与教学,在与客观教学环境相互作用的过程中,积极地建构知识框架。"人在认识世界的同时认识自身,人在建构与创造世界的同时建构与创造自身。"④ 这些理论观点至少在一定程度上阐明了学习就是主体内化建构与外化建构相互结合并不断发展的动态平衡过程,揭示了一般课程学习(包括思想政治理论课程学习)需要经过学习者的分析、理解甚至批判,最终达到对知识理论的建构或形成自己的思想政治观念。

思想政治理论课程学习之所以凸显建构性本质特征,就在于该课程性质不同于一般智育课程。该课程学习既是一种社会价值的"内化"过程,又是一种个体思想政治品德结构的"建构"过程,即有关社会主流思想信息观念通过学习者获取、体验、整合等内在作用机制转化为其思想政治观念结构的过程。这种建构是指知与情的综合建构,它由内

---

① 李咏吟:《学习心理辅导》,世界图书出版社 2003 年版,第 63 页。
② 转引自王逢贤:《学与教的原理》,高等教育出版社 2000 年版,第 14 页。
③ 参见陈琦、刘儒德:《当代教育心理学》,北京师范大学出版社 2007 年版,第 185 页;
④ 高文:《建构主义研究的哲学与心理学基础》,载《全球教育展望》2000 年第 3 期,第 4 页。

在动机的激发、思想情感的体验、价值整合等方面构成，因而是思想政治品德结构要素不断转化的综合性建构。其间是学习者将社会主流价值观内化为内在的自身思想政治观念，将外在于主体的要求转化为主体内在的心理需要。由此可以对建构性学习这个特定概念进行界定，它是指学习者通过思想政治理论课程学习，综合运用认知指导与理性判断，以思想情感与信念为动力，在学习活动中自主建构思想政治价值观念的实践活动。

该课程学习的建构性还得到相关学习观佐证："学习不简单是知识由外到内的转移和传递，而是学习者主动的建构自己的知识经验的过程，即通过新经验与原有知识经验的双向的相互作用，来充实、丰富和改造自己的知识经验。"① 由此推导，学习者在该学习过程中遇到新信息、新概念或新问题时，必须充分激活头脑中的先在思想观念和知识经验，通过高层次思维活动，即需要付出高度心理努力的有目的、有意识、连贯地对所接触的学习内容进行"编码"与"译码"等一系列加工活动。学习者要不断地思考，对各种信息和观念进行加工转换，基于新与旧观念进行综合和概括，实现各种水平的转化，解释有关现象，形成新的观念和推论，并对自己的想法进行反思性的推敲和检验，最终完成一种新的思想观念的建构。正如马克思指出那样："观念的东西不外是移入人的头脑并在人的头脑中改造过的物质的东西而已。"② 所以，思想政治理论课程学习实质是一种心理建构的过程，当然，是一种价值和意义的综合建构，包括认知、情感、态度、意志、信念等一系列的内在整合、转化，所建构的是社会主导的思想政治观念。

概言之，从思想政治理论课程学习的内在发展过程来观照，完整地、有效地进行该课程学习，达到该课程学习的目的，实质上是包括认知性学习、体验性学习和建构性学习这三个相互渗透、互为依存的紧密联系层面，它们是完整学习过程的不可或缺的组成部分，这三者从不同侧面和不同维度共同展现了该课程学习的特征。

---

① 陈琦、刘儒德：《当代教育心理学》，北京师范大学出版社2007年版，第186页。
② 《马克思恩格斯选集》第2卷，人民出版社1995年版，第112页。

四、思想政治理论课程学习的形态

由于思想政治理论课程学习活动的复杂性，在实际学习活动中，每个学习者对待该课程学习的态度和精神状态是不尽相同的，这就意味着其学习的体验、接受、内化和建构的水平存在差异，该学习呈现为多种形态。具体为何种学习形态主要是与他们思想政治观念建构的水平相关联，总的来看，该学习形态大致分为受动性学习、自主性学习和信念性学习三种形式。

（一）受动性学习

思想政治理论课程课程学习的最低层次为受动性学习。它是课程内容即社会主流思想价值观念的一种被动接受状态，是一种非理性学习，属于社会思想价值观念内化的初级阶段。

从一定意义上讲，受动性学习处于他律阶段，学习者的学习活动受外界力量的支配和制约。它通常是指学习者对教师或社会所提出的学习要求缺乏必要性认识，甚至有抵触认识和情绪，但出于功利或其他需要，既不违背，也不反抗，仍然遵照执行的一种遵从现象。值得注意的是，受动性学习与思想政治理论教育教学实践存在的"不学"或"厌学"的尴尬现象有根本的区别。"不学"或"厌学"是一种未发生的学习行为，是游离于学习活动之外的行为，这些现象是思想政治理论课程学习中的异常行为，不在本书探讨的范畴。那么，受动性学习是不是一种有效学习呢？从前述学习定义看，学习的结果应该是"经验"、"心理"、"行为"发生了"持久变化"。从受动性学习的结果来看，情况并非如此。学习者的学习行为不是发自于内心的意愿，而是出于应付，虽然参与了学习过程，但"人在曹营心在汉"。一旦该课程结束或考试成绩通过，以往通过强记硬背的内容便很快成为过眼烟云了。从这可以看出，受动性学习是"要我学"，不是有效学习。

这种学习现象在现实生活中广泛存在，并且颇有"市场"，造成该现象的原因非常复杂，综括而言，大致有三类因素。其一，学习者自身的因素。主要是学习者的思想认识和学习动机问题。有些学习者认为思想政治理论课实用性不强,课程内容与自身关系不大,因而认为思想政治理论课学习是无所谓的事情。也有一些学习者对世界观、人生观、价值观等问题不能充分理解和足够重视,因而认为思想政治理论课的学习对世界观、人生观的作用较小或没有作用。甚至有对思想政治理论课内容存在认识误区的,不少学习者认为思想政治理论课中理论灌输太多,对他们的实际问题解决得少,认为思想政治理论课程与中学的政治课没有什么区别,加上对该课程内容理解不深,容易导致忽视心理和厌学情绪的产生。还有部分学习者在学习、成长过程中奉行实用主义和功利主义想法,对思想政治理论课程学习本着"拿学分"、"混成绩"的应付态度,在学习过程中呈现倦怠精神状态,缺乏应有的学习动力。其二,思想政治理论课程教育教学方面的因素。主要是授课形式单一,教师把思想政治理论课当作纯理论知识进行讲授,授课形式大多是那种"唯师""唯书"的单纯说教式教育,继续沿用传统呆板的教学方法和教学手段,以满堂灌为主,满足于机械地完成教学任务,教育教学与现实生活脱节。这种呆板、僵化的教育教学模式,严重脱离了大学生的实际,忽视了大学生自身思想特点和心理倾向的变化,没有调动和发挥大学生学习的积极性、主动性和能动性,导致他们失去学习的兴趣。三是思想政治理论课程教育教学环境的因素。既有微观环境因素如高校内部对思想政治理论课程存在偏见、甚至歧视,也有宏观环境中如信息传播方式、社会思潮以及社会文化等方面的影响,[1] 使学习者对该课程学习采取"敬而远之"的态度。

受动性学习在实际学习过程中存在多种表现形式,归纳起来大体有如是三种特点:一是盲从性。该学习行为的发生,是由于学习者盲目从众,跟随他人的行动和立场而行动,或是受到教育权威和教育情境的压力,或出于功利性目的,而不是发自于内在需求和成长需要,更无必要的学习认识和内心体验,表现出学习的盲目性。二是被动性。被动性是与盲目性直接关联的,二者是表里关系。学习者的行为是依靠外力推

---

[1] 本书将在第二章从思想政治理论课程学习障碍的角度进行详细探讨。

动,而不是源于内在需要的驱动,其学习处处受外力的左右或制约。三是功利性。虽然受动性学习体现了强烈的盲目性和被动性,但并不意味其行为毫无内因,全靠外力推动。从理论上说,个体的一切正常行为均是有意识的行为,都是在一定主体意识支配下的刻意行为,具有一定的自觉性。这种有意识行为的产生是屈从于某种需要,如为了顺利通过考试,或为了规避风险,如教育权威的压力等,就具有明显的功利性。

尽管受动性学习是在外在压力或功利驱动下发生的,缺乏必要的主动自觉意识,其学习效果有较大的局限性,学习者未能充分认识该课程学习的重要性,也无真正情感体验,因而思想政治观念的内化程度比较肤浅,即使有零星的感触和建构,也是薄弱和不稳定的。然而,在学习过程中学习者毕竟是在一定程度上感知了思想政治观念,获得了关于社会主流价值观念的初步认识,为进一步学习创造了基础条件。

(二) 自主性学习

自主性学习是一种主动接受学习的形态,此学习状态较之受动性学习上升到更高的精神层面,学习具有自律性,是从"要我学"向"我要学"的转变。所谓自主性学习,是学习者把思想政治理论课程学习当作自身成长和发展所必须进行的一项活动,根据自己需要、目标和价值取向,主动参与、钻研和接受该课程学习,以实现自己的学习目的。在认识层面上,它是对其学习要求、目标、意义的一种充分觉醒,规范、约束着学习者自身的学习行为,促使其学习不断进取、持之以恒;在行为层面上则表现为其学习行为的主动性和积极性。

就目前整体学习环境和教育教学环境而言,自主性学习形态在思想政治理论课程学习活动中占有重要地位,因为学习者的自律、自主,是有效学习的基础和集中体现。诚如马克思深刻指出:"道德的基础是人类精神的自律,而宗教的基础则是人类精神的他律。"[①] 康德也有类似论断,"道德的行为不是产生于强制,而是产生于自觉,因此自律道德

---

① 《马克思恩格斯全集》第1卷,人民出版社1956年版,第15页。

才算真正具有道德意义。"① 究其实质,自主性学习属于价值认同学习,是对思想政治理论课程内容的一种主动自觉的接受状态,是自觉认同的态度,并非屈从外在压力或约束,属于自律性学习。虽然本书不赞同罗尔斯依据西方价值观念从政治哲学层面上所抽象阐述的自律含义,"自律的行为是根据我们作为自由平等的理性存在物将会同意的、我们现在应当这样去理解的原则而做出的行为"②,但是,真正意义上的有效学习总是学习者出于明确的理性意识而自觉自愿选择的行为。学习行为要求自觉,即要遵循理性的原则,按照理性认识来办事;同时又要求自愿,即出于意志的自由,如果意志不是自由的,那就谈不上学习自主。自律性是指学习者在理论认识或情感上对某一对象趋同一致,并自愿遵从的现象。在学习精神状态上,学习者由他律向自律的转变,由消极被动的状态向积极主动的状态提升,是学习者理性学习的体现。自主性学习的生成,在于学习者的价值认同,是学习者成才、成长的内在诉求使然。首先,学习者对马克思主义理论及其发展理论的科学性和真理性的认同。学习者通过学习,理解并掌握马克思主义理论的精髓和实质,并在学习实践中运用其理论观察、认识客观世界,思考和反思现实问题。其次,学习者对该课程内容所阐述的价值观念对个体成长成才作用的认同。学习者不但认识到理论素养和理论知识的重要性,而且自觉地把学习作为提升自身素质的重要内容,将提升自己理论素养和思想政治理论水平作为发展诉求,为自身进一步成才、成长增添精神动力。第三,学习者对该课程学习提升自身理论素养的认同。通过该课程学习,学习者感受到课程内容所展现的理论魅力,激发出他们的学习热情,增强对理论研究的兴趣,希望通过初步理论的学习,为今后更高阶段的理论学习和研究奠定坚实基础。

自主性学习形态在实际学习活动中呈现出三大特点:其一,自觉性。该学习行为是发自个体内部的自我需要,区别于对外在外力的屈

---

① [德]康德著:《道德形而上学原理》,苗力田译,上海人民出版社1986年版,第38页。
② [美]约翰·罗尔斯著:《正义论》,何怀宏等译,中国社会科学出版社1988年版,译者前言,第5页。

从。这种内在动因的存在，决定了其学习行为并非盲从，而是有明确发展目标的自觉行动。其二，主动性。主动学习有其内在驱动机制，受学习者内部认知因素和情感因素驱使，是主动发起的，有目标性的，而不是被动地取决于外力，事实证明，价值认同的愿望愈强烈、认同的意义愈明确，学习行为就愈主动。其三，稳定性。由于其学习行为发自学习者的内在价值认同，因而不会随着教育情境或外力的变动而改变，具有一定的稳定性，学习效果也相应比较理想。

通过对自主性学习及其特点的分析，可以清楚地把握此学习类型的意义。该学习是在价值认同机制的驱使下进行的，必然对该课程内容给予内在的认同接受和情感体验，进而向思想政治观念建构的方向发展，在一定程度上实现了该课程教育教学的目标。

（三）信仰性学习

信仰性学习是该课程学习的最高境界，属于自由性学习状态，它超越了理性学习阶段，是该课程学习的人格化过程。其主要特征是学习者具有高度的自觉性、高度的主动性和行为的坚定性。它是该课程学习的高级接受水平或高度认同，将该课程中所蕴涵的思想政治观念和价值观内化为个体思想政治观念价值，学习者由此形成了对马克思主义信仰观念，包括关于社会主义和共产主义世界观、人生观、价值观和理想信念等内容。这种学习形态实现了该学习质的飞跃，表明该学习活动具有终极价值取向。

从学理角度来分析，信仰性学习乃是一种理想化学习形态。由于当下主客观条件尚不具备，即受社会发展的程度和人的发展程度这两个维度的制约，信仰性学习在当前几乎没有可能达到。虽然如此，从发展无限可能的观点来看，我们应该一方面从理论层面上探讨其产生的原因、条件和作用；另一方面在现实世界中尽可能创造其实现的基础和环境。

信仰性学习产生的因由在于学习者内在价值信念的驱动。价值信念一般是指个体对某一事物的价值（包括社会的和个体的价值）和伦理意义的确证性认识与体验，是系统化、概括化的理性认识与稳定的、持久的情感体验的结晶。价值信念是稳定而自觉行动的内在条件，是调节个体行为的强大的、稳定的内驱力。苏霍姆林斯基曾说:"作为一种道德上的高尚的精神力量,始于对神圣的东西的一种信仰……没有任何信仰的人,不可能有精神的力量、道德上的纯洁,也不可能有英勇的精神。"① 罗尔斯从政治哲学角度阐明了这个道理:"最初阶段的权威的道德的初级形式可看成是儿童的道德,主要由一系列命令和规定构成,而发展到最后阶段的原则的道德,则上升为按照道德的首要和根本原则行动。"② 建立在价值信念基础上的学习,就表明"人越是意识到他投身于其中的作为整体的生活方式,他就越能获得在这个生活方式以外的善目"③,并在学习活动中获得幸福体验。思想政治理论课程中的价值信念在现阶段实质是指学习者对马克思主义的信仰,对社会主义的信念,对社会主义现代化建设事业的信心以及对于党和政府的信任。值得指出的是,经由价值信念驱动的信仰性学习,也意味着学习者对马克思主义理论系统的、深刻的认识,这是既是其学习的条件,又是其学习的结果。

信仰性学习在整个学习活动中具有极其重要意义:它标志着外在于学习者的思想政治观念已转化为个体的内在需要,学习者建构和树立了社会主流的思想政治观念,实现了该课程的学习目的。非但如此,信仰性学习还具有类似于审美的自由性境界,具有摆脱感官局限和超越现实功利的特性,为学习者提供了更广阔、更充分的自由发展。

---

① [苏]苏霍姆林斯基著:《怎样培养真正的人》,蔡汀译,教育科学出版社 1992 年版,第 15 页。
② [美]约翰·罗尔斯著:《正义论》,何怀宏等译,中国社会科学出版社 1988 年版,译者前言,第 16 页。
③ [美]阿拉斯代尔·麦金太尔著:《伦理学简史》,龚群译,商务印书馆 2003 年版,第 269 页。

第二章　高校思想政治理论课程学习的现实境遇

如果学习是经验的获得，那么个体的学习首先总是个性化的经验过程。在此过程中，因每个个体的认知结构、情感体验和价值倾向等方面的差异，其学习风格和学习方式呈现出多样化、差异性的特征。同时，个体的学习又是明显的社会化的经验过程。所谓学习社会化有两层含义：其一，个体"不是处在某种虚幻的离群索居和固定不变状态中的人，而是处在现实的、可以通过经验观察到的、在一定条件下进行的发展过程中的人"，① 因而个体学习活动须臾离不开社会环境，环境的诸多因素，从宏观到微观，或由远及近、或由外向内，通过各种方式和途径对其学习释放影响或形成制约；其二，个体学习过程也是个体潜意识地顺应或同化了时代性的思维方式、文化价值观念的过程，成为个体素质结构和思维图景的重要组成部分。关于这些方面的认识，马克思和其他学者都做过相关的理论阐述。如马克思认为："人们自己创造自己的历史，但是他们并不是随心所欲地创造，并不是在他们自己选定的条件下创造，而是在直接碰到的、既定的、从过去继承下来的条件下创造。"② 从学习活动角度来分析，这里的"直接碰到的"、"既定的"、"从过去继承下来的"条件应该理解为影响学习活动的先在的社会文化环境。日本伦理学家西田几多郎则从其他视角深刻阐明了其中的道理，"在人类过着共同生活的地方，一定有统一每个人的意识的社会意识。……不管多么出类拔萃的天才，也无法脱离这种社会意识的范

---

① 《马克思恩格斯选集》第1卷，人民出版社1995年版，第73页。
② 同上，第585页。

围。"① 这个观点对认识在一定条件前提下如何有效开展思想政治理论课程学习活动具有启示意义。由于思想政治理论课程学习过程实质是个体的思想政治观念和价值观念的选择、体验、接受和内化的过程，除受该课程的学习要求和学习目的规约外，对该学习影响最为显著的因素莫过于信息传播方式、交往方式、社会文化思潮等，这些因素在很大程度上影响和制约该课程学习的有效性。

一、思想政治理论课程学习的基本要求

思想政治理论课程学习不单单要遵循一般课程如智育课程学习的特点和规律，更要立足于该课程本身的性质和特点，来理解和把握它的学习要求和学习目标，这是学习者学好该课程的首要前提。前文已经阐明，思想政治理论课程开设伊始，就以其意识形态性或政治性显著区别于其他高等教育课程，这是该课程自立于高等教育课程体系的根本，是不容置疑的。但随着社会的发展以及理论和实践的深化，思想政治理论课程的功能定位得到不断拓展，其内容的体系结构也在不断演进、完善，② 这意味该课程的学习目的虽不能作任何改变，但其学习的具体目标和学习要求在不同历史发展时期并非是一成不变、毫无差异的。从根本上来说，这是由社会发展要求和人才培养要求决定的。为便于讨论，本书以"05方案"为例，阐析思想理论课程学习的基本要求。

---

① [日] 西田几多郎著：《善的研究》，何倩译，商务印书馆1965年版，第119页。

② 思想政治理论课程的体系自开设以来经历了一个探索发展、曲折发展、创新发展的过程，其间出现了多个课程方案体系。本书认为，"85方案"是思想政治理论课程发展的分水岭，因为自建国后开设思想政治理论课到"85方案"前，思想政治理论课程发展尽管取得巨大成绩，但该课程体系总体上还处于探索发展阶段，课程设置不够稳定，甚至由于历史因素在特定历史时期停止开设该门类课程，而且这一时期课程主要是单一的马克思主义理论课，反映了该课程发展的历史局限性。但从"85方案"起，思想政治理论课程发展进入新的历史阶段，课程体系不仅得到拓展，课程内容得到完善，形成了马克思主义理论课和思想品德课这两类相互内在关联的课程格局，一度被称之为"两课"，自此思想政治理论课程获得定型化和稳定化发展，其后"98方案"和"05方案"均是对"85方案"的继承、整合和完善。

(一) 思想政治理论课程学习的新内涵

与以往课程方案相比,"05方案"对思想政治理论课程性质给予新的定位,从过去的育人功能发展为育人功能和传播、巩固国家意识形态功能即确立党和国家长远发展的共同思想基础,二者的功能同等重要。课程性质的新定位,既是该课程理论和实践发展的深化,也是我国社会主义事业长远发展的内在要求。

在"05方案"之前,对思想政治理论课程性质的定位着眼于"对青年学生系统进行马克思主义基本理论和思想品德教育","为培养德、智、体等方面全面发展的社会主义事业的建设者和接班人,发挥了不可替代的功能和重要作用",[①] 其主要功能在于育人,在于培育大学生思想政治理论素质,促进他们高尚思想品德的养成。这说明思想政治理论课程的功能与其他智、体、美等课程功能一样处于同等地位,皆为大学生整体素质的发展发挥各自的功能和作用,但其功能局限于学校教育层面,存在着一定的历史局限性。

而"05方案"则对该课程性质予以新的定位,指出:"马克思主义是我们立党立国的根本指导思想,是全党全国人民团结奋斗的共同思想基础。高等学校思想政治理论课承担着对大学生进行系统的马克思主义理论教育的任务,是对大学生进行思想政治教育的主渠道。充分发挥思想政治理论课的作用,用马克思列宁主义、毛泽东思想、邓小平理论和'三个代表'重要思想武装当代大学生,是党的教育方针的具体体现,是社会主义大学的本质特征,是党和国家事业长远发展的根本保证。"[②] 从该课程定性可以清晰看出,一是高校思想政治理论课程内容的核心是马克思主义理论,而马克思主义理论是立党立国的根本指导思想和全党全国人民团结奋斗的思想基础,因而该课程内容至关重要;二是高校思想政治理论课程不但是对大学生进行思想政治教育的主渠道和主阵地,

---

① 参见《关于高校思想政治理论课和思想品德课教学改革的若干意见》(教社政 [2003] 2号)。

② 参见《中共中央宣传部、教育部关于进一步加强和改进高等学校思想政治理论课的意见》(教社政 [2005] 5号文件)。

更为重要的是，高校思想政治理论课程肩负着对党和国家长远发展的思想基础即马克思主义培养的重任。思想政治理论课程性质的新定位无疑直接决定、规约该课程功能。在"05方案"视界下，思想政治理论课程具有育人和传播、巩固国家意识形态的双重功能；育人是该课程的本体功能，但是要用马克思主义理论武装、培养人，这是区别于其他课程的特殊性之所在；同时该课程更为重要的是传播国家意识形态，维护国家意识形态安全，当前进行马克思主义大众化宣传教育就是该功能的体现。由二者综合来看，育人是该课程得以存在的基础，而为党和国家事业长远发展的思想基础培养人才是该课程设置的终极目的，因此该课程承担着高度的政治使命和历史使命。

思想政治理论课程性质的新定位同样给个体的课程学习赋予新的要求。学习的新要求不只是学习方式、方法和学习策略等"技术层面"的改进与提升，而主要在于如何正确理解和把握该课程学习的意义和价值，属于思想领域的质态变化。为此，学习者在该课程学习中要坚持三个方面的"统一"。

一是坚持理论学习与思想政治观念建构的统一。思想政治理论课程具有意识形态性，决定了该课程的意识形态功能。思想政治理论课程的作用在于使国家意识形态手段化、具体化、实效化，即让国家的意识形态通过思想政治理论课程对学习者发挥能动的反作用。学习者通过系统的马克思主义理论学习，掌握马克思主义立场、观点、方法，确立马克思主义理论尤其是中国化的马克思主义理论的国家意识形态在其思想政治观念中的主体意识地位，树立正确的世界观、人生观、价值观；在此基础上，进一步学习党的基本理论、基本路线、基本纲领和基本经验教育，了解国史和国情，增强学习者的历史责任感和使命感。所以，学习者通过学习和接受思想政治理论课程所蕴涵的思想政治价值，提高鉴别大是大非的能力，增强政治敏锐性，以饱满的热情投入社会实践，批判邪恶弘扬正气，自觉维护党和人民的利益，维护国家的意识形态安全。这样就实现了思想政治理论课程的意识形态功能，使学习者成为有理想、有信念、有抱负的社会主义事业的建设者和接班人，他们才能做到改造自己主观世界和改造客观世界的统一，做到务虚与务实的统一，做到理论学习与思想建构及实践运用的统一，才能真正把握该课程学习的真谛。

二是坚持自我成才成长与自觉维护国家意识形态安全的统一。通过该课程学习，不但有助于树立正确的思想政治观念，为个体素质结构的构建树立灵魂导向，确立人生正确的方向，为个体成才成长获得科学的、可持续的、协调的发展动力。与此同时，学习该课程的过程，事实上是与党和国家事业长远发展思想基础的维护紧密联系在一起。比如学习者通过对社会主义核心价值体系的学习，能理解坚持以社会主义核心价值体系为根本建设和谐文化的必然性，能理解任何国家和社会在长期共同的实践和认识活动中，必然要形成主流的价值观念体系，在整个价值体系中，居于核心地位、起主导和统领作用的就是其核心价值体系，这是由意识形态的阶级性和社会功能所决定的。在发展中国特色社会主义事业进程中，社会主义核心价值体系是起指导作用的社会意识形态，对整个社会文化具有支配作用，引领着社会主义和谐文化的前进方向。不但如此，通过该课程学习还能激发学习者的主体道德良知，奠定学习者的主体道德基石，明确个体的主体道德界限，形成并践行正确的社会主义荣辱观，对社会主义道德建设、社会主义精神文明建设、社会主义先进文化建设和国民素质的提高具有极其重要的意义。所以说，个体的学习与树立指导党和国家的思想基础正相关，二者相互促进，共同发展。

三是坚持思想理论学习与投身社会实践的统一。课程学习是理论素养提升和思想政治观念转化的基础，若要将该课程的理论认识真正转化为个体的思想观念和理想信念，学习者不仅要刻苦学习、钻研课程的理论知识，还要积极参与到社会实践中进行学习。学习者只有通过社会实践这个环节，以各种形式自觉投身于伟大的改革开放和社会主义现代化建设事业之中，参与到人民群众的社会实践之中，使理论真正联系实际，在社会实践中体验和检验其理论的科学性和真理性。这是理论常新和发展的不竭泉源，是检验科学理论的试金石，也是学习者锻炼成长、思想政治观念转变升华的根本途径。坚持思想理论学习与投身社会实践的统一，其根本在于将该课程的学习同时代和人民的要求紧密结合起来，学习者运用所掌握的理论知识和学习能力为国家、为社会、为人民服务，使自身价值得到充分实现，其实质是便该课程学习的目的得到实现。

(二) 思想政治理论课程学习的新要求

与过去课程体系相比较，"05方案"思想政治理论课程体系的突出变化在于该课程体系的整体性特征，即通过加强该课程体系的整体性建设，使之构成有机的整体，这是马克思主义理论内在基本特征的体现。从"05方案"对思想政治理论课程设置的情况来看，"05方案"把"马克思主义哲学原理"和"马克思主义政治经济学原理"调整为"马克思主义基本原理概论"；把"98方案"中分设的"毛泽东思想概论"和"邓小平理论概论"课作了调整，形成"毛泽东思想、邓小平理论和'三个代表'重要思想概论"[①] 这一门新的课程；又把"98方案"中"思想道德修养"和"法律基础"课合并为"思想道德修养与法律基础"课，并增设了"中国近现代史纲要"课程，这样突出了思想政治理论课程的整体性，实现了马克思主义基本原理、理论发展和理论运用的统一。从"理论原理"到"理论发展"的课程设置，充分阐明马克思主义不仅是科学理论，而且还是随着时代变化和社会发展而不断创新的科学理论。"理论运用"就是以发展的马克思主义为指导，引导大学生科学地认识、把握和改造主客观世界。这也正是思想政治理论课程教育的目的所在：马克思主义理论指导社会实践，在运用中发展，同时"理论运用"也是对思想政治理论课程实效性的最有说服力的检验。"05方案"本科四门主干课程在课程设置上既统筹兼顾，又各有侧重。原理课是基础，概论课是核心，纲要课是主线，而基础课是落脚点，形成了有机的课程体系整体，体现了整合性、层次性和互补性的特点。[②]

---

① 由于理论和认识的发展，现行课程名称修订为"毛泽东思想和中国特色社会主义理论体系概论"。
② 吴学兵：《高校思想政治理论课程新方案内容体系的基本特征》，载《思想教育理论》(综合版) 2007年第11期。

思想政治理论课程的整体性特征，是该课程科学化发展的重要表征。对于课程发展而言，其科学化是要有具体学科作为依托和支撑。"05方案"课程另一个显著变化在于置课程建设于学科建设基础之上，该课程获得马克思主义理论学科的有力支撑，使其学科化、科学化发展趋势愈益明显。在高等学校，任何理论形态的课程都是以一定学科为依托进行建设的，学科建设既为课程的改革和发展提供了目标方向和知识基础，同时也提供了可持续发展的价值支撑，学科建设对课程学习的意义重大。思想政治理论课程"05方案"实施过程中的一个鲜明特点，就是把思想政治理论课程建设同马克思主义理论学科建设结合起来，通过加强马克思主义理论学科建设，为高校思想政治理论课程学习提供了认识的支点，解决了"理论的某些不确定性"① 的问题。

思想政治理论课程知识结构和内容体系的新变化，不仅对该课程教育教学提出了新的任务，对授课教师的理论能力和知识储备提出了更高要求，同样对学习者的学习、理解和掌握同样有更高要求。马克思曾经高度哲学化阐明这个道理，"对象如何对他说来成为它的对象，这取决于对象的性质以及与之相适应的本质力量的性质。"② 结构主义课程理论代表人物美国学者布鲁纳（Bruner）认为："不论我们选教什么学科，务必使学生理解学科的基本结构。"③ 所谓学科的基本结构就是学科基本原理，是事物之间的基本关系在学科内部的体现，而"学习结构就是学习事物是怎样联系的"。④ 该理论的意义在于突出了知识结构对于学习者如何掌握知识及运用的重要性。有研究者认为："结构是人们认识和把握事物内在矛盾及其性质的前提，人们要完整地把握事物的质和量，就必须弄清楚事物的结构。"⑤ 对于学习者来说，不能单子式或局部性地来学习"05方案"课程内容，而应当从该课程的理论体系和内容体系的内在整体性特征出发，遵照课程内容的内在规定性，进行整体

---

① 徐文良：《"两课"困境及前景》，载《中国高教研究》2004年第5期，第5页。
② 《马克思恩格斯全集》第42卷，人民出版社1979年版，第125页。
③ ［美］布鲁纳著：《教育过程》，邵瑞珍译，文化教育出版社1982年版，第31页。
④ 同上，第28页。
⑤ 熊建生：《思想政治教育内容结构导论》，载《思想理论教育》（综合版）2007年第7、11期，第77页。

性把握，因为马克思主义理论本身就是辩证的逻辑整体，该课程在设计上就遵循这一逻辑路线展开的，即"理论原理"、"理论发展"和"理论应用"构成内在的逻辑整体，实现了理论、历史和现实的逻辑统一。正如皮亚杰所说："当人们一旦做到了某个知识领域归结为一个有自身调整性质的结构时，人们就感到已经掌握了这个体系的内在发动机了。"①

思想政治理论课程内容及体系的整体性对该课程学习提出了总体要求，学习者必须依照其总体要求进行理解和掌握：其一，按照课程内容从理论原理、理论发展和理论运用的统一这个内在逻辑把握其内容体系。学习者按照这个理论逻辑整体掌握其内容，要善于从宏观整体的高度去学习、理解和领悟，不能"只见树木、不见森林"，更不能割裂地、片面地理解。其二，按照其理论所包含的科学原理与科学精神统一的特征把握其理论实质。马克思主义是科学理论，更是不断发展的科学理论。所以，学习者不但要学习马克思主义基本原理，同时也要学习与时俱进的马克思主义科学精神的内容，把与时俱进的科学精神贯彻于思想政治理论课学习过程之中；学习者要立足当代世界，科学地、辩证地看待这些理论及其发展，从科学原理与科学精神统一这个原则学习和掌握该理论内容。

需要指出的是，整体性、综合地掌握和理解该课程内容是其学习的总要求和根本要求，但在实际学习过程中学习的总体要求内含于学习具体要求之中，即对各门具体课程的学习应有所侧重，有相应的具体要求。譬如，"原理"课的学习要求学习者通过掌握其中的概念和基本原理，来把握其马克思主义理论精髓和要旨，以树立科学的世界观和方法论，正确认识自然世界、人类社会和社会主义社会的发展。对于"概论"课程，学习者要在前者的基础上，进一步掌握和领悟马克思主义作为我国社会主义国家的指导思想，是随着时代变化和社会发展而不断创新的科学理论。学习"纲要"课，是要通过国史和国情教育，认识到我国选择社会主义道路的历史必然性，认识到我国发展中国特色社会主

---

① ［瑞士］皮亚杰著：《结构主义》，倪连生等译，商务印书馆1986年版，第2页。

义的历史必然性，从而坚定中国特色社会主义理想信念。"基础"课的学习则要求是学习者以马克思主义世界观、人生观和价值观为指导，积极参与社会实践，做到理论联系实际，在社会实践中改造客观世界和改造自己的主观世界。总的来说，学习者在该学习过程中要做到总体学习要求与具体学习要求统筹兼顾，做到宏观与微观的结合、整体与局部的结合，才能真正理解和把握思想政治理论课程的精髓和要旨，才能真正实现该课程学习的目的。

二、思想政治理论课程学习的时代际遇

高校思想政治理论课程的学习虽然以课堂为中心，但绝不是自闭于社会环境、远离时代前沿的；相反，它作为一种思想政治观念建构的活动过程，总是受到源自于现时代社会文化思潮和思想观念信息的辐射和影响。这种影响借助一定的传播方式和路径渗透到该学习活动之中，从而对个体的学习产生实质性干扰和阻抑，影响该学习的效果。因此，弄清思想政治理论课程学习宏观环境的新形势和新特征是对该学习条件的确证，才能准确把握该学习的特点和规律。

（一）当代新兴媒体及其传播形式的崛起

个体对外在信息的选择和反映在一定程度上受信息源和信息传播方式的制约和影响。在学习的初始阶段，学习者感性认识占主导作用，选择什么、接收什么受个体认知偏好和信息本身因素影响。在日益开放、多元的现代社会，其重要特征就是信息来源的多端性、开放性和信息传播的多样性，个体接触信息愈益自由、便捷，但信息的泛滥也容易致使个体自我迷失。因此，有效思想政治理论课程学习活动的开展，无疑要受到当代媒体及其传播方式的影响。

1. 新兴媒体及其传播形式的特征

当代传播媒介在科学技术发展的推动下也日益发达和普及，各种传播媒介已经成为现代人生存环境的重要组成部分，其影响就越来越具有

决定性，而且"媒体可以直接或通过采纳者移植一些观念引发变革"。①它不仅影响人们的生活方式、社会行为方式，甚至影响和改造人们的思想观念和价值取向。这样，在大众传播媒介的暗示或指引下，人们于潜移默化中信仰一种"主义"，并按这种"主义"去巩固或改变现存秩序。

在当代诸多媒介传播中，新兴媒体及其传播形式对大学生学习和生活的影响最为显著。新兴媒体又称"第四媒体"，主要以互联网为典型，通常是指在计算机信息处理技术基础上出现的媒体形态，是与传统意义媒体如报纸、广播和电视分庭而立的信息传播媒介，并大有取前三者而代之的趋势。而网络传播是以互联网为基础的传播方式，它以计算机通信网络为基础，信息以数字形式存贮于光、磁等存贮介质上，通过网络高速传播，并通过计算机或类似设备阅读使用，从而达到传播社会文化目的的传播形式。网络传播与传统媒介截然不同，它以其崭新的传播方式呈现出诸多特点：广泛的链接造就了大容量的信息储存；空前快速的信息传播速度令传统媒体望尘莫及；同步通达全球受众；不受中间环节的干扰，直接展示信息本身等等。但最重要的特点在于它的公众视角，传统媒体是自上而下少数人传达给多数人；而网络传播则是双向的。如果说，电视是一种"后仰"的媒体，那么，网络则是一种"前倾"的媒体，要求公众的参与。② 因此，网络传播突破了时间与空间、传播者与受众之间的限制，打破了原有的言论生态环境和话语格局。这种自由、开放、互动的传播特点改变并重塑着人们捕捉、接收信息的习惯，同时也对人们的思维方式、行为特点乃至对世界的看法产生着潜移默化的影响。总的来看，网络传播具有如下显著特征：

一是网络传播融合了大众传播和人际传播的信息传播特征。人际传播是指人们面对面或通过书信、电话、电报、互联网等媒介相互传递或交换知识、意见、感情、愿望等的社会交往过程；大众传播则指特定的社会集团通过文字（报纸、杂志、书籍）、电波（广播、电视）、电影、互联网等大众传播媒介，以图像、符号形式，向不特定的多数人表达和

---

① [美] 班杜拉著：《思想和行动的社会基础：社会认知论》，林颖等译，华东师范大学出版社 2001 版，第 201 页。
② 参见胡泳：《媒体的变革：公众的角度》，载《读书》2002 年第 12 期，第 37—39 页。

传递信息的过程。网络传播以其革命性的态势横空出世，突破了传统信息传播形式的界限，开掘了以往信息传播的广度和深度。网络传播不但可以实现面对面传播，也可以实现点对点传播，充分展示了大众传播和人际传播这两种信息传播的长处和优势。譬如，当网络信息被众多网民接受和传播，那么网络传播就类似于大众传播；而网络信息在个别网民之间接受、交流时，此时网络传播就摇身变为点对点的人际传播。总体来看，网络传播实际上是一种"蜘蛛网"型的传播结构和模型。在这种纵横交织的传播结构中，任何一个网结都能够生产、发布信息，所有网结生产、发布的信息都能够以非线性方式流入网络之中。同时，网络传播具有人际传播的交互性，信息接触者可以直接地、迅速地反馈信息，发表意见，施加个人影响。不但如此，网络传播中的信息接触者具有很大的自由选择度，不仅可以主动、自由地选取自己感兴趣的信息，可以在网上自由发布信息，或是删除信息内容；信息是否具有价值，不再完全由传播者确定，信息接触者可以自己进行判断。所以，网络传播兼有人际传播与大众传播的优势，又突破了人际传播与大众传播的局限，在总体上是一种多对多的网状传播模式。

二是网络传播交织着个性化和社会化的双重特征。在网络新媒体环境下，信息传播不仅是个人简单的获取与阅读的过程，也是个体与他人互动、融入社会的过程。这显示网络传播的互动性高，受众不仅仅作为读者通过网络载体阅读、观看信息，还能够与其他受众进行实时的互动、交流；受众本身作为信息的受体和导体，可以直接参与到网络信息的生产和传播过程之中，施加个性化的影响。同时，受众与新闻传播者可以在一定程度上进行直接的双向交流。譬如，目前迅速兴起的多样化个人在线信息产品在参与社会事件、发表言论和影响事件进程方面，能迅速显示出受众的凝聚力量。这也意味着网络传播的个性化时代已经真正到来。同时，在网络传播所构建的复杂社会交往过程中，其他人的意见和观点左右着个人的判断和选择，加剧了多元化观念的对立和融合，常常激发"滚雪球效应"和"群体极化"现象。这说明网络传播的个性化中交织着其社会化特征，在一定程度上受制于其社会化传播的影响。

2. 新兴媒体及其传播形式的双重效应

以网络为代表的新兴媒体及其传播形式的崛起，不啻是信息技术的革命，在根本意义上说，是社会生活领域的一场变革，迅速渗透到经济、政治、思想文化以及社会生活等诸多领域，对现代人的生活方式、行为方式产生重要改变，从而不断地更新着现代社会的发展样态。它不仅张扬了人的个性，提升了人的主体性，影响着人的思维方式和价值观念；而且对于社会发展的影响也是全面的，突出的是对社会政治生活、个体的政治行为的影响，推进了社会政治文明的进步。传播学家施拉姆就曾指出："我们在谈到社会与大众传播的相互作用时，用'革命'这个词并不是偶然的。媒介一经出现，就参与一切意义重大的社会变革——智力革命、政治革命、工业革命，以及兴趣爱好、愿望抱负和道德观念的革命。"①

随着网络时代的到来，普通个体拥有前所未有的权力。由于个体享有极大的选择权和主动权，传统信息传播者虽然还充当"把关人"角色，但其地位受到一定的动摇和削弱，话语权力逐步向受众倾斜。譬如，在互联网世界中，社会舆论多元化的态势愈益明显，聚合的舆论在影响公共决策、改变公共事件解决的态度、进程甚至方向等方面日益加强。因此，新兴媒体不仅是人们获取信息的重要渠道，而且成为思想文化信息的集散地和社会舆论的放大器。需要特别指出的是，网络传播衍生了网络文化。网络文化衍生于并共存于网络媒体和网络传播，其形态虽然各异，抛开道德价值取向、意识形态因素不谈，至少有两个特征是共同的：一是鲜明的多元色彩，二是超强的互动性。一个社会不管处于怎样的发展阶段，总是存在着多元利益碰撞、多种社会思潮交汇、多样表达路径选择。网络文化将这些群体的利益诉求以更便捷的方式呈现给社会，如此一来，以网络传播为代表的新兴媒体的发展进程便彰显出思想大活跃、观念大碰撞、文化大交融的鲜明时代特征。关于这一点，我们可以从马克思对自由出版物社会作用的高度评价中加深理解。马克思

---

① [美]施拉姆·波特著：《传播学概论》，李启、周立芳译，新华出版社1984年版，第19页。

曾称赞自由出版物"无所不及，无处不在，无所不知"，"是从真正的现实中不断涌现出来而又以累增的精神财富汹涌澎湃地流回现实去的思想世界"①。

然而，任何新生事物的出现都有两面性，不可避免地带来一系列的负面作用。网络媒体及其传播的弊端是信息泛滥，内容粗制滥造，个人言论力度放大，假新闻假信息的传播、个人隐私和知识产权遭到侵犯等等，而且个体"可能会把网络中培养出来的任性、放纵、撒谎、不负责任、不守规矩等习惯，也应用到物理世界中"②。这是信息传播者社会责任意识弱化、成名动机膨胀招致的，为追求轰动性不惜制造"卖点"、吸引"眼球"的行为增多，而且一些匿名的不当信息、新闻也难以追究责任。从国家安全层面来看，网络传播也是西方敌对势力意识形态和文化渗透的方便之门。在网络传播和网络文化发展中，由于互联网的开放性和全球性特征，使得西方文化渗透加剧，我国主导的社会文化再度面临西方文化殖民主义和文化扩张主义的挑战。西方文化殖民和文化扩张的实质旨在通过文化的渗透、同化和扭曲，严重损害我国民族精神和时代精神的主旋律。有资料显示，网络传播语言主要是英语，这为西方敌对文化的传播提供了有利平台；同时，西方发达国家垄断着网上的绝大部分信息资源，而且能够通过掌握网络技术优势向全球不断地传递文化信息，冲击着受众的思想价值观念，形成西化倾向。

3. 新兴媒体及其传播形式对思想政治理论课程学习的影响

列宁指出："报纸的作用并不只限于传播思想、进行政治教育和争取政治上的同盟者。报纸不仅是集体的宣传员和集体的鼓动员，而且是集体的组织者。"③ 这种组织作用更多地体现为对社会意识的一种整合。新兴媒介及其传播形式同样对当代大学生的思想政治观念进行整合和改变，其传播方式的革命不同程度地改写了他们对外部世界的感受方式，改造着他们的生活方式和学习方式，并对他们的思想观念、心理情感产生了极为深刻的影响。"学生利用或借助大众传播媒介进行学习，积极

---

① 《马克思恩格斯全集》第1卷，人民出版社1956年版，第75页。
② 陈卫星：《网络传播与社会发展》，北京广播学院出版社2001年版，第327页。
③ 《列宁全集》第5卷，人民出版社1986年版，第8页。

性高、兴趣大、注意力集中,情绪饱满、愉快,学习非常有效。"① 无论如何,新兴媒介及其传播形式已现实地成为大学生学习生活的组成部分。就思想政治理论课程学习而言,这些影响集中体现在以下两个方面:

首先,新兴媒体及其传播形式拓展了该课程学习的资源和路径。新兴媒体及其传播形式给思想政治理论课程学习带来的最大变革在于改变了以往该课程学习的被动灌输的状态,由被动接受转变为主动探究。在该学习过程中,学习者若不满足或不满意课程学习的有限性和局限性,或者对某些理论问题和热点问题感兴趣,可以借助网络的搜索引擎功能,快速查寻相关的信息以释疑解惑。与此同时,网络为该课程学习提供良好的交互性环境。网络具有良好的交互界面,可以实现丰富的交互形式、丰富的数字多媒体与虚拟现实、全球范围内的资源共享和协作学习。在网络环境下进行该课程学习时,学习者可以利用相关网络功能查询资料、进行信息反馈和交流;还可以通过网络向指导教师或专家学者请教、咨询,从而获得更多的指点和帮助。网络的开放性和交互性便于学习者与教师之间的交流与合作,以实现经验和智慧的共享。此外,网络还提供了跨时空交流、研讨的平台,真正实现教与学在时间、空间和心理上的"零距离"。学习者可以选择自己合适的时间和自己喜欢的热点话题,既可以同步地集中交流,也可以随时随地异步沟通;既可以寻求与身边人的合作与帮助,也可以寻求更大范围内志同道合的朋友、教师的交流与互动。教师也可以通过网络随时对学习者提出的疑问予以解答。因此,网络及其传播方式以其时空上的超越性构筑了一个开放式的学习环境,为思想政治理论课程学习提供了更为自由的开放环境。

其次,新兴媒体及其传播形式易于造成学习者思想政治观念的多向化。互联网发端于以美国为首的西方国家,并受西方国家主导。互联网为我们带来了先进思想观念的同时,必然也充斥了大量的西方价值观和政治观等意识形态东西。目前互联网上80%以上的信息使用的语言是

---

① 王逢贤:《学与教的原理》,高等教育出版社2000年版,第195页。

英语，世界上 6000 种语言中的大多数语种在互联网上找不到。因此，英语霸权和美国霸权表现得特别明显。这样信息网络借助语言的绝对优势导致信息霸权，信息霸权是国际政治霸权的一种延伸，西方帝国主义所谓"软文化"的入侵和意识形态的输入有可能使青年丧失主流道德价值观和正确的行为参照体系，有可能分离公民对国家的向心力，也有可能带来对国家主权的威胁。① 不仅"信息强权容易导致大学生理想信念的偏差"，而且"芜杂信息易导致大学生价值取向的偏差"。② 由于大学生在价值观和人生观上还没有定型，对事物还缺乏足够的辨别力，因此大学生在接受西方某些先进思想观念时，难免会受到不健康的甚至反动的西方意识形态的侵蚀。调查发现，不少大学生由于人生观、价值观的偏差，缺乏正确引导，对国内正面宣传节目不屑一顾；而对"美国之音"、"BBC"等西方站点所报道的一些反面言论、激进思想却兴趣盎然，倍加赞赏。早些年的调查显示，大学生认为访问西方网站，"可以换个角度了解情况"的占 36.63%，认为"可以听不同的声音"的占 30.03%，认为"上网后对唯物主义观念有所动摇"的占 10.23%。③ 这说明网络传播对大学生树立正确世界观、人生观和价值观存在极为不利的一面，进而会削弱他们对思想政治理论课程的兴趣。

（二）当代多样化社会思潮的激荡

思想政治理论课程是以课程形式凝结了国家意志和占社会主导地位的思想理论，是国家文化意志和社会主流价值观的集中体现，它既以马克思主义理论为思想理论基础，又以马克思主义理论本身为教育内容，是阐明了马克思主义真理性、科学性和价值性的理论集合，集中代表和反映了占统治地位的工人阶级及最广大人民群众的利益、意志和思想价值诉求。总的来说，无论从理论形态角度如指导思想、思想体系、政治

---

① 参见陈潭、倪明胜：《中国政治博客逐渐兴起，仍难免"祸从口出"》，转引自 http://news.sohu.com/20081013/n259995788.shtml。
② 徐建军：《网络与大学生思想行为的关联》，载《思想政治教育研究》2008 年第 1 期，第 1 页。
③ 薛小荣：《大学生对网络负面使用的原因及对策探析》，载《汉中师范学院学报（社科版）》2003 年第 4 期，第 74 页。

主张等来分析，还是从社会功能的实践影响来看，思想政治理论课程所承载和反映的理论内容和思想观点与当代多样化社会思潮有本质差异，它应当发挥引领当代中国社会思潮的作用和功能。诚然如此，但思想政治理论课程教育教学实践始终受到多样化社会思潮的冲击和干扰，尤其对世界观、人生观和价值观尚未定型的大学生的影响和迷惑非常明显。因此，从改善学习环境的角度来说，探析当代社会思潮对思想政治理论课程学习的影响是题中应有之义。

1. 社会思潮概说

社会思潮是一个社会发展态势的折射，是对社会变迁的观念反映。当代中国社会思潮是指改革开放以来，特别是上个世纪90年代以后，中国社会不同阶级、不同社会阶层中流行的各种思想潮流的总和。在当代中国社会思潮中，既有爱国主义、集体主义、社会主义等反映社会主义核心价值体系的主流社会思潮，也有这样那样非主流的思想意识和观念的存在，包括新自由主义、民主社会主义、历史虚无主义、文化保守主义思潮、后现代主义、民族主义、极端个人主义、公共知识分子等思潮。所以，当代中国社会思潮呈现出差异性和多样性。

然而，社会思潮是一个多义性概念，不同的研究者基于不同的视角给予了种种界定，综合来看，大体有"综合说"、"中介说"两种界定思路。[①]但本书认为下述社会思潮的概括更具有科学性和合理性，揭示了其实质，即社会思潮是"某一时期内在某一阶级或社会阶层中反映当时社会政治情况而有较大影响的思想潮流，它是以一定的社会存在为基础，以特定的思想理论为理论核心，并与某种社会心理发生相互影响、相互制约、相互渗透的作用"[②]。从该定义可以窥见，重要的社会思潮具有群体性、政治性、现实性、重复性、可引领性的特征。[③]

历史唯物主义强调社会存在对社会意识的决定作用，同时也强调社会意识对社会存在的能动的反作用。社会思潮是对社会变迁的一种观念

[①] 参见梅荣政：《用马克思主义引领社会思潮》，武汉大学出版社2008年版，第52—56页。

[②] 同上，第57页。

[③] 同上，第15页。

反映，是社会心理诉求（寓于社会潜意识中）向意识形态转化和意识形态沉淀为社会心理的双向流动的中介环节，同时它的流行和传播在特定的时期对特定的群体具有促发特定行为倾向的作用。这表明社会思潮具有巨大的能动性，就在于其对社会存在的反作用，社会思潮功能的最主要的表现为："它作为一种思想潮流、精神力量依其不同性质，能够在一定条件下程度不同地转化成物质的力量，作用于社会存在，影响社会的发展。"① 所以，社会思潮凸显出社会认识功能、观念整合功能、社会激励功能。这三种功能显示了社会思潮对社会的反作用，但只有植根于时代精神、符合时代发展潮流的社会思潮所起到的作用才是正向的，有利于社会发展的。错误的甚至是反动的社会思潮，虽然它对社会存在也有一定的反作用，但是由于它对社会的认识是唯心主义的、片面的或歪曲的，对人们观念的整合是落后的甚至是反动的，因而它不能对人们起有益的激励作用，只能对人们的思想起有害的毒化和麻醉作用。②

对于思想政治理论课程教育教学而言，占社会主导地位的主流社会思潮如爱国主义、集体主义、社会主义等社会主义核心价值体系，对该课程教育教学具有引导和提升作用，有助于凸显该课程的科学性和价值性，发挥其引领和整合社会思潮的价值。而与之共存的非主流的社会思潮，已经渗透于学术和教育的某些领域，"拒弃意识形态"、"思想与态度的分离"③ 等噪音不时响起。从根本上来说，非主流的社会思潮不但削弱和危害了社会主导的意识形态和国家主流的思想意志，而且妄想取而代之。譬如，当代中国新自由主义以西方自由主义为理论基础，以实现个人的独立和自由为最高原则，撇开中国的国情和世情，主张全盘西化，力求在中国实行英美式的资本主义经济制度和政治制度。它善于窥测方向，选择时机，变换进攻手法，而且借发展马克思主义之名，篡改、歪曲、肢解、裁剪和歪曲马克思主义，行反对马克思主义之实。又如，民主社会主义是当代西方发达资本主义国家社会党、社会民主党和

---

① 梅荣政：《用马克思主义引领社会思潮》，武汉大学出版社2008年版，第60页。
② 同上，第60—61页。
③ 参见李毅、李向阳：《加强文化思潮研究，增强先进思想文化的引导力》，载《思想理论教育导刊》2006年第7期，第41—44页。

社会工党的思想体系与意识形态的总称,是同科学社会主义相对立的社会改良主义的思想体系,它是针对社会主义制度并作为其对立面提出的,把斗争的矛头直接指向共产党的领导和马克思列宁主义的指导地位;尽管民主社会主义具有极端危害性,但其辩称民主社会主义是马克思主义的正统,是社会主义的一种模式,而且是"更加完美的社会主义模式","只有民主社会主义才能救中国",中国应该走民主社会主义道路,甚至说中国特色社会主义也就是民主社会主义。不难看出,民主社会主义者的这些错误观点必然会扰乱人们的思想,搞乱我们的主流意识形态。再如,一段时间以来,历史虚无主义在我国思想文化界重新泛起,有政治上的社会主义"失败论"、"另找出路论",有同马克思主义唯物史观根本对立的、非科学的"历史选择论",有文化史观的露骨表现的"重评五四运动"的基本观点,其突出表现在于以"重新评价"为名歪曲历史,歪曲近现代中国革命的历史、中国共产党的历史和中华人民共和国的历史,甚至抹杀我国源远流长的民族文化,造成了人们的思想混乱,导致了不良的社会后果。历史虚无主义在当代中国重新泛起,有深刻的国际国内背景。历史虚无主义的要害在于否定社会主义根本制度和发展道路;其危害在于通过否定、丑化历史,摧毁我国坚持四项基本原则的历史依据。此外,还有借复兴文化、回归传统之名的文化保守主义如"儒化观",在时下颇有市场,这股思潮既反对全盘西化论,也反对马克思主义的"批判继承,综合创新"的文化方针,而主张全面认同和恢复儒家文化的价值,提出要以儒学为主导来实现和推进中国的现代化,甚至还提出建立"马克思主义新儒学"和"社会主义新儒学"的构想;这些儒化论调反映了它们的共同趋向,即高度评价儒学的现代意义和价值,认为它能够解决中国现代化的精神动力和指导思想问题。除上述所列举的重要社会思潮外,当下还存在民族主义、极端个人主义等思潮,囿于篇幅不再加以简要评析。① 总的来看,这些非主

---

① 当前关于社会思潮认识和评析的论著较多,这表明理论界非常重视和关注社会思潮问题;出于本书研究的考虑,本段落对当代中国主要社会思潮的分析均吸收和采纳了武汉大学梅荣政教授的观点和论述;详见梅荣政:《用马克思主义引领社会思潮》,武汉大学出版社2008年版。

流的思潮通过形形色色的理论主张和宣传口号的伪装,往往具有极大的欺骗性、迷惑性和煽动性,在一定历史时期和一定社会发展阶段产生了社会影响,对思想政治理论课程教育教学造成了相当大的影响和冲击,在一定程度上消解了该课程教育教学的效果,必然成为学习思想政治理论课程的障碍。

2. 多样化社会思潮对思想政治理论课程学习的影响

社会思潮是一种只有通过传播才能产生,也只有通过传播才能发展的社会意识。传播是社会思潮内在的运动方式,贯穿着社会思潮运行的整个过程。社会思潮是社会意识的活动形态,意味着思潮总是处于不断地传播之中,须臾离不开传播。没有思想理论一定规模的传播,就不会有思潮的产生;没有传播规模的扩大就不会有思潮的发展;传播的停止即意味着思潮的衰亡。

社会思潮的传播有两种基本形式,即人际传播和大众传播。对社会思潮而言,这两种传播方式都有重要意义。人际传播和大众传播并非完全分离,人际传播是大众传播的基础,两者的区别只在于信息在传播过程中接受者的多寡而已。两种传播方式各自的媒介也并不专属,比如互联网就是新兴的在人们日常生活中扮演重要角色的媒体,各种社会主体都可以通过互联网与外界进行信息的传播与交流,既可用于人际传播,也可用于大众传播。[①]

正是由于社会思潮的传播,导致各种社会思潮的理论主张和政治宣传扩散,使其实际影响趋于复杂化。譬如,一些社会思潮的观点往往对错交织,同一思潮内部有时又分为不同流派,有的趋于激进,有的偏于温和、保守;而且思潮的内容与表现形式的不一致性更为突出,致使人们辨别其思想本质的难度增大,容易受到误导。同时,社会思潮的传播要通过传播者、传播内容、传播媒介、受众等环节来完成。社会思潮的大众传播过程实际上更为复杂,传播的过程会受到各种因素的影响和限制,受众也不只是单纯的信息接收者,而是会主动选择、反馈信息,因

---

① 参见梅荣政:《用马克思主义引领社会思潮》,武汉大学出版社 2008 年版,第 68—75 页。

此传播过程不是源于传播者、止于受传者的单向过程，而是一个动态的双向甚至是多向的过程。由于大学生生活经历及社会接触面的局限，对社会了解尚不全面，所以在判断问题时带有明显的片面性，即善于局部了解，拙于全局性观察；善于微观体验，欠于宏观把握；善于横向对比，乏于纵向比较；而且在大学生群体中还存在着不同程度的逆反心理思维方式，这种逆反心理是进行正确的世界观、人生观、价值观教育的巨大障碍，很容易产生和推动消极思潮的发展。社会思潮对思想政治理论课程学习的影响主要表现在以下两方面：

其一，多样化社会思潮增加了大学生价值选择的复杂性。社会思潮的传播虽然有助于拓展人们思考人生问题和社会问题的视野，但各种社会思潮均含有明显的政治倾向性和价值追求的目标性，社会思潮的传播无疑增加了人们价值选择的复杂性，增强了人们思想活动的差异性、多变性、独立性和选择性。这一点对大学生群体来说尤为突出。大学生往往是社会思潮的最先反映者，社会思潮因其自身理论观点和理论形态的新奇迎合和满足了大学生追求新思想观念的要求，是感受和传播社会思潮的一个关键性载体。但大学生正处于世界观、人生观和价值观的形成、定型阶段，可塑性很强，有强烈的求知欲，表现为信息饥渴、信息敏感和求异心理强，"属于易感群体，对外敏感，却易受直觉驱使，易于接受非理性影响"[1]，他们的思想认识、情感、意志、自我意识等心理承受能力经常处于不稳定、不平衡状态，这必然影响到他们的思想价值观。当下大学生群体中所表现出的社会思潮倾向较为复杂，既有崇尚爱国主义的情怀，反对各种社会不公正、不公平思想观点等反映大学生健康积极的价值取向，也有极少数人把某些社会思潮中与社会主义建设不相容的思想奉为"经典"、"名言"，作为流行语、座右铭，以致造成人生观、价值观和道德观的畸形，表现为精神郁闷、思想困惑、理想迷失和信仰动摇。这些事实反映有些大学生可能并没有系统学习过有关某一社会思潮的理论主张，或者浅尝辄止并未真正理解，或者只是道听途说，但是错误的、消极的思想观点和错误的理论结论如果被个人的狭隘

---

[1] 张世欣：《思想政治教育接受规律论》，上海三联出版社2005年版，第261页。

人生经验所认同，也会形成顽固自信的人生哲学，支配人们的生活和具体行为。

其二，多样化社会思潮增强了大学生政治态度的多样性。多样化社会思潮中有诸多煽动性、片面性的观点，虽然在某些方面切中时弊，揭露了某些社会现实和社会某些病灶，表现出"片面的深刻性"，但总体上这些思想观点与主流社会意识形态相冲突，这些观点的散布、传播必然造成大学生群体对主流社会态度的多样性。其表现之一是对待社会政治问题的淡漠。由于一些大学生辨别是非能力差，缺乏宏阔的大局观，不善于辩证分析，容易产生困惑感、茫然感、忧虑感和不信任感，往往导致政治态度冷漠，如部分人在政治上否定一切权力和权威，听不进正面舆论宣传，对社会上正面的灌输不问是否科学、是否合乎实际，都盲目予以否定；在日常生活中，把关注视点从政治新闻、政治人物、政治事件转移到体育、娱乐等社会新闻、社会轶事上。与政治冷漠截然相反，其表现之二是对于政治问题的极度关心。由于对新异事物的强烈好奇心，他们对不同于社会主流思想的社会思潮皆表现出极大的兴趣和极度的关心，对其中的理论观点往往不能作出正确的判断和辨析，"不愿做归因分析，不善于后果思考"，往往视其为"真理"。但"大学生是独特的亚文化群体，较少强制性，较少的外部压力，容易产生思想意识的游移与盲动"，[①] 所以对各种社会思潮的信奉和热衷并没有表现出一以贯之的坚定性，忽左忽右，以追逐所谓最新的社会思想理论潮流为荣，对社会热点中的政治问题无以复加的热衷。他们对社会主流的政治理论观点视而不见，听而不闻，却对社会思潮中的政治主张，如新自由主义鼓吹西方民主、自由和人权等言论兴趣盎然。一旦大学生被这些错误的甚至反动的社会思潮所俘获，必然成为思想政治理论课程学习的巨大障碍，失却学习该课程的兴趣。

（三）当代多元性社会文化的冲突

"当今世界仍然是一个多元文化并存的世界，这种多元并存不是现

---

① 张世欣：《思想政治教育接受规律论》，上海三联出版社2005年版，第261页。

存的实然,更是文化生存和发展的应然。"① 文化属于历史的范畴,每一个社会都有和自身社会形态相适应的社会文化,并随着社会物质生产的发展变化而不断演变。但文化是一个人们都在言说而又难以达到通约的概念,迄今为止,据不完全统计,关于文化的定义160种之多。② 本书无意对文化概念和内涵给予翔实考证和阐释,但为了不引起歧义,是从狭义角度来理解文化的,它"主要是指人类社会实践活动的产物"③,"是人类社会所特有的现象,是以人的活动方式以及由人的活动所创造的物质产品和精神产品为其内容的系统。人类活动作用于自然界,产生了物质文化;作用于社会,产生了制度文化,作用于人本身,产生了精神文化"④。而社会文化就是"作用于人本身"、满足人的精神需求的"精神文化",其表现形式是复杂且多样化的,所涵盖的内容是极其广阔丰富的,不仅有"高处不胜寒"的精英文化,也有"曲低和众"的大众文化。需要指出的是,这个意义上的社会文化与观念的文化即与经济、政治相对应的文化既有区别,又存在千丝万缕的联系,在某种程度上又是某种社会思潮的表现和反映。总的来说,社会文化作为观念形态的一部分,是一定社会经济和政治的反映,并又给社会的经济、政治等各方面以巨大的影响作用。

社会文化的多元性存在是社会发展态势多元性的直接映照。多元性社会文化在此包含三层含义:一是指社会文化内容的多样性,即社会文化以其多姿多彩的内容供人们各适其所的选择、享用,如当下主流文化、精英文化、大众文化同时并存,满足了人们多种多样的文化趣味;二是指社会文化主体的多元性,即社会文化创造主体不再是一部分专业人士,如知识分子或文化工作者,广大人民群众已纷纷加入社会文化创造的行列,为社会文化发展注入新鲜血液,成为社会文化发展的推动力量;三是指社会文化价值的多向性,即社会文化所反映的价值取向不再是单一性的社会主流文化,而是具有多样化的价值取向和价值标准,满

---

① 鲁洁:《当代德育基本理论探讨》,江苏教育出版社2003年版,第185页。
② 金元浦等:《中国文化概论》,首都师范大学出版社1999年版,第5页。
③ 沈壮海:《思想政治教育的文化视野》,人民出版社2005年版,第14页。
④ 邵汉明:《中国文化研究二十年》,人民出版社2003年版,第419页。

足了人们多样化的价值需求；所体现出的思想意识不再是单向度的，而是多向度同时并存，甚至是相互悖立的文化思想意识的对峙存在。多元性社会文化兴起的因由和背景比较复杂，粗略归整起来，大致是三种力量综合作用的结果：一是我国经济社会的深刻发展决定其社会文化的多元化发展。社会存在决定社会意识。由于我国社会生活、社会关系、利益关系、组织方式的多样化发展态势愈益明显，必然打破思想文化领域过去那种封闭、单一的状况，生成多元、差异、平等和宽容的现代化思想观念，使社会文化发展趋向多元化。二是经济全球化的迅猛发展加速其社会文化的多元化发展。经济全球化必然带动跨文化的交流，使各民族和各地域不同质文化的发展沿着相互吸引、相互借鉴和相互补充的道路向前进。各种性质文化交流的广度、深度、规模也远远超越以往任何一个历史时代。我国社会文化也不独善其外，域外各种文化的涌入、渗透、交汇使文化领域呈现出多样化发展的繁荣局面。需要指出的是，"西方发达国家以其强大的经济势力和先进的科学力量为依托，把持着文化交流的主动权，控制着文化交流中的流量、流速、流向乃至所传递的文化信息的性质。"[①] 三是现代信息传播媒介推进其社会文化的多元化发展。文化的发展离不开一定的传播手段和传播载体。我国社会文化多元化发展在很大程度上也是依仗现代科技尤其是信息技术的威力，这是因为传播媒介的多样化必然使得社会文化易于接触，使各种社会文化易于获得接受的主体，从而扩大、加速它们的影响，比如网络文化就是典型范例。

1. 多元性社会文化冲突的含义及其表现

文化作为一种价值观念的载体，多元化社会文化必然是多元化价值的呈现，那么它们在传播、接触的过程中就易于产生碰撞、对抗乃至企图消灭对方文化存在的状态。这是文化冲突的重要表征。所谓文化冲突，是指两种或两种以上的文化在相互交汇、相互接触中所导致的排斥、竞争甚至对抗的状态。一方面是指本土传统文化与域外异质文化的差异而引发的矛盾和冲突；另一方面是指由于社会快速发展而引发

---

① 沈壮海：《思想政治教育的文化视野》，人民出版社2005年版，第4页。

的文化需求差异乃至文化需求冲突,其具体表现为:传统文化与现代文化的冲突,本土文化与域外文化的冲突,主流文化与非主流文化、反主流文化的冲突,而其中最为引人注目的文化碰撞集中在以下三个领域:

(1)大众文化与精英文化分庭对峙。大众文化实际是指大众流行文化,"是在一定时期内在广大人群中广为传播与崇尚的文化"①。"大众文化是现代工业社会和市场经济发展的结果,它兴起于当代的都市,与当代大工业密切相关的,以电子传媒为手段,按照商品生产规律运作,旨在是大众获得日常感性愉悦的文化形态。"②"复制化、模式化、批量化、类像化、平面化和普及化"③是其主要特点。随着我国对外开放和市场化进程的加快,当代形态的大众文化实现了从无到有的变化,并且一跃成为当前最显眼的文化形式。大众文化作为一种文化形态具有双重效应。一方面,"在实践功能上具有消解神圣、提倡个性、解放思想和加强民主化倾向的作用,这对于人性重构具有举足轻重的作用"④。另一方面,大众文化媚俗的倾向严重,迎合大众口味的"快餐式"消费方式,在给人们以感官上满足的同时,在价值导向上具有片面性、盲目性甚至愚昧特征。所谓精英文化,是指"体现知识分子的个体理性沉思、社会批判和美学探索旨趣的、具有独特的审美特质和内涵的文化形态"⑤。它主要以表达知识分子的理性思考和理想追求的社会文化。从价值取向上看,精英文化具有现实主义的批判态度和历史觉悟,关注生存的意义以及生存的体验方式,以对真、善、美的理想境界的追求为宗旨,体现高尚的道德情操和精神境界;在表现形式上,具有确定的理论形态和个性风格,而且注重传达方式的创造性以及与内容的有机统一。

---

① 陈正良:《冲突与整合:德育环境的系统建构》,中国社会科学出版社 2005 年版,第 111 页。
② 谢中山:《全球化语境中当下中国文学的大众化问题研究:以新世纪为中心》(博士学位论文),吉林大学出版社 2007 年版,第 36 页。
③ 陈正良:《冲突与整合:德育环境的系统建构》,中国社会科学出版社 2005 年版,第 111 页。
④ 同上,第 112—113 页。
⑤ 赵猛:《从精英文化到大众文化的流变与整合:"百家讲坛"的文化传播研究》(硕士学位论文),吉林大学 2008 年版,第 2 页。

总的来说,"精英文化因其超然的文化品质,展现了人类文明中的美、智慧、理性的魅力,但缺乏迎合人们低级需求的动机,因而受到冷遇。大众文化的得宠与精英文化的窘境最根本的是市场逻辑使然。市场经济在激发出巨大的社会活力的过程中,也塑造了社会精神的世俗化取向。追逐眼前利益,注重感官享受,排遣紧张焦虑,这一切都为大众文化的发展创造了条件。它不仅轻易地将精英文化挤向边缘,而且也构成了对主流文化的挑战。"①

(2)大众文化与主流文化的激烈碰撞。大众文化的出现,也使主流文化面临多种挑战。作为我国社会中占主导地位的、反映着国家的根本意志、文化取向和价值观念的主流文化,是社会主义生产方式和政治制度的观念反映。它着眼于国家整体的、长远的根本利益。而大众文化关注的则是个人的眼前利益,以满足大众日常生活的文化需求为己任;主流文化偏重于整合、引领社会思想价值观念的功能,大众文化则追求娱乐效应;主流文化的意识形态性决定了它的价值倾向必然趋向于统一、整体、权威,而大众文化作为一种娱乐文化,倾向于分散化、多元化;大众文化的意识形态色彩淡漠,甚至以对意识形态的嘲弄、调侃来标榜自己的新潮,迎合大众的欢心,制造市场卖点。大众文化的盛行对主流意识形态所主张的思想政治观念和社会道德秩序显然是一种挑战,特别是大众文化自身的鱼龙混杂、良莠不齐,在相当程度上消解了主流文化的权威性。

(3)网络文化与主流文化的正面交锋。网络文化是依附于信息技术特别是多媒体技术的一种现代性的文化。从某种意义上来说,它是大众文化的一部分,但其传递的载体和参与的特性,又不完全等同于大众文化。"网络文化是一种蕴藏特殊内容和表现手段的文化形式,是人们在社会生活中依赖于以信息、网络技术及网络资源为支点的网络活动而创造的物质财富和精神财富的总和。"② 它是由不同地域、不同民族、

---

① 参见李金蓉:《当代中国多元文化的冲突与互补》,载《山东科技大学学报(社科版)》2004年第2期,第35页。
② 李兴保、胡凡刚:《网络文化与教育》,载《电化教育研究》2001年第2期,第36页。

不同教育背景的个体按照其思想文化理念,在网上进行交流和传播,从而形成的一种全球性文化交流、文化沟通和文化冲突。网络文化作为一种全新的文化形态,有迅捷性、开放性、虚拟性、隐蔽性等特点。稳定的主流文化发展变化较为缓慢,但开放的网络文化的演变却十分惊人,深刻地影响着人们的生活方式、社会关系和价值观念。由于技术和管理方面的原因,对网络文化的内容很难进行严格地审查和核实,以致各种网络文化信息甚至一些错误的、落后的、荒谬的信息充斥网络,容易导致人们思想的混乱,造成普遍的认同危机、道德危机,进而造成信仰危机。从文化冲突的角度看,网络文化之所以会产生比较严重的负面性,主要在于其自发性较强,又缺乏主流文化冲突整合机制的有效干预,这样网络文化与主流文化之间的社会价值标准就不协调;网络文化发展的内在冲动促使其与社会主流文化相对峙,并不可避免地发展为价值观念的交锋,进一步侵蚀社会主流文化的基础,甚至引发某种社会信仰危机。

总的来看,我国社会文化的多元化在很大程度上是指聚合性、统一性的多元化,即指是以马克思主义为指导的社会主义主流文化对多元化社会文化起着统摄、调控、引导的作用,多元文化共存于建设社会主义新文化的理论探索与实践进程中。所以,多种社会文化的矛盾、冲突,也是某种意义上的文化交流和融合,社会文化的冲突就性质上来讲是非对抗性的。一方面,社会文化多元化造成不同价值观念之间的碰撞与冲突,引起人们对不同价值观念产生相应的反应和选择;另一方面,多元文化之间的冲突并非文化之间的摧毁,在文化冲突之中还蕴藏着文化创生的契机,使文化之间的缺陷得到弥补。正是多元文化之间的冲突与互补,使我国当代社会文化发展显示出巨大活力,共同促进当代中国文化的繁荣和发展。"文化上的每一个进步,都是迈向自由的一步。"[1] 所以,多元化社会文化态势使社会发展由此获得新的动力,使追求民主、自由,崇尚个性、多样化成为新时期的价值取向,人的主体性、人的自身价值越来越得到尊重,宽容、合作、人文关怀等主流价值观念获得共

---

[1] 《马克思恩格斯选集》第3卷,人民出版社1995年版,第456页。

识，个体价值与社会价值的有机统一成为人发展的基本诉求。

2. 当代多元性社会文化对思想政治理论课程学习的影响

多元性社会文化的冲突实质上是人的思想观念和价值观念的冲突，具体体现为个体对文化的选择和反应，进而表现在个体的行为方式之中。从积极的意义上来说，多元性社会文化明显体现着社会转型中人们的理想信念、价值观念、道德观念、生活态度的多元化和多变性，也满足了人们不同层次的文化需求；而从消极的意义来审视，多元性社会文化的盛行不可避免地衍生出诸多负面影响，造成一部分人思想观念混乱、理想信念淡漠，也使得道德界限模糊、伦理道德困惑，最严重的后果是社会主流文化的认同危机。

学校教育不可能超然于社会文化影响之外，社会文化的发展或异动总是直接或间接地渗透到学校教育之中。对于思想政治理论课程学习来说，多元性社会文化所蕴含的价值观念与该课程内容呈现出十分复杂的关系，势必对其学习活动产生比较明显的影响。

其一，主流社会文化与思想政治理论课程学习形成良性互动关系。虽然当前多元性社会文化并存，形成百花齐放之势，丰富和满足了各阶层人们不同的精神需求，但文化多元不能替代主流社会文化的地位和作用。所谓主流社会文化，就是表达和反映一定社会的统治阶级意志的文化集合，是一个社会、一个时代占主导地位的精神文化。主流社会文化发挥着主导和引领的作用，对其他文化具有导向和示范作用，在很大程度上调控和整合其他非主流文化甚至是反主流文化的发展方向。不同的历史时期和国家，主流社会文化的内涵是不同的。当今我国社会的主流文化是以马克思主义理论为指导的、以社会主义核心价值体系为内核的和谐文化。由于思想政治理论课程是社会主流意识形态的集中表达，在性质和社会功能上与主流社会文化具有一致性，所以在当代中国特色的多元文化背景下，思想政治理论课程学习一方面必然要受到主流文化的引导、调控和规范，而且主流社会文化积极的、典型的文化样式为该课程学习提供了正面的示范效应和指向意义，为该课程学习创造了良性的社会文化生态，这是该课程学习的必要前提条件。另一方面，学习者通过该课程学习，掌握一定的马克思主义理论知识，才能够深刻理解主流文化的内涵和精髓，能够在复杂的社会文化现象中正确把握社会文化的发展方向和趋势，不为形形色色的非主流社会现象所迷惑，进而树立正确的文化观，反过来有利于主流社会文化的传播和发展，二者之间形成良性互动，相互促进，相得益彰。

其二，多元社会文化冲突造成了思想政治理论课程学习的认知困惑。开放、多元的社会文化广泛存在，是一个社会进步和活力的表征。但因为各种社会文化的价值取向和社会功能的不同，以及它们所依仗的传播载体的不同，对人的精神生活和认知的影响也会不一样，由此而带来的各种社会文化之间的认识冲突势在难免。由于心理需求和审美趣味等因素的作用，学习者日常生活大多受到形式活泼、娱乐性强的大众文化如网络文化的影响；在家庭生活中受到来自长辈或亲族的传统文化观念的教诲；而在学校教育情境下，所面对的思想政治理论课程是主流社会文化的贯彻和反映，教师也通常讲授、宣扬主流文化，赞赏精英文化，对大众文化和形式多样的非主流文化表现出一定的冷漠或轻视。这种复杂文化的体认、偏向和选择，并非是从不同角度看待不同社会文化关系的问题，也不是社会文化之间如何平衡、协调的问题，而是这些多元性社会文化发展态势中的对抗和冲突问题，是各种社会文化争夺社会价值主导权和话语权问题。这种社会文化冲突对学习者最直接的影响是造成一定的社会文化认知的困惑和迷茫，并进而反映在思想政治理论课程学习中。该课程内容所传递和所承载的思想价值与一般社会文化的价值存在巨大反差，学习者由此会对所学课程的内容产生质疑、批判，甚至采取拒斥的态度，影响其学习的效果。

其三，多元社会文化的差异性制约了思想政治理论课程学习的认同选择。多元社会文化因其内容、方式和传播形式的差异，对具体接近者的影响程度也有明显差异，从而在他们心理上烙上特有的文化认同图式，这种文化认同图式总是在一定的情境中发挥效应。一般情况下，文化认同图式接受或同化具有同构性或同质性的内容，成为其文化图式结构的组成部分；而对于相异的因素，总是予以反对、拒斥，表现出排异性。这种心理过程实质是一种社会认同的心理现象。所谓社会认同，"指的是个体对外部世界的吸收，是外部的东西向个体内部的转化，这是以个体内外经验的沟通整合为条件的"①。在具体的思想政治理论课程学习活动中，这种文化认同图式对该课程学习的内容和学习方式产生比较大影响。感性的学习者在面对理论艰深、逻辑性的课程内容，可能采取回避或是放弃艰苦思考和追问，消极对待该课程学习；而理性的学习者则反之，必定在该学习探索、钻研中感受到思考所带来的成就感。一旦他们接近联系实际的理论内容，却都表现出强烈的学习兴趣和学习积极性。由此可见，社会文化内在的差异性对该课程学习的影响是客观存在的，这需要教育者发挥教学艺术进行学习导引，当然，这是另外论题的讨论范围。

三、思想政治理论课程学习的前台遭遇

从某种角度来说，思想政治理论课程教育教学课堂是一个舞台，学习者不仅是观众，更是当中的演员。学习者的学习效果如何，不但受自身主观因素如认知、情感、态度和动机等方面影响，而且受"场景"因素和"场外"环境的制约。

（一）学习者的"先在立场"

从发生论角度来看，个体进行学习之时，主体心理上业已存在一个既成的结构图式，这种图式，用海德格尔的话，叫做"前结构"。"前结构"是对应"前理解"而言的。若从"前结构"概念来理解，"前结构"由"前有"、"前识"、"前设"三方面构成。"前有"指预先有的文化习惯，"前识"是预先有的概念系统，"前设"即预先作出的假设。② 依此不难发现，"前结构"主要是指个体的预先存在认知对其认识的基础作用。

就思想政治理论课程学习活动来说，学习者在学习该课程之前，不仅有原有理论知识或与之相关理论知识的基础，而且形成了关于社会、

---

① 王健敏：《社会规范学习认同心理过程研究》，载《教育研究》1998年第1期，第36页。
② 朱立元：《接受美学》，上海人民出版社1989年版，第133页。

人生和道德方面的观点和看法。本书根据思想政治理论课程学习的实际，对学习者的心理既有结构图式称之为"先在立场"。之所以用"先在立场"的概念，是基于其所涵盖的内容更宽泛，并涉及个体的智力因素和非智力因素两个维度，即包括学习认知、学习动机和学习态度等因素。所谓"先在立场"，顾名思义，就是业已存在或预先存在的，是指学习者由于以往学习的认识及经验所形成的对某一现象稳定、持续、明确的思想情感、价值准则和行为倾向。它体现着学习者独特的人生经历及学习体验，反映出学习者已有的理论水平、价值取向和思想政治观念。"先在立场"的基本构成主要有学习者的认知因素、动机因素、人格因素这三个维度。需要特别指出的是，该"认知"含义界定与教育心理学中认知概念差异迥然，不是指心理学认知中的智力因素、认知风格或与认知风格相联系的学习风格，而是指学习者对某一对象的认知、理解和判断，外在表现为对学习对象的赞成或反对的评价和心理倾向。更准确地说，是对某一学习对象的总的认识和看法。有研究显示，非智力因素对学生学习有十分重要的作用，其中动机在各种非智力因素中处于核心地位。学习动机"是引起和维持个体的学习行为以满足学习需要的心理倾向，它是推动学生学习的内部动力"[1]。学习态度也是影响学习行为的重要因素，它是"习得的、影响个人对特定对象作出行为选择的有组织的内部准备状态或反应的倾向性"[2]。国内有学者认为态度是由认知因素、情感因素和行为倾向所构成的，[3] 虽然认知和行为倾向是态度的重要表征，但这三者中态度的情感因素无疑是核心因素，它是指个体对学习对象喜好与否的内在体验。在这三个因素中，认知是前提，由学习者认知所形成的对外界事物的印象、观点和看法，不仅是主体了解和判断事物的依据，而且是主体对这一事物所形成的情感倾向及所决定的行为定向的基础；态度在"先在立场"中具有调节作用；动机是个体学习行为生成的动力源，决定"先在立场"中认知和态度因素，甚至会改变认知与态度因素。总之，这三种因素密切相关，相互影响，

---

[1] 皮连生：《学与教的心理学》（第四版），华东师范大学出版社2006年版，第291页。
[2] 邵瑞珍：《教育心理学》，上海教育出版社1997年版，第181页。
[3] 皮连生：《学与教的心理学》（第四版），华东师范大学出版社2006年版，第154页。

相互作用，构成一个完整的、不可分割的有机体，制约着学习者的学习行动。

从其作用形式来看，学习者的"先在立场"既是学习者与学习信息接触的"第一道关口"，负责对学习信息进行审查或过滤，又是决定学习者与学习信息关系的个体深层次心理动因。学习者的"先在立场"对主体行为的制约作用主要表现为通过明显的评价、情感、行为倾向以影响某些信息的接受程度来实现的。一般来说，学习者"先在立场"的倾向决定着主体对同类对象的基本看法，预示着主体的学习方向和学习努力程度。如果主体所学习的信息与主体已存在的认知即已有的观点、态度一致的话，那么主体与信息之间就不会发生冲突，处于平衡、和谐状态。反之，假如主体所学习的信息与他原有的观点、态度相悖，就会产生内在冲突和内在压力，处于不平衡状态。因此，个体一般都愿意选择和接受与自己已有的观点一致或相近的信息，避免接受与自己观点相冲突的信息。一旦认同、接受了这种信息，就会尽力消除这种冲突，或者是改变自己的观点、态度，或是改变对信息的看法。皮亚杰从"同化"和"顺应"的机理深刻阐述这种认识的发生过程。"刺激输入的过滤或改变叫作同化；内部图式的改变，以适应现实，叫作顺应。"[①]这两种认识机能，贯穿认识发生和建构过程。同化是指个体把客体的刺激纳入主体既成的心理活动图式之中，这只能引起图式量的扩展和变化，而不能产生新的知识；顺应则是指原有图式不能概括、同化客体，因而引起主体图式的自我调节，促进改变原有图式或创立新图式，以适应变化着的客体，这就造成图式的质变，从而形成新的知识。皮亚杰的发生认识论思想无疑是卓越的，阐明了认识发生的心理学基础。而事实上，学习者"先在立场"的机能远比此复杂，同时还受到客观学习情境的影响，成为学习活动发生的变数。学习者"先在立场"对思想政治理论课程学习影响具体如下：

其一，学习认知的偏差性。在此，认知主要是指对思想政治理论课

[①] [瑞士]皮亚杰、英海尔德著：《儿童心理学》，吴福元译，商务印书馆1981年版，第7页。

程的认识、看法和评价,其偏差性是指对该课程及其内容的误解甚至偏见。由于该课程的学习者基本上都是通过高考这个选拔制度进入高校深造的,他们受过良好的基础教育训练,基础知识扎实,具有一定的理论表述能力、理论思维能力和逻辑演绎能力,完全具备学习该课程的知识储备和能力基础。但他们处于不同的立场和不同角度,对该课程学习还是存在种种认知偏差:一是对该课程的认知偏差。这主要是对思想政治理论课程的科学性和价值存在质疑。经笔者粗略分析、归类,学习者群体中分两大类型,即文科类和理工类。前者主要是政治、法律、社会学、哲学、文学、历史等学科专业大学生群体,他们当中不少人对思想政治理论课程抱有种种看法,这些观点和看法集中起来为:思想政治理论课程是意识形态,是政治教化课程,没有学术批判性,也不能提供知识和思维的范性,易于禁锢人的思想和创造性,因而它算不上一门学科课程,学习的意义甚微。后者即理工类学习者中则有人认为,他们将来是靠专业技术在社会立足,思想政治理论课程对他们专业能力的提升毫无帮助,政治思想过硬解决不了实际的技术问题,所以该课程学习没有实际价值。导致这些认知偏差的根源比较复杂,归纳起来,是由两方面原因造成的:前者主要是学术界的学科偏见在他们身上的折射,由此也说明他们根本没有理解和领会该课程的本质,事实上非常有必要加强该课程学习;后者的看法实际上是大学生群体中功利主义、实用主义思想的一种反映,个人本位至上,集体观念、社会整体价值意识淡漠,形而上的思考缺失。这说明他们未真正接受思想政治理论课程教育,该课程学习正是对正确思想观念和精神价值的弥补。二是对该课程内容的认知偏差。由于我国正处于急剧发展变化的历史时期,在社会发展过程暴露和显现了一些社会问题,党风、政风和社会风气有一些不尽如人意的地方,如贪污腐败、诚信缺失等问题屡禁不止,这些问题的存在与思想政治理论课传导的知识和价值观念形成强烈反差,而且在理论环节上没有予以及时地解释和导引,令广大民众非常不满意。这种社会情绪在一定程度上波及到大学生群体当中,客观上造成大学生对思想政治理论课程认同度的降低,他们当中就有部分人对思想政治理论课程中所阐述的思想理论和社会主流价值观存有疑虑,对所倡扬的社会主义荣辱观和社会主义核心价值深不以为然,甚至认为这是一种超越社会现实和人们思想实际水平的"假、大、空"的理论。显然,学习者的认知错位与该课程传播的政治、思想、道德等文化信息发生了"认知障碍",在很大程度上构成其学习的障碍。

其二,学习动机的外在性。学习动机与学习目的是紧密联系的,任何学习动机都是出于学习目的的需要。从社会学理论来看,学习动机的多元化是教育现象的常态,是与当前社会发展阶段对个体的精神状态要求相吻应,也就是说,大学生学习的多样化需要具有现实的合理性。但对于思想政治理论课程来说,如果其学习动机存在多样性,就与开设该课程的目的和初衷相背离,就失去了该课程的应然价值。如前所述,思想政治理论课程是一种特殊的"法定文化",是国家主流文化意志的最集中体现,是引领社会发展和个体发展的主流社会政治价值观,是整合学习者个人自我发展与促进社会发展的思想基础。从这个意义上来说,思想政治理论课程的学习动机和学习目的理应是同一的。但在思想政治理论课程教育教学的实践中,绝大多数大学生学习动机倾向于"个人需要",即学习动机的外在性,迫于外在教育权威的压力或学习纪律的约束,学习的目的是为了"拿学分"以保证顺利毕业,注重个体的自我发展和自我规划等;而纯粹出于对学习内容兴趣或关注国家和社会发展而产生历史责任感和使命感的学习动机却不多见。这种学习动机在不同类型的大学生当中广泛而普遍存在,本质没有差异。这不能不是构成该课程学习的另一个障碍。

其三,学习态度的复杂性。"态度是个体对某一对象所持有的评价和行为倾向,是调节外界刺激与个体反应之间的中介因素,是由认知、情感和意向三个成分所构成的比较持久的个性倾向性。"[①] 那么,学习态度是指学习者对特定学习对象的较为持久的肯定或否定的内在反映倾向。在实际学习活动中,学习态度往往取决于对学习对象的认知,以及由此产生的学习动机。从其根源来分析,学习态度与个体所持有的价值

---

① 李洪玉、何一成:《学习能力发展心理学》,安徽教育出版社2004年版,第320—321页。

观有关,学习者基于学习对象的价值分析和理解往往通过学习态度表现出来。通常情况下,学习者的态度倾向与其认知倾向是一致的,即学习者对于与已有认知图式与认知水平相吻合的信息,往往产生肯定性情绪反应,容易接受。而对于与已有的学习认知不一致的信息则往往产生否定性情绪反应,拒绝接受。对思想政治理论课程学习来说,学习者的学习态度比较复杂,这既导源于学习者对该课程的学习认知偏差、学习动机不正确(前面已作分析),又有学习者学习趣味方面的因素,譬如有些学习者不喜欢相对枯燥的理论课程,当然,也包括长期以来思想政治理论课程灌输教育所带来的负面影响。需要指出的是,学习者情感因素也影响其学习态度。在学习活动开展过程中,学习者情感尤其是处于激情状态时对学习行为的影响可能会超过认知因素。有研究表明,"态度的情感因素与行为因素之间的相关比较高,而认知因素与情感因素、认知因素与行为倾向之间相关就比较低,因而容易出现人们口头表示的态度却不能付诸行动的现象"①,往往会出现"言行不一"的情形,这使得对个体的真实学习态度难以评判。一个看似学习态度端正、按时上课、听课认真的学习者,未必真信、真懂、真接受该课程信息;而表面学习马虎的学习者却未必学习态度不端正,也不一定对该学习内容无兴趣或无认同感。无论如何,学习态度是影响该学习活动得以顺利开展的重要环节。

上述分析表明,学习者的"先在立场"在思想政治理论课程学习活动中产生不同的作用,大致有"过滤"、"阻塞"或"导向"等不同性质的功能。这说明学习者的"先在立场"具有双重影响,其积极意义是促进、深化该课程学习,其消极意义是制约该课程学习,影响起学习效果。这需要在教育教学中加强引导,争取发挥其积极意义,避免和控制消极影响。

(二) 学习的显在障碍

高校思想政治理论课程学习的过程实质是学习者个体即大学生的思

---

① 皮连生:《学与教的心理学》(第四版),华东师范大学出版社2006年,第153页。

想政治品德和价值观念的选择、体验、接受和内化的过程。毫无疑问，该课程学习是明显的社会化的经验过程，该学习活动的有效开展及其效果必然遭受诸多环境因素的影响和制约。换言之，这些影响或制约因素亦即学习的障碍。所谓思想政治理论课程学习的障碍，是指内源于高校教育教学体制、氛围，或伴生于该课程教育教学活动进程等直接或间接地制约该学习活动开展及其效果的因素总和。思想政治理论课程学习的障碍通常表现为显在障碍和潜在障碍这两种类型。其显在障碍主要是现行的高校教育教学体制所导致的或设定的。显在障碍，换个角度来说，就是直接障碍或直接原因，它来自于课程学习活动本身的诸多因素，是直接导致其学习活动开展不顺畅和学习效果不佳的变数。在实际的思想政治理论课程教育教学过程中，制约其学习活动的显在障碍主要表现在以下两个方面：

1. 大班化教学

课堂教学和"班级授课仍是现在给大学生传授知识的基本形式"[①]。夸美纽斯（J. A. Comennius）曾经说过，个别教学好比"手工抄写"，效率不高，课堂教学好比是印刷术，大大提高了效率。[②] 可见班级授课制度是现代教育进步的标识之一，在一定程度上破解了教育资源和师资匮乏的制约，极大地推动了现代教育的普及化和大众化。但授课班级规模并不是容量无限的，根据教学规律应当有一定的人数限制，过大或过小都不符合班级授课制度的初衷。从现代教育理论和实践来看，小班教学，甚至传统的师生面对面的个别化教学，是教育效果和教育质量提升的前提保证。

反观思想政治理论课程教育教学实际，"合班上课、大班教学"似乎是一种惯例和常态，这种教育教学形式发端于上世纪五六十年代，从当时有关教育文件中侧面反映了这些现象；[③] 如今这种趋势愈演愈烈，

---

① 薛天祥：《高等教育学》，广西师范大学出版社2001年版，第11页。
② 转引自皮连生：《学与教的心理学》（第四版），华东师范大学出版社2006年版，第314页。
③ 在1964年10月中央下发了《关于改进高等学校、中等学校政治理论课的意见》中，就要求当时高校政治理论课教师同全校学生的比例应当做到1：100。这从侧面说明，由于当时思想政治理论课程教师缺乏和其他方面原因，该课程教学不得已选择大班教学的模式。

尤其是高校加大扩大招生力度后，学生数急剧增加，大班化教学在实践中不断得到强化。现在高校思想政治理论课程授课的班级基本是100人以上的中型班，150～200人的比较常见，某些院校甚至200～300人的课堂也不鲜见；合班的班级基本上是专业相同或相近，是基于其专业之间课程进度安排较为一致的考虑。由于班级人数多，授课地点通常被安排在大型阶梯教室，其中有些课程比较特殊，如"形势与政策"课经常在礼堂、学术报告厅等大型室内活动场所开课，上课场面蔚为壮观，甚至达400～500之多。① 至于造成这种现象的具体缘由，不同历史时期具有时代性的因素，但的确有其共性的原因。一般而言，大班化教学形式顽强地被保持，是由于教育资源的稀缺性和制度性造成的。

从学习角度来看，这种大型集体的教育组织形式对该课程学习影响最为显著，主要集中在以下两个方面：

（1）导致其课堂学习氛围处于松散与倦怠的状态

教师要顺利完成各个教学环节的任务，必须自始至终对课堂进行有效的管理，这需要教师、学生和课堂情境等三大要素的相互协调。而大班化教学的课堂管理却是一项挑战性工作，不仅管理难度加大，甚至使某些管理功能失效。教师面对人数众多的课堂，理应发挥的教育教学主导作用却无形中受到削弱。比如教师常常遇到最为困扰的学生"到课率"问题。到课率问题在所有高校课程教学中都会遭遇，而思想政治理论课程教学中最为突出，这几年对此议论和讨论颇多。② 近年来，由于教师和教学管理部门对此采取诸多举措，进行教育和管理，取得了一定的效果，学生的缺课和逃课现象遽然减少，到课率回升。但教师在大班课堂教学中需要花费更多时间进行约束和管理，却是不争的事实。且在执行过程中均因大班人数过多，难以有效执行，常常流于形式。教师在

---

① 在这里所涉及的数据并不是权威部门或文献所提供的，而是笔者通过三种渠道获取信息：一是笔者在高校从事思想政治理论教学的实际经验感受；二是笔者在参加相关教学研讨会所作的个人调查；三是来自公开发表的思想政治理论教育教学论文中所涉及的这方面数据的支持；经综合评估而自行给出的结果。囿于行文篇幅，在此不作详细列举。

② 某高校有调查显示：基础课逃课率在25%以上，专业课在20%，公共课（主要是指思想政治理论课）学生到堂率不到50%。而且越是高年级，逃课情况越是严重。资料来源于张建兴：《大学生逃课现象的调查和反思》，详见《淮南师范学院学报》2006年第5期。

教学过程中遇到另一个问题是学生的"抬头率"不高。从表面上看，思想政治理论课程教学课堂，学生济济一堂，但教学过程中抬头的学生寥若晨星。很多学生迫于各种外在原因，人虽然进了课堂，但心并没有随之进入。正如西谚曰：引马河边易，使马饮水难。课堂常常呈现两极分化的状况，一部分学生专心致志听讲，而大多数学生则埋首各自为政，有调查资料显示，"63.1%的学生在思想政治理论课的课堂上做其他的事情"①（虽然该数据有一定的局限性，但反映了课堂学习现状不容乐观。）有教师戏称，思想政治理论课程课堂是最热闹的，其中不无道理。分析个中原因比较复杂，但与大班化教学所带来课堂管理松散有必然联系。社会心理学中的社会干扰作用（social interference）理论也说明了这点。"如果别人在场或与别人一起活动，造成了行为效率的下降"②，即他人在场的外在刺激分散与干扰了个体对活动的精力集中，导致活动效率下降。而这种大班课堂很难长时间维持学习氛围的和谐，学习倦怠情绪悄然生成，必然演变成松散的课堂氛围，会形成"不学"、"混学"、"浮学"等消极的学习态度，并且还会影响到其他认真学习的学生，最终就有可能造成"人在曹营心在汉"的课堂局面。在这种课堂氛围中师生无法进行有效的教育教学交流，更无法谈及对学生学习能力的培养和思想素质的提高了，个体的学习欲望和学习动力也会随之消解和烟消云散。

（2）导致其课堂教学的灌输模式成为次优选择

思想政治理论课程是一门集中反映思想观念内容的课程，对思想观念的传导要讲究人文性、艺术性，该课程的教育教学方式、方法和手段有着特殊要求，显著不同于智育课程的教学，因为人们对思想观念的理解和接受需要面对面对的交流、对话和互动，甚至思想与思想的碰撞，才能产生心灵的共振，才能促使一种思想观念的接受、转化成为可能。所以，思想政治理论课程教学原本"要紧密联系改革开放和社会主义现代化建设的伟大实践，了解和掌握大学生思想政治状况，探索符合教育

---

① 黄科：《大学生对思想政治理论课的态度取向及引导》，载《思想教育研究》2006年第6期，第53页。

② 章志光：《社会心理学》，人民教育出版社1996年版，第393页。

教学规律和大学生特点的教学方法",采用"启发式、参与式、互动式、案例式、研究式教学;多用喜闻乐见的语言、生动鲜活的事例、新颖活泼的形式,活跃课堂气氛、启发学生思考,把科学理论讲清楚、说明白",①这样建立在交流、对话基础上的教育教学,才是理想的教育教学方式,学习者的学习积极性和兴趣才能根本改观,才能达到预期的教育效果。但是,一旦教师面对人数众多的偌大课堂,需要花费极大精力进行组织、管理和协调课堂秩序,教学设计中的对话和互动环节的实施,已被降低到最小化,若打算完成既定的教学任务,只能无奈选择最便捷、最省事的教学模式——单向度灌输教学。这种教育教学模式与现代"以人为本"的教育理念格格不入,且被人所诟病和责难,对其口诛笔伐之声浪不绝于耳。灌输教学即说理教育法本身没有问题,它是思想政治理论课程教学的看家法宝和传统优势。问题不在于是否应该"说理",而在"如何说"上存在分歧和争议。大班化教学中灌输模式,主要特征就是"教师讲、学生听"的"注入式"、"满堂灌"的"填鸭式"、"缺乏针对性"的"一般粗",单向度的传授,学习者处于消极被动的地位。这样的教育教学状况怎能激发学习的兴趣和热情?怎能达到预期的教育教学的目的?灌输教学模式其实也在不断发生演变。教学多媒体普及之前,教师多数是"一支笔、一张嘴"讲半天的状况,即一味"人灌"模式;而在多媒体普及后,由过去的"人灌"发展为"人机共灌"(即通过教师和多媒体设备共同灌输),这说明思想政治理论课程教师对自己的教学模式有反省自新的意识,也在自觉地不断努力改变其教育教学方法,丰富其教育教学手段。客观地说,依仗现代化多媒体的灌输教学模式虽然在形式出现新变化,使得教学内容带上"图像"和"声音"的包装,能在一定程度上吸引学生的注意力,但实质还是没有改变,依然是灌输如故,没有交流、没有对话、没有理解,教学效果肯定无法达到预期理想。概言之,导致这种灌输教学模式的根源是多方面的,其中之一在于大班化教学组织形式,已然成为思想政治理论学

---

① 参见《中共中央宣传部、教育部关于进一步加强高等学校思想政治理论课教师队伍建设的意见》(教社科[2008]5号)。

习的重要障碍之一。

2. 学习时间的制约

充足的学习时间是学习好一门课程的前提。学习者若要吃透教材，理解课程内容，需要花费一定的时间予以消化。然而，现实中思想政治理论课程的课时相对比较紧张，学习时间不够。导致课时紧张的原因比较复杂，粗略归结起来，是由两方面情况造成的。

其一，显性的课时紧张。总体来说，在国家政策指引下，或是在政策权威的威慑和约束下，各高校基本遵照国家关于思想政治理论课程教育教学政策的规定，均开齐了所列举的课程，但是否开足了课程，即是否按照学分学时对应原则，确保思想政治理论课的教学时数就要具体分析了。在实际的操作中，存在不"偷工"但变相"减料"或变通压缩的现象。从学时安排来看，各高校课表中对思想政治理论课程教学分为理论教学和实践教学两大模块，两类教学时间均按照一定比例列出。然而，在教学运行过程中，不同高校对两类教学的执行却差异明显。一是部分高校在贯彻国家政策方面比较坚决，基本上依照要求安排该课程计划，做到了理论教学和实践教学的结合，教学效果比较理想；二是部分高校实际上执行了理论教学课时的全部要求，而对其实践教学课时只作部分执行，仅仅作为点缀而已；三是比较极端的情况，少数高校则完全没有实践教学课时，而且通过压缩课程的学分，以达到降低课时的目的，尽管这种情况罕见，但并非不存在，这在民办高校、独立学院这类学校中已经形成惯例。根据前述情况，就不难发现课时紧张的缘由；同时，也可以洞察出思想政治理论课程教学中灌输式教学模式大行其道的另一个根源。在部分没有开足课时的高校，要在有限的学时内完成既定的教学任务，实际上勉为其难，教学效果是不难想象的。没有课堂的交流、答疑和解惑，怎能要求学习者做到课外自主学习或研讨？所以，课时的紧张势必成为学生学习的障碍。

其二，隐性的课时紧张。当下我国大学教育是一种工具制造型教育模式，教给学生技能，让他们成为实用"工具"，"成为一种有用的机器"；而不是一种人格提升型素质教育模式，不是把学习看成完善人格的高尚事情。这种教育体制下的学习者"不能成为一个和谐发展的人",① 不能分辨真假、善恶和美丑。同时高校和社会主义市场经济下的社会紧密关联,息息相通,工具主义和功利主义教育观颇有市场,并在学校教学决策层和大学生群体中广泛存在。其现实动因是学生的就业率是学校发展存续的生命线,影响就业率高低的因素主要受学生的专业能力左右,其他软性环节降为其次。为此,教学主管部门殚精竭虑,动用各种教育资源,采取诸多举措,以保证学生专业课程学习时间的充足。其中像思想政治理论课程、人文素质类和通识教育类"软性"课程,在必要时须为专业类"刚性"课程让路。这种教育教学路线一旦抬头,很难激发学生学习思想政治理论课程的兴趣和积极性。此外,社会发展对大学生学习和就业压力的加大,导致学习过程中功利性倾向严重,大多数学习者忙于学习外语、计算机等所谓的"实用课程",轻视人文素质、思想素质的养成。"考证热"就是一个明显的表现,为了就业学生整天忙于参加各种培训和考证,以便为未来的职场竞争增加能力砝码,对专业课程的兴趣尚且不高,"无用"的思想政治理论课就不必说了。即使准备将来考研的学生,也是本着"临时抱佛脚"的做法,平时不用心学习思想政治理论课程,一到开考时间挤上政治理论课培训班,以恶补思想政治理论的欠缺。实用主义价值观念使得大学生只盯着"自我"、"脚下"和"现在",从而让他们变得急功近利而又狭隘短视。再次,造成隐性课时紧张的另一原因在于思想政治理论课程的考核评价制度。从其教育教学实践来看,对思想政治理论课程学习终结性评价,一般是采取课程结课考试或写论文的方式,对平时表现的要求和考核相对宽松。这种评价方式必然诱导部分学生平时对该课程重视程度减弱,规避学习的烦琐,而临到考试时间便突击复习,或上网下载论文资料,以致学习者并没有花多少时间在学习上,也能通过最终的考核关。如果学习心态作祟的话,挤不出时间学习思想政治理论课程是很"自然"的事情。

---

① [美] 爱因斯坦:《爱因斯坦文集》第3卷,许良英等译,商务印书馆1976年版,第310页。

(三) 学习的潜在障碍

如果说显在障碍是一种现实无奈的"给定"的障碍，那么潜在障碍却是非设定的、动态的、隐性的因素。它弥散于其学习活动的全程，如同"无形的手"不时对其学习活动产生干扰和制约。因此，非常有必要从不同角度和不同侧面观照、透析思想政治理论课程学习的潜在障碍，揭示其产生的根源，以顺利推进其学习活动和提升其学习的实效。

1. 思想政治理论课教师素质的相关性影响

现代教育理论与实践已反复阐明："高等学校教师不仅是某一学科领域的专家，还是教育教学工作的承担者，因此教师的能力素质、威信高低等对教师自身和学生，对教育与教学都具有十分重要的意义。"① 同时，"因为教师是教育过程中的一个必要部分，有理由集中看看他的作用"。教师是"传递知识，以及这些价值的社会代表，作为一个成年人社会的代表的角色，他是一个广泛的行为与态度的学习榜样"②。

在思想政治理论课教育教学活动中，教师的影响和作用同样无可替代。教师的教育教学有一整套实施和操作规程，主要通过教育教学内容的确定和筹划、教育教学情境的设计、教育教学过程的调控、教育教学过程中的信息反馈等环节实施对学习者思想观念和价值观的引导和教育。这些程序和环节并非一成不变，要有弹性，要根据学习者的学习情况适时进行调整，以利于增强学习的效果。但是，思想政治理论课程不同于一般专业课程，其政治性、思想性和价值性鲜明，加上当下教育环境的复杂性、变动性，若学习者取得好的学习效果，授课教师的影响至关重要。而教师对个体学习的隐性影响主要体现在三个方面。

其一，教师的政治素质对该课程学习的影响。列宁曾经指出："在任何学校里，最重要的是课程的思想政治方向，这个方向由什么来决定的呢？完全只能由教学人员来决定。"③ 列宁是从一般性角度来阐述教

---

① 伍新春：《高等教育心理学》，高等教育出版社 2001 年版，第 42 页。
② [美] 林格伦著：《课堂教育心理学》，章志光等译，云南人民出版社 1983 年版，第 340 页。
③ 《列宁全集》第 45 卷，人民出版社 1990 年版，第 217 页。

师的政治影响力的,而对以政治性为己任的思想政治理论课程教育教学活动而言更是如此。该课程的政治性一方面集中体现在它的课程内容本身,这是国家意识形态的集中表达;二是该课程的性质和教育目的体现和贯彻。但是,该课程的教育教学任务和目的不是自动产生影响的,必然要通过其教育教学活动得以体现和贯彻,那么教师不能不居于核心地位,发挥关键影响。教师要胜任这种决定性影响,必须具备过硬的政治素质,否则该课程政治教育教学的任务便无法得以有效完成。所以,"只有当主体教师本身从思想上接受了民主准则并以校外活动加以辅助,加强校内教育,这样,政治教育才是有效的"①。教师的政治素质是涵盖多方面内容的素质体系,主要包括正确的政治方向和政治观点、坚定的政治立场、高度的政治责任感、严格的政治纪律性以及敏锐的政治鉴别力等要素。在思想政治理论课程教育教学活动中,教师正确的政治素质具有方向性和导向性作用,是教师自觉地开展教育教学活动的强大驱动力量。然而,在现实的思想政治理论课课堂上,却存在诸多不正常现象,其中最突出的表现是思想政治理论课的"中性化"、"边缘化"、"迎合化"等错误倾向。"中性化"倾向是淡化思想政治理论课的意识形态性,把思想政治理论课教学看做是一种纯业务性、纯学术性的工作,在头脑中产生"教马克思主义也可以不信马克思主义"等错误认识,其结果是淡化了思想政治理论课教育教学的政治方向;"边缘化"倾向是淡化马克思主义理论和社会主义意识形态教育在思想政治理论课教学内容中的中心地位,主张突出人文教育、通识教育、心理教育、艺术教育等边缘性内容,实质上忽视了思想政治理论课的本质要求;"迎合化"倾向是脱离教学大纲,一味地迎合学生的兴趣、关注点和价值取向,在教学中往往表现为新鲜概念很多,旁征博引不少,看起来很丰富,但价值取向不明确,甚至相互矛盾,在一些重大思想和政治原则问题上采取回避甚至放任的态度,这同样模糊了思想政治理论课的政治方向。这三种错误倾向的实质,都是淡化了思想政治理论课的意识形态

---

① [美]卡扎米亚斯、马西亚拉斯著:《教育的传统与变革》,福建师范大学教育系译,文化教育出版1981年版,第79页。

性，偏离了思想政治理论课的正确方向和本质要求。① 这无异于"歪嘴和尚念经——越念越歪"，非但削弱了该课程本身的科学性和合法性，而且使得学习者对马克思主义理论产生极大误解，与之渐行渐远，成为学习者拒斥学习该课程的损害性力量。

其二，教师的理论素质对该课程学习的影响。教师的理论素质是其从业、安身立命的看家法宝。其理论素质有两层含义，一是专业知识和专业理论的存量储备，这是通过专业学习或相关专业训练获得的；二是根据课程教育教学需要，遵循教育教学活动的内在逻辑，将现有的理论功底与课程内容相结合，转化为教学实践中的理论演绎和阐释，促成课程内容在学习者身上发生内化、外化。二者相比较，前者是理论素质的基础，为静态的理论素质，后者是理论素质的应用，是动态的理论素质。只有这两种理论素质兼备的教师才能深刻阐释该课程内容，这是该课程教育教学活动顺利推进的前提，也是学习者真正领会该课程精神实质的关键所在。日本教育家小原国芳从道德教育角度阐述了这方面认识，他认为，教育者若不了解善、恶、道德本质等"根本性问题"，而进行的"修身教育"必然成为"一种虚伪的教育"。② 这与马克思的观点不谋而合，即"理论只要彻底，就能说服人。所谓彻底，就是抓住事物的根本"③。恩格斯也曾在《共产主义者和卡尔·海因岑》一文中尖锐地指出，只停留在空洞的口号上而没有进行彻底分析的政治说教和训诫是毫无意义的、毫无补益的。④ 在实际教育教学活动中，面对当今思想活跃、知识面较宽、信息量大的大学生，只有那些马克思主义理论修养深厚、人文社会科学知识精通、丰富的教师，才能得心应手地把抽象的理论、深邃的思想深入浅出地、明白无误地传递给学生，才能对重大的社会现实问题或是人生问题进行深刻透彻地分析，进行有说服力地解释，引导他们理性、自觉地理解和接受该课程所倡导的思想价值观念，

---

① 李宣海：《改革开放以来我国高校思想政治理论课教育教学的基本经验》[A]，载《全国高校思想政治教育研究会第七次代表大会暨2008年会论文集》，第118页。

② [日] 小原国芳著：《小原国芳教育论著选》（上卷），刘剑乔等译，人民教育出版社1993年版，第194页。

③ 《马克思恩格斯选集》第1卷，人民出版社1995年版，第9页。

④ 详见《马克思恩格斯选集》第1卷，人民出版社1995年版，第196—214页。

从而引导他们在潜移默化之中树立正确的思想政治观念。理论素质欠佳的教师或一些刚刚走向讲台的教师，由于他们理论功底尚欠火候，既没有宏大的理论视野，又不善于理论联系实际，只能照本宣科地进行讲授，难以深入浅出地向学习者讲授该课程的基本原理、基本概念，理论内容的阐释犹如隔靴搔痒，导致其教育教学活动陷入枯燥乏味的境地，很难不引起学习者的反感，其学习障碍的产生是意料之中的结果。

其三，教师的人格素质对该课程学习的影响。乌申斯基说："在教育中，一切都基于教师的人格，因为教育力量只有从活的人格源泉中产生出来，只有人格才能影响人格的形成和发展，只有性格才能影响性格。"[①] 教师的人格素质对思想政治理论课程学习的影响尤其明显。该课程"科学的魅力必须与自身的人格魅力相统一，这正是我们搞马克思主义理论教育教学的老师的特别之处。从事自然科学的老师，把科学的原理讲好，即或人品存在一些不足，大学生也不会因此而怀疑其所讲授知识的科学性。但是，从事马克思主义理论教育教学的教师，理论知识的科学魅力很多是通过他们的人格魅力来体现的"[②]。思想政治理论课教师作为国家意识形态的代言人，要有坚定的马克思主义信仰，只有首先自己真学真信，才能理直气壮地向学生传授马克思主义。思想政治理论课教师要有高度的责任感，忠于党和社会主义的教育事业，以饱满的热情投入教学工作，通过毫不掩饰的、真诚的态度与学习者建立起积极健康的人际关系，以一种道德的、人格的力量，去熏陶、感化学习者，帮助学习者从较为狭窄的思维方式或思想观念中解放出来，促成其思想的转化。[③] 所以，教师在传授课程内容时不仅是展现自己的业务能力，更是以人格魅力感染学习者，而且教育的效果在相当程度上受制于教师的人格形象对其所宣讲教育内容的印证。教师的人格素质包括诸多方面

---

① [苏联] 彼得洛夫：《论人民教师的威信》，方德厚译，作家书屋1951年版，第46页。

② 顾海良：《着力创新，推进高校思想政治理论课的新发展》，载《思想理论教育导刊》2005年第11期，第32页。

③ 佘双好：《现代德育课程论》，中国社会科学出版社2003版，第273页。

的内容，概括而言，其人格素质的核心是思想道德品德素质。教师的劳动，对于学生者的作用，不是简单的"外雕"活动，而是深刻的"内化"过程。教师不仅要用自己的理论智慧吸引学习者，而且要用高尚的情操感化学习者，用身体力行做学习者的楷模，使自己的教育产生强大的吸引力和说服力。所以，思想政治理论课程教师首先必须具有良好的道德素质，身体力行自己所倡导的道德规范。否则，不但起不到对学生言传身教的作用，反而引起学习者对该课程内容的科学性产生质疑。因此，教师的人格素质也是影响该课程学习的变数。

此外，思想政治理论课教师还应具有必要的科研能力素质，如果缺少起码的创新意识和学术思维，就不能自觉地以科研引领教学，只会单纯地传授知识，而不能真正达到传"道"之目的；或是照本宣科地阐释理论的合理性，而不能真正解惑。这样，教师往往缺乏把相关学科的学术前沿和理论动态引入课堂的教育意识，重大的现实问题就难以得到理论层面上的观照，必然造成理论教学与客观现实的断裂，其理论的合理性与合法性势必会引起学习者的质疑，其理论的信度将会大打折扣，这在某种程度上对该课程学习形成一定的障碍。

2. 思想政治理论课的现实境遇之场域效应

学习者总是在特定的情境下学习思想政治理论课程的。这种学习情境涉及多方面因素，其中就包含思想政治理论课程及其教育教学在高校教育教学体制、氛围以及现实社会环境中的生态状况。若根据法国社会学家布迪厄"场域"理论来理解，思想政治理论课程的生态状况就构成一个具有相对独立性的场域。① 由此推演，该场域是个拥有自身法则、具有自身逻辑和必然性的客观关系空间。这表明思想政治理论课程的现实境遇是由现行高校内部关系网络和教育教学运转逻辑造成的，与国家层面对其全面、直接的支持和高度肯定有所不同，并形成一定的反差。该场域总是以非公开的、潜在的、动态的形式存在，伴随其学习的始终，很显然，它直接关乎该课程学习的有效开展及其实效。为了便于

---

① 参见［法］皮埃尔·布迪厄、［美］华康德著：《实践与反思——反思社会学导引》，李猛等译，中央编译出版社2004年版，第133—139页。

从场域理论视角理解思想政治理论课程现实境遇,本书通过对比、分析该课程在国家层面与实践层面上的状况,意在从不同视角和不同侧面进行全面的观照、透析,真实、客观地反映对该课程学习的影响和制约。

从国家层面上看,思想政治理论课程是名副其实的"国家课程",该课程设立伊始,就带有鲜明的国家色彩,反映和贯彻了国家文化意志和意识形态的要求。思想政治理论课程的设置历来是由国家"一手包办"的,即通过国家行为对其进行统一规划、部署和实施,对课程门数、教材编制和使用、课时数、开课时间以及师生比例均有详细安排和要求。可谓事无巨细,悉数由国家"大一统"。需要特别提到的是,思想政治理论课程作为党的思想理论教育的重要组成部分,作为党和国家强本固基的战略性工程,一直得到党中央的关怀和指导,甚至由党和国家最高决策层来讨论和确定该课程方案。"05方案"就是如此。不但如此,为了进一步巩固该课程地位,国家还从制度、政策和学科建设等层面给予了有力支持。上世纪90年代以来,原国家教委成立了普通高等学校马克思主义理论课和思想品德课教学指导委员会,国家把马克思主义理论教育和思想政治教育作为人文社会科学的重点学科加以建设,将思想政治理论课程作为高校的重点课程加以建设,把课程建设和教学中的理论和实际问题作为重要课题,列入国家教育科学研究规划和高校人文社会科学研究规划。最近几年国家级教师评选中,思想政治理论课程教师人数占有一定的比例,而且国家把思想政治理论课程教育工作的状况作为评估学校工作和领导班子实绩的重要条件,作为学校办学水平和"211工程"评估的标准之一。为了进一步推进高校思想政治理论课的建设和发展,国家于2005年设立马克思主义一级学科,推进高校思想政治理论课的学科建设,以积极开展马克思主义基本理论、马克思主义发展史、马克思主义中国化和马克思主义思想政治教育研究,为其提供有力的学科支持,增强其学科发展平台和学科归属感。不难看出,该课程地位的规格之高,国家政策支持力度之大,是其他高校教育教学课程难以望其项背的。这至少反映了两点问题:一方面是国家极为重视思想政治理论课程的建设和发展,视其为固本强基的战略性工程;另一方面是思想政治理论课程在实施和贯彻过程中遭遇到诸多困难和阻力,其教育教学被变相打折扣，国家行为的介入是不得已而为之的结果。

从实践维度来观察，我们就能感受到思想政治理论课程另一样的图景。其一，高校教育教学体制中的边缘化现象。当下我国高校服务社会的功能前所未有的增强，这本是高校发展的自我拓展和自我提升，以适应和服务社会经济迅猛发展的需要。于是，社会主义市场经济中的市场导向和价值规律导向必然渗透到高校领域。高校内部就出现了学科设置、课程开设取决于市场需求的现象，重技术、轻理论，重自然科学、轻人文科学，其中就包括高校不重视思想政治理论课的常规开设和建设。不少高校只是为了应付上级主管部门的检查、评估，做做表面文章，即有所谓"说起来重要、做起来次要、忙起来不要"之说；即使开设思想政治理论课程，但在其师资培训、职称评定、学术交流、福利待遇等环节也不能享受正常的"国民待遇"，总是要"靠边站"，为其他"显学"课程让路，学校内部政策总是向"显学"课程倾斜。学校对该课程的不重视势必透过教师的教育教学以及其他环节折射出来，必然造成学生的轻视、漠视，何来学习兴趣？再者，从该课程授课教师队伍的不稳定性及教学人员多样化现象，也不难管窥其"边缘"地位。一门学科教师队伍的良性运转是新老成员的自然交替、代谢，并根据学科发展需要，不断吸引骨干力量加入其中，为其注入新鲜血液。但思想政治理论课程的教师队伍却存在另类景象。前些年，存在授课教师纷纷寻觅机会谋求转行和"转身"的景象，即部分教师觉得从事该课程教学没有"前途"：工作无条件、干事无平台、发展无空间、学科无荣誉感和归属感，备受其他专业教师和学生们的歧视，因而想方设法转入其他邻近的学科专业，或者进入行政管理岗位，以致造成其教师队伍的不稳定或断层现象。而与此相映成趣的是，诸多其他非教学身份人员纷纷加入该课程教师队伍，队伍结构呈现出"多元化"。思想政治理论课程内容本身理论性很强，一般只有专业背景相关的教师才能胜任。但有些高校思想政治理论课的授课教师队伍却参差不齐，业务能力良莠掺杂。不仅有其他专业背景的教师加入其行列，甚至还有高校行政管理人员出于功利性如参加教师系列职称评定的需要或为了领取更高的岗位津贴，也加入到该课程的授课教师队伍。如此复杂的教师队伍结构，有利有弊，但是弊大于利。积极意义在于增添教师队伍学缘结构的活力；消极之处在于，非专业出身的教师对该课程内容的理论阐释和传授容易偏离理论本义，甚至带来适得其反的效果；这样容易造成异样暗示："思想政治理论课程谁都能上，只要能学生唬住就行了。"① 同时带给学生的心理提示是，思想政治理论课是一种政策宣传课，不是科学，用不着费心去学。如此复杂化的教师队伍，事实上也是一种对课程的变相歧视，必然成为学生学习的障碍。其二，学科建设的孤立化现象。长期以来，由于学科封闭或是门户之见，从事马克思主义理论和其他人文社会学科等教学和研究的工作者往往各自为营，甚至相互纠结，彼此相轻，很少进行交流和对话。一则是马克思主义理论工作者惯于从唯物辩证法角度对待其他人文社会学科理论内容，但又易于陷于教条化倾向，窒息了马克思主义理论吸收其他人文社会学科科学合理的理论养分；二则是其他人文社会学科工作者往往从学科或专业的本位出发，认为思想政治理论课程既无科学理论基础，又无规范的学科和思维范式，且缺失形而上的反思批判特性，纯粹为现实政治的合法性作论证和辩护，是意识形态的工具和附庸。这些不正确的学科偏见的存在，势必使马克思主义理论及课程艰难立足于高校学科之林，在一定程度上削弱了该课程的科学性和阐释力，因此学习者对本课程的真理性和价值性产生质疑便在意料之中。其三，社会评价导向的轻视化现象。如果从社会评价取向来看，我们也可以窥见思想政治理论课程的尴尬地位。现在用人单位普遍以大学生的专业技能、外语水平和计算机水平等作为录用的标准，但是对大学生的思想品德状况、政治理论知识等考察较少，或流于形式。因此，这种就业导向势必向大学生释放不正确的信息——思想政治理论课程学习可有可无，他们也因此放松这方面的学习要求，消解其学习热情，思想政治理论课程的"为首"、"为先"地位无形中就退居末位。

由上可见，虽然国家对思想政治理论课程的重视程度无以复加，而在现实境遇中却受到诸多有形或无形因素的挤压，呈现"上重下轻"的反差。这种现实反差必然削弱该课程的吸引力，成为该课程学习的隐

---

① 房玫：《思想政治理论教育教学导论》，安徽人民出版社2005年版，第5页。

性障碍。总言之，思想政治理论课程学习潜在障碍的存在，是多年来诸多主客观因素集聚沉积而成的沉疴痼疾。为此，职能部门和学界既要从宏观的高校教育教学体制入手进行"综合治理"，确立思想政治理论课应有的地位；也要从微观的课程教育教学层面进行改革创新，增强该课程教育教学的针对性和实效性，二者合力推进，不断摸索，逐步消除该课程学习的障碍，为其学习创造良好的生态环境。

第三章　高校思想政治理论课程学习主体的学习素质

学习者从事课程学习活动，必须具备最基本的学习素质。学习素质是学习者的学习活动可持续开展的基础，其重要性已成为共识。然而，问题在于学习者要具备怎样的学习素质，以及这些学习素质怎样促进学习的有效开展呢？这些问题在理论研究和实践操作中尚未得到充分重视，至今还停留在空泛的口号上。

学习素质是一个很宽泛的概念，其体系和结构比较复杂；同时，在不同的学习层次和不同的学习领域中，对学习素质的要求不尽相同，总有一些突出的素质要素占主导和优势地位。就学校教育系统中的课程学习而言，智育课程学习无疑会对学习者的智力方面要求更高；而动作技能课程学习首先要求学习者具有一定的生理和运动方面的基础和天赋；至于德育课程学习，学习者不仅仅要求具备最基本的认知基础，而且其非智力因素的作用也至为重要。据此，本书以为，学习素质是学习者在先天遗传素质的基础上，在后天环境和教育的作用下形成并发展起来的直接或间接影响学习者学习活动的心理品质的总和。

学习素质系统应当由哪些要素构成呢？目前教育心理学特别是学习心理学领域对此进行了卓有成效的研究，但研究者对学习素质的认识还没有形成一致的看法，分歧较大。比较一致的倾向在于，他们均从学习者的认知维度和个性心理维度这两方面予以概括。一般认为，大学生的学习素质是一种高级的学习素质，与中小学生的学习相比较，除具有一些共同特征外，还存在较大差异，具有独特的学习特点。怀特海曾经形象地指出："在中学阶段，学生伏案学习；在大学里，他应该站起来，四面瞭望。"① 从教育教学的实践来看，大学生的学习素质应当包含学习动力、学习智力、学习能力和学习品格等四个方面的要素。它们共同构成学习素质系统，其中每个要素又形成各自的子系统。各子系统又包括若干要素，这些要素作用不同，分类各异，层次不一。将学习素质分为四个子系统，只是由于认识和研究的需要；进行如此划分和归纳，或许不一定是科学的，更不是唯一的；但这些要素在学习活动中所发挥的作用是非常明显的，是学习者进行有效学习的基本前提。当然，大学生在具体课程的学习过程中，其学习素质的要求有所侧重，各种要素的地位和发挥的作用存在明显差异。

对于思想政治理论课程来说，其学习素质的研究尚是空白点。然而，思想政治理论课程学习是从该课程内容出发，在其教育教学目标的指导下，学习者根据自己个性特点和学习风格而展开的学习实践活动。由此可知，对思想政治理论课程的学习素质要求与其他类型课程的学习存在一致的方面。但是，思想政治理论课程内容凸显理论性、政治性和价值性特征，其教育教学的目的是要为学习者建构和树立正确的思想观念和社会主流价值观，而不是单纯学习与掌握理论知识和概念，所以对学习者的学习能力和学习品格有特别的要求。同时，大学生作为知识储备良好、理论基础较扎实的学习者，在学习思想政治理论课过程中，与其他学习素质要素相比，智力要素可能居于其次，而学习动力、学习能力和学习品格等要素就不能不占有更重要地位，成为影响该课程学习效果的决定性因素。从这个意义来说，本书所探讨的思想政治理论课程学习主体的学习素质仅限于学习动力、学习能力和学习品格等三个方面，而不是面面俱到、全盘展开。

一、学习动力系统

学习动力是激发学习、维持学习并将学习导向某一目标的原动力，

---

① ［英］怀特海：《教育的目的》，载任钟印编：《世界教育名著通览》，湖北教育出版社1994年版，第1158页。

是学习者学习积极性、主动性发挥的前提和基础。学习者学习动力的大小，由来自内部和外部的多个因素支配着。这一系统不直接介入学习，而是激发学习的积极性，挖掘学习的潜能，调节学习活动的过程，具有始动、定向、引导、维持、调节、强化等功能。学习动力系统是一个多因素、多层次的复杂系统，实际上由动机、兴趣、情感、意志和性格等五种非智力因素构成。① 从现代教育心理学理论研究和实践探索来看，"学习成绩的好坏是智力因素和非智力因素共同作用的结果，其中以非智力因素起决定性作用"②。然而在具体的学习活动中，动力系统中各非智力因素所产生的影响和所发挥的效能并不是等量划一的，而是存在主次、优劣和有无之区别。对于思想政治理论课程学习而言，由于该课程性质和内容的特殊性，加之其教育教学外围生态的非良性影响，本书以为，该课程学习效果受学习者的学习动机、学习兴趣和学习情感等三要素的制约最为显著；其中，学习动机是学习动力系统的核心，制约着其他非智力因素，激发和调节着学生的学习活动，推动着学习活动的进行。

（一）学习动机

人所有的行为无不由某种动机引起。学生的学习行为也是因某种学习动机而产生。对于思想政治理论课程学习来说，在其他条件等同的情况下，学习者学习动机的激发不但是课程学习取得成效的最关键因素，而且学习动机在其学习活动中所占地位更为突出，具有根本指向意义。③

1. 学习动机概述

学习动机是动机在学习活动中的表现。若要理解学习动机的内涵，首先是要从了解动机的一般含义着手。动机（motivation）是心理学中

---

① 在此对影响学生学习的非智力因素的理解是从狭义角度出发的，至于对其他的认识和界定不在本书的探讨范围。详见燕国材、马加乐：《非智力因素与学校教育》，陕西人民教育出版社1992年版，第11—12页；李洪玉、何一粟：《学习动力》，湖北教育出版社1999年版，第21—35页。
② 李洪玉、何一粟：《学习动力》，湖北教育出版社1999年版，第1页。
③ 本书在第二章对学习动机从学习障碍的角度给予了论述。

最基本的概念之一,学界对此定义大同小异。一般认为,"动机是由某种需要所引起的直接推动个体活动、维持已引起的活动并使该活动朝向某一目标以满足需要的内在过程或内部心理状态。"① 根据动机这一含义,学习动机可以理解为"激发个体进行学习活动、维持已引起的学习活动,并使学习行为朝向一定目标的一种内在过程或内部心理状态"②。学习动机是直接推动学习行为的原因和内部动力。学习者只有具有足够的学习动机,学习才会有积极性和主动性,才能把"要我学习"的被动局面变成"我要学习"的主动局面。

学习动机是学习者进行和维持学习活动的主观原因,它以需要、愿望或兴趣的形式体现出来,引发学习者学习动机的基本成分是学习需要和学习期待。

第一,学习需要。学习需要是学习者从事学习活动的根本动力,因而是动机结构中的主导成分。这种学习需要是社会和教育教学对学习者学习的客观要求在他们头脑中的反映。学习需要是人的需要的一种高级、复杂的类型,无疑属于人的高层次需要,是人成长成才需要的体现。在此,所谓学习需要,就是一种推动学习活动的内部因素,即意识到学习的必要性,表现为对知识本身的向往和追求。它是指个体在学习活动中感到有某种匮乏而力求获得满足的心理状态。它的主观体验形式是学习者的学习愿望或学习意向。这种愿望或意向是驱使个体进行学习的根本动力,它包括学习的兴趣、爱好和学习的信念等。"任何人如果不同时为了自己的某种需要和为了这种需要的器官而做事,他就什么也不能做。"③ 学习活动的产生亦是如此。从需要的作用上来看,学习需要即为学习的内驱力。所以,学习需要对学习的作用,就称为学习内驱力。从结构上来分析,学习者的学习需要主要有三种心理成分:其一,认知需要。它是一种认识世界、渴望获得文化科学知识和不断探究真理而带有情绪色彩的意向活动。认知需要是一种最稳定的学习需要。个体在生活、学习、工作中碰到问题,感到自己缺乏相应的知识,就产生了

---

① 莫雷、张卫等:《学习心理研究》,广东人民出版社2005年版,第209页。
② 同上,第210页。
③ 《马克思恩格斯全集》第3卷,人民出版社1960年版,第286页。

探究新的知识或扩大、加深已有知识的认识倾向。这种情境多次反复，认识倾向就会转化为个体内在的求知欲。学习者一旦有了强烈的求知欲，就会坚持不懈、自觉主动地学习。经过紧张学习之后，一旦获得成功就会体验到学习的愉快和满足，进而表现出更强的学习积极性。其二，自我提高的需要，即进取心，学习者通过学业成就或学习能力的展示而获得相应社会地位、社会威望的需要。该需要并不直接指向学习本身，而是指向通过学习所获得成就、地位，是一种间接的学习需要。其三，附属的需要。即为了赢得他人的赞许与认可，并从中获得某种派生性地位或替代性地位，从而产生努力学习的需要。这种需要也不直接指向学习本身，而是把学习作为赢得赞许、认可的手段，也是一种间接的学习需要。①

第二，学习期待。学习期待是学习者对学习活动所要达到目标的主观估计，它是构成学习动机结构的另一个基本要素。学习期待与学习目标密切相关，但两者不能等同。学习目标是学习者通过学习活动想要达到的预期结果，在学习者完成学习活动之前，这个预想结果是以观念的形式存在于头脑之中的。因此，学习期待就是学习目标在个体头脑中的反映。但学习期待与学习诱因紧密联系。学习诱因是指能够激起学习者的定向行为，并能满足某种需要的外部条件或刺激物。学习诱因有积极与消极之别。凡是使学习者产生积极的学习行为，即趋向或接近某一目标的刺激物称为积极诱因。例如在激发学习者学习积极性的教育措施中，教师所提供的奖品、成绩等都是积极的诱因。相反，消极的学习诱因可以产生负性行为，即离开或回避某一目标。在学校情境中，具有学习诱因作用的学习目标是多种多样的，依照不同标准和不同角度，学习目标大致分为：长远目标与短近目标、远大目标与具体目标、内在目标与外在目标、掌握目标与操作目标等。但是，无论何种形式的目标，都会使学习者形成相应的期待，并产生定向性的学习行为。可以说，学习期待是静态的，而诱因是动态的，它将静态的期待转换成为目标。所以，学习期待就其作用来说就是学习诱因。

---

① 参见姚梅林：《学习规律》，湖北教育出版社1999年版，第36页。

学习需要和学习期待是学习动机的两个基本成分，两者密切相关。学习需要是学习者从事学习活动的最根本动力，如果没有这种自身产生的动力，学习活动就不可能发生。所以说，学习需要在学习动机结构中占主导地位。同时，学习需要是产生学习期待的前提之一，因为正是那些能够满足个体的学习需要与那些使个体感到可以达到的目标的相互作用而形成了学习期待。学习期待则指向学习需要的满足，促使主体去达到学习目标。因此，学习期待也是学习动机结构必不可少的成分。①

2. 思想政治理论课程中学习动机的表现

学习动机随着学习者的教育影响、学习经历、生活经历和社会条件不同而发生变化，表现出差异性发展特点。在思想政治理论课程学习中，其学习动机也因学习者的学习目的、学习兴趣、价值取向、理论认知水平，以及学习环境等因素的影响甚至误导，呈现出自身特点。

其一，学习动机的多元性。② 多元性事实上表现为学习动机的复杂多样性，这与当下社会发展程度以及大学生思想行为发展的特点相对应。总体来看，思想政治理论课程的学习动机可分为三大类：第一类属于被动应付性的学习动机，这种动机不是源自内在需要，而是迫于外在压力如教育权威存在，或是出于功利诉求如学习者为了获取学分、拿奖学金等；第二类属于自我实现的学习动机，即把其学习作为个体人生追求的一部分，如为了满足求知欲、荣誉感、拓展学习视野等；第三类属于信仰性的学习动机，即把个人的学习与国家和社会的发展、民族的振兴联系起来，把个人发展与社会整体发展联系起来，负有使命感、责任感、义务感。有调查显示，"高校学生具有高度的政治热情，广泛关注党的十七大胜利召开，党的十七大报告对高举中国特色社会主义伟大旗帜、坚持中国特色社会主义道路、坚持中国特色社会主义理论体系的精辟论述赢得了高校学生的广泛认同。""当代大学生对邓小平理论、'三个代表'重要思想以及科学发展观高度认同。广大学生关注国内问题普

---

① 该部分理论均来源于冯忠良等：《教育心理学》，人民教育出版社 2000 年版，第 219—222 页。

② 关于其学习动机问题，在第二章中从学习障碍角度有所论述。

遍多于国际问题,关注民生问题普遍多于其他问题。"① 这不能不说与其信仰性动机有密切关系。这三种类型的学习动机,实际上表现为三种不同的层次和水平。这种层次划分是相对的,而不是绝对的,只是以主导动机划分的,不应简单地理解为只是一种纯而又纯的学习动机,即每一层次中,也包含着程度不同的其他层次的成分。比如在自我实现的动机中,也不能说是完全为了个人的利己行为。其中第三种学习动机才真正是学习思想政治理论课程的应然动机,是真正能学习好该课程的精神动力。

其二,学习动机的直接性与间接性并存。所谓直接性学习动机,即由直接兴趣和直接结果所引起的学习动机,如拿学分、争取入党等,在该课程学习过程中这类动机屡见不鲜;间接性学习动机如求知欲、学术探索、发展需求等也广泛存在,这两种动机会随着学习者身心发展和视野开阔而会出现此消彼长的态势。毫无疑问,间接性学习动机是该课程学习的优势动机,是实现该课程学习目的的根源所在。

其三,学习动机的社会性。随着大学生社会化的进一步发展,其世界观、人生观、价值观逐渐成熟,社会观意识和社会责任感也会相应增强,他们的理论认识和理论修养也随之得到提升,其学习动机的社会性意义日益扩大,学习目标逐步明确,绝大多数学习者能够明确地把思想政治理论课程学习与个人成才成长及社会进步发展联系起来,学习的主动性、自觉性和能动性增强,其学习态度、学习兴趣发生明显转变,这些积极因素的出现极大促进该课程学习目标的实现。

3. 思想政治理论课程中学习动机的作用

学习动机是有效进行学习的必要因素。不论是先激发动机、后进行学习,还是先进行学习、后激发或加强动机,学习动机在该课程学习中总是起重要的作用。其主要功能有:

第一,对学习行为的启动和促进作用。对思想政治理论课程学习来说,学习动机对学习行为的启动作用,就是当学习者有学习需要、获得学习动机后,就会在学习前做好准备,集中精力于学习活动,从而较易

---

① 材料来源于http://www.moe.edu.cn/edoas/website18/86/info1217223868107686.htm。

启动学习行为。同时，学习动机还有对学习行为的促进作用，表现为决定学习者的学习方向、加强学习者的努力程度。首先，学习动机使学习者具备明确的学习目标，知晓自己为什么而学习，会自觉加强学习内容的钻研。其次，学习动机使学习者积极主动并持之以恒地寻求有关思想政治理论信息，关注社会热点问题。动机水平高的学习者能够在长时间的学习中保持认真端正的学习态度，具有始终坚持完成学习任务的学习毅力。有些学习者之所以学习成绩不良，其原因即在于学习动机低下，在学习中不能克服困难，难以保持注意力和主动进行学习。

第二，对学习行为的维持作用。由某种学习动机激起的学习行为出现后，学习动机就像指南针一样指引着该学习行为，使已被激起的学习行为始终朝着既定的学习目标进行。在实际教育教学情境中，其学习动机和由之而激起的学习行为可能经常受到来自学习者自身和外部各种因素的影响，如学习目标的改变、学习兴趣的转移、外界要求的变化、诱因价值的改变等，都会影响已出现的学习行为，影响学生学习的专注程度、注意分配，付出努力程度等。如果学习者具有正确的、水平适合的学习动机，那么由之而引起的学习行为的各个环节就会受到它有意或无意地调节和监控，排除来自内外因素的干扰，朝着既定学习目标不懈努力，直到目标的实现。

第三，对学习效率的强化作用。学习动机作为一种非认知因素，它对学习效果的影响并不是直接发生的，它必须通过学习者的学习行为这一中间环节而作用于学习效果。由于思想政治理论课程学习实质是一种思想观念的建构活动，学习态度和学习积极性是衡量和反映该课程学习成效的尺度，而学习动机恰恰是制约学习者学习态度和学习积极性的关键因素，从而实现对学习结果的影响。前文已经阐明，学习动机在思想政治理论课程学习过程中至关重要，而且其学习动机理应是唯一的。学习动机这种内部动力机制可以通过外显的学习积极性表现出来，其学习动机外在的、直接的表现是学习积极性，它是学习者在学习活动中表现出来的主动、能动、顽强和投入的状态。一般而言，学习者学习思想政治理论课程积极性的高低反映其学习动机的有无、强弱等状况，而不同水平的学习积极性又直接影响着其学习效果。总体而言，学习动机越强，学习者从事该学习活动的积极性就越高，学习活动就会越高涨，从而学习效果越佳，学习效率就会提高。

（二）学习兴趣

"大学的学习好不只是学习方法在起作用，对课程的兴趣，……可能更为重要。"① 兴趣是学习过程中非常重要的心理因素之一，是学习动力系统中一种非常活跃、非常现实的内在因素。学习者一旦有了兴趣，就会产生一种定向关注力和孜孜以求、不断进取的积极学习态度，自觉地克服学习中的困难，增加灵感，增长智慧。学习的最好刺激乃是对所学材料的兴趣。古往今来的教育家对此均从不同侧面作过深刻阐述，如孔子曰："知之者不如好之者，好之者不如乐之者。"② 陶行知先生也说过："学生有了兴味，就肯定全副精神去做事，学与乐不可分。"③ 皮亚杰则认为，一个人从来不想学习自己不感兴趣的东西。④ 对思想政治理论课程学习来说，学习兴趣同样是激励学习者充分发挥学习潜能、提高学习质量、获得学习成功的重要推动力。

1. 学习兴趣概述

学习兴趣是兴趣的一种具体表现形式。而"兴趣是动机的一种形式"⑤，"是一种带有情绪色彩的认识倾向"⑥。兴趣以认识和探索某种事物的需要为基础，是推动人认识事物、探究奥秘的一种重要动机。那么，学习兴趣是学习者有选择地、愉快地接近或探究某些事物而进行学习的心理倾向，是推动学习者去认识事物探求真理的一种重要动机。对学生而言，学习兴趣是学习行为驱动系统中积极、活跃的内在心理因素，能对学生的学习起到良好的促进作用，是学生学习中最活跃的因

---

① ［美］维克托·P. 梅厄拉纳、理查德·C. 约克著：《大学生学习方法指导》，胡幸幸、胡修浩译，文汇出版社1987年版，第53页。
② 《论语·雍也》。
③ 陶行知：《陶行知全集》第一卷，湖南教育出版社1985年版，第228页。
④ 卢睿：《皮亚杰认知发展理论对教育的影响》，载《教育研究》1989年第5期，第25页。
⑤ 李洪玉、何一粟：《学习动力》，湖北教育出版社1999年版，第152页。
⑥ 同上，第156页。

素。① 它推动学习者去认识事物、获取知识、探究真理，从中体验到学习的情趣。所以学习兴趣是在学习活动中产生的，并成为学习动机中最现实、最活跃的因素。它使学习者在学习活动中变得积极主动，从而能获得更好的学习效果。

首先，学习兴趣以学习需要为产生机制。瑞士心理学家皮亚杰指出："兴趣，实际上，就是需要的延伸，它表现出对象与需要之间的关系，因为我们之所以对一个对象感兴趣，是由于它能满足我们的需要。"② 个体对某种学习活动产生兴趣，是基于求知、增加能力、自身发展的需要而发生的，或者说学习能够满足学习者的某种需要。然而学习需要并非静止或反复循环的，是不断发展变化的；一旦某种学习需要得到满足，就会使个体产生更高水平的学习需要，其学习兴趣也会上升到更高层次。这样，学习需要与学习兴趣之间螺旋上升，永无止境。其次，学习兴趣以外部诱因为触发点。作为个体内在的一种倾向，学习兴趣的形成需要一定的外部诱因，当外部诱因引起了个体的活动并通过活动触动情感，产生了愉快的情绪体验时，就产生了兴趣。这种愉快的情绪体验反复作用，使兴趣不断地发展并得到巩固。学习兴趣的形成在很大程度上取决于学习者对学习的情绪体验，只有当学习者感到求知欲给自己带来喜悦时，才会产生学习的乐趣，达到乐学境界。再者，学习兴趣以学习实践为根基。学习需要伴随学习活动的深入而不断发展变化，学习过程是学习者不断发现问题并不断解决问题的过程，学习需要也因学习问题的变化而不断发展、扩大、丰富，学习兴趣也会在学习活动中不断增强。因此，学习实践是学习兴趣产生的基础，学习兴趣因学习活动获得满足，并得到巩固和加深。

学习者对学习产生兴趣的主要特征表现在：对学习对象表现出积极态度，乐意去接近它；在学习过程中，产生愉快的情绪体验，获得精神上的满足；遇到学习困难能产生毅力，克服困难；在取得学习成绩后，能再接再厉提出更高的学习要求，等等。此外，学习兴趣还具有内在趋

---

① 林崇德：《教育的智慧》，开明出版社 2000 年版，第 223 页。
② ［瑞士］皮亚杰著：《儿童的心理发展》，傅统先译，山东教育出版社 1982 年版，第 55 页。

向性和内在选择性的特征。个体的兴趣总是指向于一定的对象和现象，而不是指向所有的对象和现象。即使个体的兴趣极其广泛，也不可能囊括所有，不可能对一切事物都有浓厚的兴趣。

学习兴趣可以从不同的角度进行划分、分类。一是从层次的高低角度可以区分为有趣、乐趣、志趣。[①] 有趣是学习兴趣发展的最低层次。它主要由某些学习对象新奇或是陌生的直接刺激而产生的兴奋、快乐和好奇心理，它对学习对象的指向倾向性多限于其外部特征和表象上。当学习对象的外界刺激消失或多次重复出现时，其快乐感就逐渐降低，指向性也逐步减弱。因此，这种学习兴趣的特点是不稳定、持续时间短。乐趣是兴趣的中等层次，是在有趣的基础上逐步定向而形成的。它的指向性已不限于学习对象的表面，而是开始探索学习对象深层次的本质，它比有趣持续时间长、较稳定，专注性进一步增强，是外界多次刺激和主观多次指向结合的产物。志趣是兴趣发展的最高层次，它的形成不单纯是学习对象的刺激，更主要的是与学习者的社会责任感、人生理想、价值观、信念、意志、情感等因素相结合的产物。这种兴趣的特点是学习者的指向性更加自觉、主动，即使当学习对象刺激物直接导致主观上的枯燥、乏味时，也能够坚持下去，稳定性更强，持续时间更长，甚至终身不变。二是从发展阶段进行划分，学习兴趣可分为直接兴趣和间接兴趣。所谓直接兴趣就是学习者接触学习对象后直接引发的学习者主观上的兴奋、快乐感和对学习对象心理上的指向性、倾向性。间接兴趣是在学习对象刺激物直接引起一两次直接兴趣后，不再引起新的直接兴趣，但学习者由于熟知学习对象的发展过程、规律、趋势和最终结果，而这种结果对学习者来说具有较大的价值意义，因而学习者仍具有较强的指向性、倾向性。经过学习者的积极参与实现预想目标后导致学习者新的兴奋感和快乐感。这种兴奋、快乐感比外界刺激物直接引起的兴趣要大得多，且进一步促进学习者对该事物、活动的更大的指向倾向性。间接兴趣的特点也是稳定性强、持续时间长，在学习过程中的作用比直接兴趣大得多。这两种兴趣有区别也有内在联系。一方面间接兴趣依赖

---

① 参见李洪玉、何一粟：《学习动力》，湖北教育出版社1999年版，第169页。

于直接兴趣。许多学习者的间接兴趣最初的导因都是直接兴趣。另一方面直接兴趣也有待于发展到间接兴趣，只停留在直接兴趣上，就不可能真正发挥兴趣在学习中的作用。直接兴趣向间接兴趣转化的主要条件就是学习者必须具备有关事物发展规律和对象的价值意义等方面的知识，并积极努力参与到与对象发生关系的活动中去。

2. 思想政治理论课程中学习兴趣的表现

一般而言，学习兴趣主要受学科性质、教育教学环境、价值取向、人生观以及社会因素的影响和制约。在思想政治理论课程学习中，其学习兴趣主要与该课程性质和学习目标有关，呈现出两方面特点。

其一，学习兴趣的多元指向性。"任何兴趣总是针对一种事件或活动，为实现某种目的而产生的。"[①] 这种对某项活动的选择和专注的倾向，就是兴趣指向性的表现。一旦学习者对其所感兴趣的事件总是心驰神往，就会积极地把注意指向并集中于该活动。在思想政治理论课程学习活动中，由于学习者的个性、理论认知水平的差异以及参与教育教学的程度和专注度不同，其兴趣指向也不同，学习兴趣指向呈现多元性特点，在一定程度上是他们的理论知识水平、学习需求、人生理想和世界观的反映。其学习兴趣多元指向性还说明，思想政治理论课程不仅理论性强，包含内容极其丰富而广阔，而且具有回应现实问题的强大解释力，这必然激发学习者从不同视角和不同层面探究、求索的热情和兴趣，从中汲取思想理论的养分，以满足他们成长成才的精神需要。

其二，学习兴趣的突出动力性。从直观样态上看，思想政治理论课程属于"行而上"的理论抽象性体系，务虚色彩鲜明，尽管其内容体系关涉人的发展和社会发展的重大问题，具有无限的包容性和开放性，但毕竟与学习者的生活实际和实践活动存在一定的距离，在学习过程中势必产生动力不足、积极性难以调动的状况。如果学习者对该课程学习产生兴趣，兴趣的动力作用就会凸显出来，学习者不但积极主动地学习，努力理解和掌握其理论精髓，而且在遇到不确定的困难时，也会持

---

① 李洪玉、何一粟：《学习动力》，湖北教育出版社1999年版，第156页。

之以恒去接触和探求，甚至创造性完成既定的学习任务。同时，学习者在其兴趣的激发下，有意识地调节、控制自己的学习兴趣，做到兴趣广泛而不杂乱，中心明确而不狭窄，一方面进行高水平的理论知识迁移，使该课程内容之间形成逻辑联系，从而从整体上把握其学习主旨；另一方面在学习过程中善于理论联系实际，把该课程学习与自己的远大志向、理想和抱负紧密联系，即如杜威所言："兴趣就是一个人和他的对象融为一体。"① 关心社会问题和民生问题，关心国家的前途和民族的命运，关注国家的政治、经济、文化、教育和其他各项建设事业的改革发展，充分显示出他们是有理想、有知识、有抱负、有希望的年青一代，从而使该课程学习成为他们成长进步的动力源。

3. 思想政治理论课程中学习兴趣的作用

学习兴趣是影响思想政治理论课程学习效果诸因素中最现实、最活跃的因素之一，它对该课程学习的作用如下：

其一，学习兴趣对该课程学习的动力作用。学习兴趣是学习动机中最现实、最活跃的成分。学习兴趣可以直接转化为强大的学习动力，推动学习活动的正常进行。一是学习者对所从事的思想政治理论课程学习活动起支持、推动和促进作用。学习兴趣总是使学习者对所学内容给予优先注意，并且在兴趣发生的同时对该内容以肯定性的评价。如果学习者对该课程的理论内容产生浓厚的兴趣，学习的专注性就会大大增强，学习的信心也更加充足，就会主动积极地投入到学习中去，不会因为课程内容的艰深或枯燥而放弃，也不会受到学习环境的干扰，即使遇到了困难也会凭着自己顽强的毅力，想方设法去克服，在学习过程中始终保持旺盛的精力，支持学习活动的持续进行。二是学习兴趣与学习效果形成良性互动。不仅学习兴趣可以影响学习效果，学习效果也会反作用于学习兴趣。如果学习效果好，学习者在学习中所付出的努力与所取得的收获成正比，学习者的学习兴趣就会得到加强，从而巩固了新的学习需要，使他们以更高的学习积极性去从事今后的学习活动。

其二，学习兴趣对课程内容理解的深化作用。学习兴趣是影响文本

---

① ［美］杜威著：《民主主义与教育》，王承绪译，人民出版社1990年版，第146页。

理解的一个非常重要的条件，有研究表明：兴趣对文本的理解有积极的作用，并且这种作用不因文本类型如理论性的、叙事性的、说明性的，文本呈现方式如书面的、口头的，理解测验类型如自由地、有提示地回忆、问题回答等方面的不同而有质的变化。[1] 具体说来，学习兴趣对思想政治理论课程内容即文本理解的作用主要表现在以下几个方面：一是学习兴趣会促进学习者在阅读文本时采取深度加工的策略，对所学习内容建立更多的联系，这不仅在文本的不同部分之间，而且在所学习内容和先前知识或个人社会阅历之间形成更多的联系，并在此基础之上进行更多的独立思考，并对学习内容表现出更强的推理能力和转化能力。二是学习兴趣在对所学文本内容进行深度理解时，兴趣就具有非常重要的作用，兴趣高的学习者所获得的理论知识具有更高的迁移水平。三是学习兴趣具有审思的功能。兴趣能促使学习者不仅专心于学习内容，而且能促进学习者的思维活动。没有思维的专心是毫无意义的，学思结合的背后其实是有兴趣在支撑着。学习者进行积极的思维活动，把不同的兴趣点融会贯通，从而深化对课程内容和学习意义的理解。

总的说来，学习兴趣一方面改善了其学习过程，另一方面也改善了其学习的结果，导致其学习的质与量更加优越。诚如杜威所言，以兴趣为基础的学习的结果与仅仅以努力为基础的学习的结果有质的不同。[2]

（三）学习情感

情感作为一种非智力因素，是学习活动的重要内在动力，对人们的学习活动产生重要影响。正如列宁所说："没有'人的情感'，就从来没有也不可能有对真理的追求。"[3] 这充分说明了情感在人追求真理或从事其他活动中的重要作用。学习过程中，情感因素虽不如智力因素那样直接起作用，但其间接影响却显而易见。

---

[1] 参见章凯：《兴趣与学习：一个正在复兴的研究领域》，载《宁波大学学报（教育科学版）》2000年第1期，第28页。

[2] 同上。

[3] 《列宁全集》第20卷，人民出版社1958年版，第255页。

1. 学习情感概述

情绪、情感是人类精神生活中最重要的组成部分，是人类经验中最亲近的体验，也是人类行为最复杂的感受。学习情感是人的情感表现方式之一，对学习情感的理解要从对人的一般情感理解开始。

在心理学领域，情感通常与情绪在一起并提。"情绪与情感是客观事物是否符合人的需要与愿望、观点而产生的体验。"① 人们在认识和活动过程中，既表现出对事物的态度，也表现出这样或那样的主观体验和感受即情绪、情感。情绪、情感产生的基础是需要，客观事物符合并满足了人们的需要，人们就会产生积极的情绪体验；反之，则会产生消极的情绪体验。虽然心理学领域认为"情绪与情感之间很难加以严格区分"②，但并非无明显差异。譬如情绪是比较低级的情感形式，主要与人的生理需要相联系，与社会需要也有一定的联系，持续时间比较短暂，外部表现突出、显著，冲动性强。情感在某种意义上等同于情操，是一种习得的、较高级、较复杂的情感。它主要与人的社会需要相联系，遇到外部事物的强烈刺激时，能够理智地控制自己的情绪，使其能够不明显地表露出来，但这并不等于没有感情，没有亲近感或疏远感。这种情感持久、深刻，较多地受理性观念支配。它可分为"道德感、美感、理智感"③，这三种情感统称为高级社会情感。人们在实践活动过程中一旦获得这种情感时，就会对自己的活动产生新的更大的推动力。

德育领域也对情绪和情感给予一定意义上的界别，"情感仅属于人"，"情绪着重体现情感现象的过程和状态，情感主要体现情感现象的内容方面，而且是与社会性需要相联系的那部分情感现象。"④ 根据这一观点，学习情感是专门属于人类学习活动的一种情感，它是指学习者对客观事物是否符合自己的学习需要而产生的态度体验。只有当客观事物与学习需要产生一定关系，才能产生学习情感。然而学习需要是多层次、多水平、不断发展变化的。凡是与学习需要相符合、能使之获得

---

① 章志光：《心理学》（第三版），人民教育出版社2002年版，第317页。
② 同上，第318页。
③ 同上，第341页。
④ 鲁洁、王逢贤：《德育新论》（第二版），江苏教育出版社2002年版，第86页。

满足的学习内容，学习者就对它产生肯定、积极的态度，因而相应的产生肯定、积极的情绪，如满意、愉快，喜爱等。反之，凡是与学习需要不符合、不能得到满足的学习内容，学习者就会对它产生否定、消极的情绪，如不满意、不愉快、厌恶等。因此，无论把学习当成一个求知和追求真理的过程，还是一个把知识转化为自身素质和能力的过程，学习的过程都需要学习者投入必要的情感。

2. 思想政治理论课程中学习情感的表现

思想政治理论课程学习过程中，学习者表现出对该课程学习的态度体验，即学习情感。这种学习情感呈现复杂多样的特点，大体可分为健康情感和非健康情感。非健康的学习情感其形成原因是多方面的：或是由学习者个体认识和思想价值观念等因素的影响，或是该课程教育教学方面的某些偏差，或是社会环境因素的误导，等等。其主要表现为冷漠、排斥甚至厌恶学习。显然，非健康的学习情感对该课程学习有百害而无一利。正如杜威所说："如果一个科目从来没有因其自身而被学生欣赏，那么它就无法达到别的目的。"[①] 健康的学习情感是与学习者正确的人生价值观、良好的理论知识结构、强烈的求知欲以及正确的道德审美观联系在一起的，这种学习情感有助于该学习活动的开展，能够实现其学习目标。也只有这种学习情感才能真正成为其学习素质结构的一部分，成为推动该课程学习的动力。这种健康的学习情感在该课程学习活动中呈现如下特点：

其一，学习情感社会性特点明显。所谓学习情感社会性，是指学习者不仅仅把该课程学习视为一种求知和培养能力的过程，而且将学习与人生追求及社会进步联系在一起，其情感具体表现为道德感、美感和理智感。道德感是学习者在课程学习中对善恶、是非、荣辱关系的一种情感体验。若学习行为符合道德准则便产生满意、肯定的体验，不符合道德准则便产生消极、否定的体验。而美感是学习者从该课程内容所承载的理论魅力和价值意义所感受到的情感体验。因为"一种理想，只有在与美感，与人的高尚情操牢牢地联系在一起的时候，才能成为个人最宝

---

① ［美］杜威著：《民主主义与教育》，王承绪译，人民出版社1990年版，第254页。

贵的东西，成为他心灵的财富"①。美感往往与道德情感密切结合，对学习行为产生一定的情感体验。所谓理智感，是指学习者通过该课程学习，其认识和追求真理的需要得到满足而产生的一种情感体验。学习者在学习活动中始终渗透着理智感，同时理智感又随着学习者学习活动的深入而得到发展。

其二，学习情感心境化特点突出。在该课程学习活动过程中，学习者具有较强的控制情绪的能力，随着认识水平的提高和情绪的积累，其情感体验显现出心境化的特点，即一种情绪体验经常能保持较长的时间。具有这种心境化特点的学习者，情感丰富多彩，内心体验极其细致、深刻，具有强烈的上进心，不但高度认同并接受课程中所蕴涵的思想观念，而且还能增强进一步学习的自觉性和能动性，进而在正确的世界观、人生观、价值观的指引下，激发出旺盛的求知欲，追求理想，憧憬未来，努力实现知行统一，自觉把个人成长进步与社会发展进步统一起来。需要指出的是，与其他学习群体如成年人相比，大学生学习情感表现得更加外在和强烈，学习激情突出。随着自我意识的发展，对事物敏感性的不断增强，加之理智感尚未成熟，在外界的强烈刺激下，大学生很容易产生激情，表现出强烈的兴奋和冲动情绪。激情可以激发大学生极大的学习热情，激励他们发奋学习。但是，在激情状态下，学习者自控能力较弱，容易受激情所左右，学习者的理性分析能力受到猛烈冲击，学习成效也受该激情所左右。这种学习情感特点对思想政治理论课程学习来说，是一把"双刃剑"，所以在学习过程中，加强必要的引导是教育教学的应有之义。

3. 思想政治理论课程中学习情感的作用

"没有某种情绪因素就不可能有学习。"② 学习者总是在一定的情绪和情感状态下学习的。当然，如前所述，只有健康的学习情感才是学习的真正推动力。在这个前提下，方能探讨学习情感对思想政治理论课程学习的重要作用。

---

① ［苏联］苏霍姆林斯基：《让少年一代健康成长》，教育科学出版社1984年版，第244页。

② 李洪玉、何一粟：《学习动力》，湖北教育出版社1999年版，第212页。

其一，对该课程学习的动力作用。情感放大器理论认为，人类活动的内驱力的信号需要具有一种放大的媒介，才能激化有机体去行动，起这种放大作用的就是情感。① 所以，学习情感一方面能够极大地激发学习者的学习兴趣，调动学习者的学习积极性，增强学习的主动性和能动性，使他们的大脑高度活跃，思维清晰，注意力集中，处于"乐学"状态，提高该课程学习的效率。另一方面，学习情感还具有感染性。学习者的积极学习情感形成后，可通过各种形式释放出来，使积极、兴奋的学习情绪得以相互感染，沟通了相互之间的学习交流和对话，激活其学习的氛围，正是由于这种学习情感的易感性功能，才能达到以情共情，以情动情，对该课程学习起到积极的促进作用。

其二，对该课程学习的强化作用。有研究者认为，个体对于信息的接受是以情感活动为初始线索的。② 在思想政治理论课程学习活动中，学习者一旦对该课程内容投入情感，就会不由自主地对课程内容产生一定的情感倾向。这种情感的产生，将会对课程内容的信息择取、信息理解产生重要作用。学习者会有意无意受到这种情感的驱使，从而使其注意力指向能满足学习者情感需要的信息，回避或忽略与学习者情感需要相悖的信息，或者对这些相悖的信息作出与主体情感需要相一致的理解。这时，注意保持得更长久，程度也更强烈。结果，使学习者对这些课程信息的加工、消化与自信心、自制力形成良性正循环。这有助于加强学习者的内心体验，深化对该课程内容的理解，使得本来艰深的理论变得清晰和有条理，易于接受和内化课程内容，这反过来也能满足学习者的情感需要，从而使课程内容的理论体系和知识体系转化为一种自觉的思想政治信念。

由上可见，学习动力系统中各种要素之间并非孤立地起作用，而是相互促进、共同作用，极大地推进了学习活动的开展，提高了学习的效率。如学习兴趣与学习情感虽不完全相同，但可以相辅相成。学习兴趣的提高，会增强学习情感；而学习情感的深化也会促进学习兴趣的提

---

① 参见鲁洁、王逢贤：《德育新论》（第二版），江苏教育出版社2002年版，第87页。
② 同上，第91页。

高。学习兴趣和学习情感相互促进、相互提高。简言之，学习动力系统整体地促进了该课程学习活动的开展。

二、学习能力系统

学习能力是人的能力结构的重要组成部分，它是学习者在学习活动中形成和发展起来的。学习能力是与能力紧密联系的概念。能力是心理学领域中一个基本概念，其内涵和外延非常广泛，对其定义和分类的观点甚多，但实际上能力与智力、智能等概念近似，与人的智力因素和非智力因素密切关联，是它们在学习实践中的综合体现。从心理学视角来检视，能力是"作为掌握和运用知识技能的条件并决定活动效率的一种个性心理特征"[1]。学生的学习是一种以掌握间接经验为主要任务的复杂的心理活动，依照这个概念来引申理解，所谓学习能力，是指学习者在学习活动中形成和发展起来的，是对学习活动进程及方式起稳定调节作用的，顺利完成学习活动所必备的个性心理特征。即学习者如何运用正确的学习策略去获取信息，加工和利用信息，分析和解决学习问题的一种个性心理特征。如若把学习能力置于学校这个教育系统来界定，学生的学习能力实际上就是其学科学习能力，即"掌握某个学科所需要的特殊能力、学习动力和学习策略"[2]。一般而言，学生的学习能力是由一定的结构和层次组成的、有多种心理机能参与的一种综合能力；学习能力在学习活动中直接表现为观察、记忆、思维、想象等基本能力以及自学能力、实际操作能力、问题解决能力、创造能力等综合能力。[3] 所以，学习能力是有效学习的基础保证，与学习方法、学习策略紧密联系，是学习者顺利进行学习活动所必需的稳定的心理特征，要顺利、成功地实现学习活动的目的，需要运用和发挥多种学习能力。

从思想政治理论课程学习的要求和实践来看，其学习能力既具有与

---

[1] 《中国大百科全书（心理学）》，中国大百科全书出版社1991年版，第225页。
[2] 李洪玉、何一粟：《学习能力发展心理学》，安徽教育出版社2004年版，第104页。
[3] 毕华林：《学习能力的实质及其结构构建》，载《教育研究》2000年第7期，第79页。

其他课程学习共性的一面，又有自身的个性和特殊要求。本书所探讨的学习能力就是专指适应思想政治理论课程学习的学习能力。其学习能力系统主要由自主学习能力、理论思维能力和价值分析能力等三个基本成分构成，各种能力在学习活动过程中发挥不同的功能，有效地推进了学习活动的开展。

（一）自主学习能力

自主学习是大学学习的一大特色。这是由于进入大学阶段的学习者，不但在身心方面日益成熟，而且"大学生思维的抽象性、独立性与批判性已经发展到一个新的阶段，具有强烈的探求意识与独立学习的愿望，也具备了一定的自我控制能力"[①]。他们对学习内容和社会现象的理解逐渐形成自己的独特视角，更倾向于主动探寻事物的本来面目。因此，在学习、钻研方面体现出更多的自觉性、自主性和灵活性，自主学习能力成为他们成才成长的重要手段。然而，在思想政治理论课程学习过程中，其自主学习能力应是怎样的呢？又包含哪些基本内容？对于思想政治理论课程学习而言又具有何种意义？这是本书所要着力界定、廓清和明了的问题。唯此，才能弄清自主学习能力在思想政治理论课程学习中发挥何种作用。

1. 自主学习能力的含义和特征

自主学习能力是与自主学习直接联系的概念，因此，要深刻把握自主学习能力含义，不得不从理解自主学习这一概念着手。

自主学习研究始于20世纪50年代西方教育界，80年代以后，该课题研究成为国内外教育心理学领域的热点。在此期间，自主学习得到了深入和广泛的探讨，但由于研究视角、研究旨趣和理论立场的差异，迄今为止，对自主学习含义的研究尚未达成理论共识。

从现有国内外研究成果来看，这些观点之所以存在一些分歧，主要是因为在不同的实践领域对自主学习的理解侧重点往往不同。在课程论领域，培养学生的自主学习被作为一项重要的课程目标；在教学论领

---

① 潘懋元：《高等学校教学原理与方法》，人民教育出版社1998年版，第12页。

域，自主学习被视为一种重要的教学方法，研究者关心如何通过学生的主动学习克服其学习的被动性，体现主体性；而在学习论领域，自主学习则被看成一种有效的学习方式，研究者关心如何通过提高学生的自我调节水平来改善他们的学习成绩，使他们成为有效的学习者。如美国学者齐默尔曼（Barry J. Zimmerman）、邦纳（Sebastian Bonner）科瓦齐（Robber Kovach）等人把自主学习定义为一种自我调节的学习过程。他们认为自我调节学习是指学习者为了保证学习的成功、提高学习的效果、达到学习的目标，主动地运用与调控元认知、动机与行为的过程，自我调节的学习者在获得知识过程中能自己确定学习目标、选择学习方法、监控学习过程、评价学习结果。① 总的看，这些研究主要还是把自主学习视为一种学习能力或学习方式进行界定的，对自主学习的现象和特征的描述基本接近。譬如我国学者庞维国认为，"如果学生本人对学习的各个方面都能自觉地作出选择和控制，其学习就是充分自主的。""如果学生在学习活动之前自己能够确定学习目标、制订学习计划、做好具体的学习准备，在学习活动中能够对学习进展、学习方法作出自我监控、自我反馈和自我调节，在学习活动后能够对学习结果进行自我检查、自我总结、自我评价和自我补救，那么他的学习就是自主的。"②从这个角度出发，自主学习就可概括为：建立在自我意识发展基础上的"能学"；建立在学生具有内在学习动机基础上的"想学"；建立在学生掌握了一定的学习策略基础上的"会学"；建立在意志努力基础上的"坚持学"。③

综合上述观点，本书认为，自主学习是指学习者根据一定的学习任务和学习要求，在教师的指导下，运用一定的学习策略实行学习计划，评估学习结果，把握学习进程，以实现学习目标。这是学习者能学、会学、会反思的过程。在自主学习过程中，学习者本身就包含"自主地"

---

① ［美］齐默尔曼、邦纳、科瓦齐著：《自我调节学习：实现自我效能的超越》，姚梅林、徐守森译，中国轻工业出版社2001年版，第27页。
② 庞维国：《自主学习——学与教的原理与策略》，华东师范大学出版社2003年版，第4页。
③ 同上，第7页。

学的因素，也就是进行自我管理学习的过程，并在此过程中发挥主观能动性和积极创造性。

从高等教育这个特定教育系统来看，大学生的自主学习则赋予了更多新的意涵，这是因为自主学习的主体即大学生与其他学习者在诸多方面呈现新的特性，如身心发展、知识结构、理论思维水平、认知和元认知能力等方面均较其他层次学习者突出。从某种意义上说，只有在高等教育阶段，自主学习才能真正实现，才能凸显自主学习中"自主"的内涵和实质。据此，本书认为，大学生自主学习是指大学生根据自己的学科课程特点、学习任务和学习要求，在一定学习动机支配下，自主地运用一些学习策略，以实现既定学习目标的学习方式。其实质是大学生自我主宰、自我监控自己的学习。那么，自主学习能力则蕴涵和体现于其学习过程之中，它包含了计划、组织、监控、调节和评估等学习活动的能力。所以，自主学习能力实质是一种元认知能力，"是关于个人自己认知过程的知识和调节这些过程的能力，对思维和学习活动的知识认知和控制"[1]，也就是学习者在学习过程中承担有关学习的所有决策，并负责实施这些决策的能力。这种组织学习活动的能力是指学习者对自己学习活动的过程和结果以及与之相关的事物进行全面了解与整体的监控和调节的能力，是保证学习活动有效进行的先决条件。

根据这个定义引申，在思想政治理论课程学习视界下，其自主学习能力是指大学生在教师指导下，根据其学习任务，并运用一定的学习方法、学习步骤和学习策略，对其学习过程进行有效管理、调节和监控，从而实现思想政治理论课程学习的目标能力。若对该自主学习能力进行分解，主要包括以下四种能力要素：其一，学习目标的自我设计能力。学习者能够根据自己的知识基础和理论水平，准确把握自己的学习兴趣、发展方向，进而正确设计自己的学习目标。如将长期目标分解成若干个短期目标，根据学习进展确立新的目标等。其二，学习过程的自我管理和学习节奏的自我调节能力。学习者能够根据自己的学习目标，对学习过程进行有效的自我管理，对学习节奏进行合理的调节和安排。其

---

[1] 陈琦、刘儒德：《当代教育心理学》，北京师范大学出版社2007年版，第383页。

三,学习效果的自我检测能力和自我评价能力。学习者能够客观地评价其在每一个阶段的学习效果和学习效率。其四,理论知识的自我转化能力。学习者能够把所学到的马克思主义立场、观点和方法融会贯通,并且能够转化到与其学习目标一致的方向上来。

从思想政治理论课程学习活动来看,其自主学习能力要求学习者在思想政治理论课程学习过程中充分发挥自己的主观能动性,因而显示其应有的特征:其一,主体性。即学习者处于学习的主体地位,能够有效地参与到有关学习活动之中,能自觉地对学习实现自我检查和评价,并根据学习发展需要进行学习调整;其二,独立性。在学习过程中学习者能够根据自己的学习特点和学习风格选择独特的学习方法和手段,独立地、有策略地解决学习中的问题;其三,适应性。学习者学习意识强烈,学习动机明确,学习态度积极,而且能自己寻找适合的学习方式,主动参与到该课程教育教学之中,以适应学习活动,使自己能迎接学习中产生的新问题的挑战。与此同时,自主学习能力和自主学习之间既有共同一面,但又存在明显的区别。前者意指一种元认知能力,表现为对学习的管理能力、学习调节的动力和运用学习策略的能力等,涵盖内容的宽广,兼有战略性和战术性的特征;而后者在一般意义上是指学习策略,包含学习方式、学习手段、学习风格和学习技巧等内容。① 不难看出,自主学习能力应是自主学习的集中彰显,包含于自主学习活动之中。

2. 自主学习能力在思想政治理论课程学习中的作用和意义

学习者具备相应的自主学习能力,是思想政治课程教育教学目的得以实现的前提条件。实践是获得真知的基础。学习者以自主学习方式积极参与到教育教学活动中,不但增强自身的学习能力,而且会自觉地意识到提高自身的马克思主义理论修养、培养自身的良好道德品质、提高自身的政治觉悟对自己成长和进步的必要性和迫切性,从而激发起学习思想政治理论课的热情。

第一,自主学习能力有助于学习者对理论知识的理解和掌握。思想

---

① 关于自主学习策略问题将于本书第五章中着重探讨,在此就不作展开。

政治理论课程教育虽然不是纯粹的知识教育，但是以理论知识的传授为基础，并通过理论知识的传授达到思想政治教育的目的。然而，学习者掌握思想政治理论课程的理论知识需要具备相应的学习能力，其中自主学习能力的发挥是重要手段和必要选择。学习者掌握理论知识的过程是一个加深理解、学会应用的过程。其学习过程的实质和核心在于体验、理解和反思，掌握其中的内在规律和联系，而不是机械的记忆、背诵；而且学习者通过自主学习拓展自己的理论和知识视野，反过来增强对该课程内容的理解，才能使学到的理论知识更稳固、更透彻，才有可能使理论知识成为精神动力源泉。美国学者博兰霓就主张这种学习观点：人在创造过程中，"间接知识"（指与专业无关的知识）作为直接知识（指专业范围内的知识）的支援意识而发生作用。① 确立这种学习观就必须要求自主学习，学习者要成为该课程学习的主体，具备自主学习能力。但传统的思想政治理论课程教育教学表现为整齐划一的教育模式，只重视学习者对理论知识的灌输和掌握，忽视学习者的自主性发展，造成学习者被动地学习，被动地接受，参与意识和参与能力不强等；学习者不善于运用所学理论知识分析问题、解决问题，难以透过社会现实和社会现象把握社会发展趋势。如此便造成学习者对理论知识的理解和认同程度降低，对该课程学习的兴趣也随之降低。维果茨基的"活动学习理论"强调活动对学习者学习的重要性："在学习过程中，学习者需要联系和利用自己的直接经验，形成对抽象概念的具体理解，使这些概念变得更生动、更真切；同时使自己的直接经验更明确、更概括。"② 该理论揭示了学习者参与学习过程的重要性。这要求教师一方面要系统传授该课程的理论知识，另一方面也要为学习者创设自主学习、亲自参与教育教学过程的机会和条件。这样不仅调动和发挥学习者的积极性、主动性和能动性，自觉学习理论知识，感悟理论的精神实质，而且可以提高学习者分析问题、解决问题的能力。因此，只有理论知识的获得和思想政治观念的建构不再是依赖教师机械地灌输，而是通过学习者自己与

---

① 转引自徐葆耕：《漫话中文系的失宠》，载《读书》2009年第4期，第141页。
② 转引自陈琦、刘儒德：《当代教育心理学》，北京师范大学出版社2007年版，第196页。

学习内容的沟通、理解与探究而获得时,理论知识才会牢固掌握,理论知识的运用才会灵活。可以说,没有自主学习,就难以成就大学课程的学习;没有学会自主学习,也就难以适应和从事思想政治理论课程学习。

第二,自主学习能力有助于实现思想政治理论课程的特点和培养目标。从当代教育理论和实践的发展趋势来看,视学习者为学习的主体,学习者不是迫于社会和外界的种种压力而学习,而是发自内心地对知识和思想有一种强烈的渴望和追求精神,学习者在学习过程中始终以积极主动的态度对待学习。像《学会生存》这部名著就强调学习者在学习过程中的"自学"、"自主"原则。"我们今天把重点放在教育与学习过程的'自学'原则上,而不是放在传统教育学的教学原则上。""新的教育精神使个人成为他自己文化进步的主人和创造者。自学,尤其是帮助下的自学,在任何教育体系中,都具有无可替代的价值。""我们应使学习者成为教育活动的中心,随着他的成熟程度允许他有越来越大的自由;由他自己决定他要学习什么,他要如何学习以及在什么地方学习。这应成为一条原则。"[①] 从思想政治理论课程的特点和培养目标的需要来看,学习者具有自主学习能力契合其学习要求。根据该课程教育教学计划的安排,结合该课程内容的特点,学习者必须有针对性地确定学习目标,并能根据自身条件恰当地选学和补充相关理论知识,完善自己的知识能力结构;在整个学习过程中能较好地自我监控,较合理地安排学习时间,学会自我评价学习效果,掌握科学的学习方法,总结学习经验,从而最佳地达到其学习目标。这是因为思想政治理论课教育不是纯粹的理论知识教育,而是通过理论知识教育实现思想政治教育。思想政治理论课程学习是帮助大学生树立正确的世界观、人生观、价值观的重要途径,提高思想道德修养和精神境界;同时要帮助大学生坚定正确的政治方向,正确认识和分析复杂的社会现象,把握社会的发展趋势。这就要求学习者在其教育教学过程中不能处于消极被动的境地,不能被

---

① 联合国教科文组织国际教育发展委员会编著:《学会生存》,华东师范大学比较教育研究所译,教育出版社1996年版,第201、251、263页。

动接受理论知识的灌输，必须重视和发挥自己的自主学习能力，根据个人成长成才的需要和社会发展的需要，结合自己的思想实际，把学习理论知识与成长成才结合起来，把系统学习与专题钻研结合起来，把理论学习与参与社会实践结合起来，以实现思想政治理论课程教育教学的任务和目标。

第三，自主学习能力是思想政治理论课程教育教学实践的现实选择。其一，在现实学习活动中，由于诸多主客观因素使然（前文从学习障碍的角度业已提及），学习者课堂学习时间相对紧张；同时，现行思想政治理论课程的内容不仅所蕴藏的信息量大、综合性强、理论知识点密集、涉及理论领域众多，而且该课程内容高度凝练概括，理论比较艰深。从这些事实可以看出，如果学习者在有限的课堂时间学习和消化大容量的课程内容，并达到比较理想的学习效果，是比较困难的。这需要学习者发挥自主学习能力完成相应的学习任务。其二，因为教学课时相应紧张，教师对教学内容的讲授不可能面面俱到，通常会择其重要和关键的内容予以阐释和传授，对背景知识、描述性内容或过渡性知识常常匆匆带过，没有时间展开讲述，但这些往往会给学习者理解和把握课程内容造成一定的困难，影响学习的效果。那么，如何弥补这些"教学的空场"？这势必要求学习者在教师指导下，利用课外时间，通过查阅文献资料，或是参加学术讲座、文化沙龙等活动，弥补这方面知识和理论的空缺，从而正确理解和把握课程内容。而要顺利完成这些学习任务，必然要求学习者具备相应的自主学习能力。其三，随着思想政治理论课程教育教学改革的深入发展，越来越多主流的教学模式和理念被引入其教学实践和教学课堂，如启发式、参与式、互动式和探究式教学等。[①]这些教学样式的有效实施和落实，在很大程度上有赖于学习者自主能力的高低。因为这些教学形式需要学习者配合完成，学习者不是被动的"接受容器"，需要他们利用课外时间对相关内容进行预习，准备有关学习材料，了解课程背景知识等。显然，这些学习活动有效开展，无不

---

① 参见《中共中央宣传部、教育部关于进一步加强高等学校思想政治理论课教师队伍建设的意见》（教社科［2008］5号）。

需要一定的自主学习能力作保证。与此同时，学习者自主学习能力是贯彻和落实该课程实践教学的保障。由于主观认识方面的因素，或是教学经费、教学资源、教学时间等方面因素的制约，该课程的实践教学课时在现实教学执行过程中通常不能落实到位，或者流于形式。若学习者具备良好的自主学习能力，在教师的指导和部署下，明确学习任务和要求，确定学习分工，让他们在课外时间以个人或小组等形式自主完成实践教学目标，不仅完全可行，变通地完成实践教学任务，而且对学习者来说也是一种新鲜的学习体验和实践，既锻炼了社会实践能力和社会见识，又拓展了他们的人生视野，能更加深刻地理解和掌握相关的课程内容。

（二）理论思维能力[①]

学习者如何获取知识和理论、掌握课程内容的要旨和精髓，并把所学理论知识纳入自己理论知识结构体系之中，这是课程学习的中心环节和关键所在。这必然需要学习者在教师的指导下，根据课程的性质、任务和学习要求，运用一定的学科学习能力来实现。然而，由于课程之间的性质和学习要求差异较大，每门课程的学习能力有着不同的要求和规定。

从思想政治理论课程内容形式和体系来看，该课程内容不但理论抽象性、概括性强，而且其体系结构的高度整合性特征突出，这势必对学习者有特定的学习要求，也应具有相应的学习能力。因此，学习者要学习和掌握该课程，必须从这些内在规定性出发，应该具备有别于其他类型课程学习所要求的能力，如从现象到本质、从概念范畴到基本原理、

---

① 理论思维能力向来被认为是教育者或教师的能力要求，被认为是教育者发现问题、开展工作的基础，这似乎是现行思想政治教育学科中毋庸置疑的共识。事实上，理论思维能力也应是大学生学习好思想政治理论课程的基本能力要求，但当下研究鲜有该问题的论述。陈锡喜教授在《强化理论思维能力的培养是提高思想政治理论课实效性的重要环》（载《思想理论教育》2009年第9期，第4—10页）、《把握理论思维环节强化理论思维训练和能力培养》（载《思想理论教育导刊》1999年第9期，第24—27页）等文中，从教学的视角、从该课程教育教学的目标角度突出培养学习者理论思维能力的重要性和必要性，尽管与本书的研究角度不同，对理论思维能力在思想政治理论课程学习中作用和目的也不一样，但使笔者深受启发。

再用本质去揭示现象的抽象思维能力,即具有一定的理论思维能力,以牢固掌握理论知识、培养思维能力,并提高其思想认识能力。

1. 理论思维能力的含义

理论思维能力是学习者在高等教育阶段必须掌握的从事其他一切学习活动的基本素质。马克思主义理论是科学的世界观和方法论,学习和理解它的过程,也是进行理论思维能力训练的过程。正如恩格斯所言:"理论思维仅仅是一种天赋的能力。这种能力必须加以发展和锻炼,而为了进行这种锻炼,除了学习以往的哲学,直到现在还没有别的手段。"① 从大学生思维发展状况来看,他们的知识结构和思维方式日益成熟、完善,"个体思维中逻辑的绝对成分逐渐减少,辩证成分逐渐增多","辩证逻辑思维逐渐发展成为主要的思维形态",② 理性思维、理论抽象能力渐趋主导地位。在这种思维方式和知识结构的基础上,他们具备一定的理论思维能力。

那么,什么是理论思维呢?理论思维是相对于人的感性思维和经验思维而言的。它是在直观经验的基础上,经过对种种感性材料的去粗取精、去伪存真、由表及里的深化加工,使感性认识上升为理性认识,直观经验上升为理论思维。直观思维往往只停留在事物的表面,只能认识到事物的现象,具有表象性、片面性,是浅层次的思维方式;理性思维才能认识事物的本质和规律,具有抽象性、全面性和预见性,是较深层次的思维方式。理论思维是在学习实践中形成并在思维中运用概念和范畴的过程和能力。"认识的真正任务在于经过感觉而达到思维,达到逐步了解客观事物的内部矛盾,了解它的规律性,了解这一过程和那一过程的内部联系,也就是达到理性认识。"③ 而思维的任务就在于通过一切迂回曲折的道路,去探索自然界和人类社会各种事物和过程的依次发展的阶段,并且透过一切表面的偶然性,揭示这些事物或过程的内在规律性。列宁曾经精辟的概括:"从生动的直观到抽象的思维,并从抽象

---

① 《马克思恩格斯选集》第4卷,人民出版社1995年版,第284页。
② 林崇德:《发展心理学》,人民教育出版社2006年版,第406页。
③ 《毛泽东选集》第1卷,人民出版社1991年版,第286页。

的思维到实践，这就是认识真理、认识客观实在的辩证的途径。"① 由此可见，理论思维是洞察事物实质，揭示事物本质或过程的内在规律的抽象思维，即根据事物固有的内在规律进行创造性的思考或遵循辩证思维和逻辑思维的统一。由此可见，理论思维能力是指学习者在大量获取课程内容和文献资料的基础上，运用从分析到综合、从抽象到具体的逻辑方法来加工整理感性材料，形成概念，进行判断、推理，逐步达到对思想政治理论课程内容和理论的本质以及规律的理性认识的心理特征。

2. 理论思维能力的构成成分

理论思维能力属于特定的学习能力，是学习者学好思想政治理论课程所必不可少的学习能力。它主要是通过分析与综合、抽象与概括、判断与推理，来揭示概念范畴、理论原理等课程内容的内在联系、本质特征及变化规律，然后在掌握这些理论和原理的基础上，来分析和解释各种社会现象和社会现实，并促使自己树立正确的思想政治观念和价值信仰。基于此，理论思维能力应由以下几方面能力要素构成：

其一，分析综合能力。分析综合能力，是指学习者能否系统、全面、准确地分析学习对象，从而解决问题的能力。它是以学习者的智力水平为基础，反映出学习者的目光是否敏锐，思维是否严密，能否系统、全面、准确地分析事物、判断是非、解决难题。分析是在观念上把事物的整体分解为各个部分、方面、因素和层次，并分别地加以考察的认识活动。综合则与分析相反，是在观念上把事物的各个部分或不同特性、不同方面结合起来的过程。虽然它们是相反的两个过程，但二者密切联系，不可分割。综合以分析为前提，没有分析，认识就无法深入；分析后又必须进行综合，没有综合，就无法把握事物的整体。正如列宁所言："如果从事实的全部总和、从事实的联系中去掌握事实，那么，事实不仅是'事实胜于雄辩的东西'，而且是证据确凿的东西。"② 分析综合能力具体表现在三个方面：一是要能够在纷繁复杂的事物中，透过现象看清本质，抓住主要矛盾，运用逻辑思维和全方位立体思维能力，

---

① 《列宁全集》第55卷，人民出版社1990年版，第142页。
② 《列宁选集》第3卷，人民出版社1995年版，第651页。

进行科学的归纳、概括、判断和评价，找出问题的关键；二是要将相关的信息资料进行综合、加工、整理，然后根据学习的需要进行概括；三是能够遵循事物的发展规律，根据综合、概括后的信息材料，预测事物未来的发展变化状况。

具言之，分析就是把学习对象分解为各个部分、方面或要素，并认识它们在课程体系整体中的性质和作用。当学习活动开始时，学习者对课程内容只能得到一个表面的、笼统的印象。如果不去分析弄清它的各种内容之间的联系细节，就谈不上深化认识，更无法去把握事物的本质和规律。因此，分析课程内容是学习者学习课程内容的基础。综合就是把已获得的关于研究对象各个部分、方面、要素的认识联系起来，作为一个整体加以考察。课程内容的理论原理、概念范畴本来就结合在一个课程体系整体中，分析只是为了认识内容的具体细节和特征，按照学习的需要把它们从内容体系整体中剥离出来，分别考察。但这种经过分析而获得的认识是分散的、片面的、零碎的，并没有完整真实地再现课程内容的本来面目。而只有通过综合，才能在认识上恢复并把握课程内容的整体联系。综合是学习者深刻而全面地把握课程内容之间本质联系的重要学习能力。

在进行理论思维的实际演绎过程中，分析和综合相互依存、相互渗透、相互转化。从分析到综合的能力就是在获得大量感性课程内容材料的基础上，对课程内容的各个部分、方面、要素分别进行具体分析，揭示它们各自的规定性和内部联系的细节，进而通过综合各个部分、方面、要素的规定性和内部联系，从课程内容整体上把握课程内容的精髓和要旨，形成理论认识。

其二，抽象思维能力。学习各种理论知识和对事物本质和规律性的认识，主要是通过抽象思维取得的。抽象思维就是在观念上把事物的本质属性抽取出来的思维过程。抽象思维能力是指透过现象看本质、透过表层看深层、透过特殊看一般的认识能力，是思维能力的核心构成成分，是思维区别于感知的本质特征，既是思维的过程，也是一种思维方式。抽象思维通常由概念、判断和推理这三种形式表现出来的。概念是人脑反映事物本质属性的思维形式。概念是用词语来表达的，它是在抽象概括的基础上形成的。通过抽象和概括,舍弃了事物的非本质属性、而抽取出本质属性。例如"人"的概念,就是舍弃了人的非本质特征,而抽象概括出"能抽象思维并能制造工具"的本质属性。判断是对思维对象有所肯定或否定的思维形式,它由概念组成,反映事物之间的联系。推理是从已知判断推出新的判断的思维形式,它是判断与判断之间的联系。

抽象思维过程包含抽象与具体这两个不可分割的思维过程。抽象是指课程内容某一方面的本质规定在思维中的反映,故亦称之为思维抽象。通常在学习活动开始时,课程内容总是作为一个具体的整体呈现在学习者面前,学习者对它的认识是感性的、具体的。通过分析、概括,就抽象出该课程内容某一方面的本质规定,揭示出必然的规律性,这就使认识由感性上升到了思维抽象。即先对事物进行分析,然后把事物的一般特性或规律性联系抽取分离出来,形成一般性的认识。如"商品"这一特征,就是对商品的各方面特性进行分析、比较,将其特质抽取出来,形成"商品"这一抽象认识成果。具体是指思维对课程内容各个方面本质规定的完整反映。由于思维抽象把课程内容某方面的本质规定从统一整体中抽取出来,就暂时割断了各个方面内在的本质联系。所以抽象是思维对课程本质孤立、片面的反映。为了完整、真实地反映课程内容,学习者的认识还必须继续发展,要把课程内容各方面的抽象的本质规定综合起来,在思维过程中达到反映课程内容整体本质和规律的理性具体。

在理论思维中从抽象上升到具体的认识进程是:通过对课程内容感性材料的分析概括,完成了由感性具体向思维抽象的运动,实现了对课程内容各个方面本质规定的分别把握。进而学习者的认识又由思维的抽象上升到思维的具体,从整体上综合把握课程内容各个方面的本质规定及彼此间的内在必然联系,在思维中完整地再现课程内容多样性统一的真实面目和客观规律性,达到了思维具体或理性具体的认识高度。

其三,抽象概括能力。概括是在观念上把抽象出来的事物的本质属性加以综合并推广到同一类事物上去的思维过程。概括包含两个方面的意思:一是指对若干事物从高一个层次上说明其共同点、本质属性;二是指概括这一思维活动实际是形成知觉的过程，达到知觉的整体性。抽象和概括是紧密相连的，如果不从事物的差异中抽取出共同的特征或本质属性，概括就无法进行；如果没有概括，抽象也很难完成。正确的抽象和准确的概括来自于对大量感性材料的掌握，来自于对材料的细致分析和综合。只有透过现象抓住事物的本质，才能进行正确的抽象和准确的概括。所以，概括能力是指以抽象为基础的思维活动方式，即把多种多样的事物的共同特点归结在一起的能力，它是在进行归纳、总结、综合等思维活动时所表现出来的能力。需要指出的是，概括能力不是独立存在的，它依赖于其他能力，例如吸收、分析、归纳、总结、综合、逻辑推理、抽象思维等能力，与它们相辅相成。因为概括是建立在一定知识、材料的基础上，通过仔细深入地分析，然后归纳、总结、综合而得到结论的活动。因此，概括能力实际包含归纳能力、总结能力、综合能力。

在学习思想政治理论课程的思维活动中，概括是个极重要的环节。没有概括，学习者对万事万物的认识就难以抽象成概念，其思维也无法进行。概括能力的大小，很大程度上决定着整个思维水平的高低。列宁讲得好，《资本论》不是别的，正是"把堆积如山的实际材料总结为几点概括的、彼此紧相联系的思想"①。

其四，比较与分类能力。比较和分类也是思想政治理论课程学习的重要思维过程和思维能力。比较是在观念上根据一定的标准以确定事物异同的思维过程。比较的客观基础是事物之间的相同点和不同点，不同事物之间可以比较，同一事物在不同发展阶段也可以比较。分类是在观念上根据对象的共同点和不同点，把它们区分为不同种类的思维过程。比较是在分析和综合的基础上依据一定的标准进行的。分类是以比较为基础和依据。通过比较，总结、归纳事物之间的相同点和不同点，从而对事物加以分类。有比较才有鉴别，在思想政治理论课程学习过程中，学习者如果不善于把这一基本概念同另一基本概念进行正确的比较，就会"一叶障目，不识泰山"，就会犯形而上学的错误。若不能进行正确

---

① 《列宁选集》第1卷，人民出版社1995年版，第2页。

分类，就无法辨别学习内容之间的差异和个性，也不能正确把握学习内容的实质。

以上这些具体能力综合体现为逻辑思维能力，它是通过对客观事物的间接概括反映，获得对于客观事物全面的、本质的、规律性认识的能力。学习者要善于运用这些能力，就必须做到分析周密，判断准确，"要完全地反映整个的事物，反映事物的本质，反映事物内部的规律性，就必须经过思考的作用，将丰富的感觉加以去粗取精、去伪存真、由此及彼、由外及里的加工制作，形成概念和理论，就必须从感性认识跃进到理性认识"[①]，以能动地指导自己的学习活动。

3. 理论思维能力在思想政治理论课程学习中的意义

首先，理论思维能力是获得、掌握和运用该课程理论知识的必要条件。对思想政治理论课程中基础知识的任何概念、原理的理解，都离不开对基本概念或是感性材料进行分析综合、抽象概括、比较推理等积极思维活动，都依据于一定的理论思维能力。当然，思想政治理论课具有培养理论思维能力的内在要求和可能性，理论思维能力的培养要以一定的知识和理论为基础。如果学习者缺乏这种能力，则只能囫囵吞枣，死记硬背；如果学习者的这些能力发展较好，就能对所学的马克思主义的立场、观点、方法获得较深刻的理解，而理解得愈深刻愈透彻，就愈具有举一反三、触类旁通的能力，则能顺利实现从感性认识到理性认识的过渡。同时，学习者运用马克思主义的立场、观点和方法去认识实际问题时，能科学地分析社会矛盾和反思思想困惑，也就能很快抓住事物的本质，揭示事物的规律。所以，具备良好的理论思维能力是学习思想政治理论课程的基本能力要求。

其次，理论思维能力能够增强学习者思维的广阔性和深刻性。理论思维能力能使学习者思考、反思问题的范围得以拓宽，并获得创造性的思考。同时，理论思维能力可促进学习者深入细致地思考和反思社会问题和社会现象，抓住事物的本质和规律，预见事物的发展进程，伟大的思想家无不是以思维的深刻性为其思维特性的。马克思就是善于透过现

[①] 《毛泽东选集》第1卷，人民出版社1991年版，第291页。

象抓住本质的典范。列宁说："马克思在《资本论》中首先分析资产阶级社会（商品社会）里最简单、最普通、最基本、最常见、最平凡，碰到过亿万次的关系——商品交换。这一分析从这个最简单的现象中（在资产阶级社会的这个'细胞'中）揭示出现代社会的一切矛盾（或一切矛盾胚芽）。"① 而且理论思维能力的素养可以开启学习者的心智、良知和审美判断力，使思维更具深刻性和广阔性，它可以使学习者直面社会生活和人生发展中那些引起普遍关注和困惑的现实问题，获得思考、反思和解析问题方法的能力，使学习者达到对社会、人生之真谛的深刻洞察与整体把握。

（三）价值分析能力②

前文业已阐明，思想政治理论课程学习的本质是一种价值性学习，那么，在该课程学习过程中，不仅须理解和领会课程内容的价值，树立正确的思想价值观，同时还要运用所掌握的马克思主义立场、观点和方法进行价值分析，以正确认识社会和人生等方面的问题。这说明该课程学习过程中内在要求学习者具有善于进行价值分析的学习能力。

1. 价值分析能力的含义和特征

思想政治理论课程不仅仅是一种理论知识体系，而且也是一种思想价值观念体系；该课程学习不仅在于接受具体的知理论识，而且要通过学习其知识和理论以内化和树立科学的世界观、人生观、价值观。如同

---

① 《列宁选集》第2卷，人民出版社1995年版，第558页。
② 价值分析与价值澄清在名称近似，二者容易混淆。价值澄清概念源于价值澄清理论（Value Clarification），该理论兴起于上世纪60年代的美国，它最初是在由 L. E. 拉思斯、哈明和 S. B. 西门合著的《价值与教学》（1966年）一书中得到系统的表述的。实际上，价值分析和价值澄清在内涵、外延和应用领域等方面迥然不同。首先，二者对价值理解和定性有显著差异。价值澄清学派认为，价值来自于个人的经验。不同的经验产生出不同的价值，经验的变化也要导致价值的变化。这说明该理论所主张的价值是相对的、个人的。而本书价值是确定的，即马克思主义价值观、人生观和道德观。其次，二者应用的对象和领域不同。价值澄清主要应用于道德教育领域尤其是儿童的道德教育；而价值分析是针对大学生思想政治理论课程学习而言的。最后，二者所涵盖的内容不一样。价值澄清是一种系统完整的教育理论和方法，是与传统灌输教育相对立的，但主要还一种教育策略，是由教育者实施和主导的，尽管受教育者的参与性和主体性得以极大提升；而价值分析是专指一种学习能力，是从学习者角度提出的，是针对学习思想政治理论课程而衍生的特别能力要求。

其他课程学习一样,掌握理论知识和树立思想价值观念的目的在于应用,在于指导实践,在于能解决实际问题。这是该课程学习目的之所在。

在思想政治理论课程学习过程中,学习者不仅应该运用从分析到综合、从抽象到具体的理论思维能力来理解、掌握该课程的内容,还应该善于利用课程理论知识来认清和领悟这些理论对于树立自己的思想政治价值观念、整合社会主流意识形态、确立社会主导的核心价值体系以及推进社会发展具有何种价值意义。这说明思想政治理论课程学习的应用任务有其特殊性,它不在于解决具体问题,不在于为具体问题提供行动策略和解决方案,它要求学习者能坚持理论和实践的统一,要求知行统一,要求能对复杂的社会现象和社会事实作出明确的价值判断,认清社会和事物的发展趋势和发展规律。这种学习能力就集中体现为学习者价值分析能力。所谓价值分析能力,是指学习者运用马克思主义立场、观点和方法认识、评价社会现象、社会事实对人和社会的价值意义的心理倾向和特征。在该课程学习过程中,学习者不仅应当努力去认识和把握各种社会现象的本质与规律,弄清楚"是什么"和"为什么",还应当努力认清各种社会现象的价值属性,即它能否满足人的主体和社会需要,弄清楚"对人有什么利与害",从而决定自己对此是支持还是否定的态度。从某种意义上说,学习者认识社会的目的正是为了促进自己的成才成长和推进社会的发展进步。正如毛泽东所说那样:"对于马克思主义的理论,要精通它、应用它,精通的目的全在于应用。如果你能应用马克思主义的观点,说明一个两个实际问题,那就要受到称赞,就算有了几分成绩。被你说明的东西越多、越普遍、越深刻,你的成绩就越大。"①

从思想政治理论课程学习活动来看,其价值分析能力具体表现为表达和评价两方面能力。表达和评价是一对相互关联的能力,是学习者在该课程学习过程中所呈现出的心理倾向和个性特征。表达能力是指根据该课程的要求和学习目标,学习者按照自己对理论观点的认识和理解来

---

① 《毛泽东选集》第3卷,人民出版社1991年版,第815页。

清晰阐述自己的思想政治观念，并在社会活动中践行。这要求基于该课程学习的目的不是单纯的思想道德修炼和自我素质的提高，而是通过学习指导自己的社会实践和社会活动。评价能力是指学习者根据马克思主义理论观点，对诸多社会现象、社会事实或社会事件作出自己的判断和分析，并力图把握其发展趋势或发展规律。评价能力包含在表达能力之中，因为表达过程中就蕴涵个体明确的价值取向和思想意识，并根据自身的发展需要作出判断和取舍，规约自己的行动和意图。同时，评价过程亦是表达过程，对某事物和现象的评价事实上就是表达自己的看法和观点。所以，表达之中蕴涵评价，评价寓于表达过程其间，二者相互依存、互为表里。价值分析能力集中体现在两方面。

其一，学习者要善于把科学的思维方法与正确的价值导向结合起来。就价值分析能力的结构成分来看，科学的思维方法是其基础和手段，是学习者进行有效价值分析的前提条件；而正确的价值导向是其根本和目的，是学习者获得正确认识、形成正确思想政治观念的保证。马克思主义理论是人类有史以来所创造出的最为科学的世界观和方法论，其理论本身就是科学的思维方法与正确的价值导向的完美结合。同样，中国特色社会主义理论体系也蕴涵着科学的思维方法和正确的价值导向。学习思想政治理论课程，就是为了理解和掌握马克思主义的立场、观点和方法，就是要善于把科学的思维方法与正确的价值导向结合起来，并在学习实践中展现马克思主义的理论魅力、逻辑力量以及它对现实的批判能力。在此，其学习要求与学习目的具有一致性。学习者一旦善于把科学的思维方法与正确的价值导向进行结合，就能透过现象把握事物本质，不仅能够正确分析各种社会热点问题是如何形成、发展的，准确剖析这些纷繁复杂社会现象之中存在着怎样的矛盾关系，而且能科学地判断并把握由这些矛盾关系而决定的实质及其发展前景，从而使学习者能够认清当代社会发展的大局，把握未来发展大势。在这些价值分析的演绎之中，科学的思维方法与正确的价值导向同等重要，在学习者思维演绎进程中交替使用，既要逻辑分析，又要合理判断，相互促进、相互补充，从而实现其价值分析的目的，也充分展示了马克思主义本身的理论魅力以及它对现实问题的解释力。

其二，学习者要善于掌握和运用批判性思维。批判性是马克思主义理论的重要特征。马克思主义理论不但强调理论的批判，即要求对人们习以为常的常识信念进行批判，同时对具体科学的理论前提进行批判，为理论的发展提供崭新的思路和契机；而且更加强调实践的批判，即揭示社会矛盾的实质，并现实地改变客观世界。如马克思不再一般抽象地谈论哲学与现实世界的相互关系，而是把哲学与无产阶级联系起来，从此，"哲学把无产阶级当作自己的物质武器，同样地，无产阶级把哲学当作自己的精神武器。"① 批判性与批判性思维是紧密联系的。批判性思维是思维高级阶段，具体体现为反思。反思是高水平的思维过程，其内涵极为广阔。在社会实践或社会科学研究中，反思是指对社会决策、社会行为的假设的反思，以及对它们背后所牵涉的伦理、道德、历史等因素所隐含意义的反思。因此，面对思想政治理论课程的学习任务和学习目标，学习者不仅要具有良好的学习品格和思维品格，而且要善于发现问题，树立和运用批判性思维，学会反思。学习者要善于运用批判性思维审慎思考各种社会事实和社会现象的价值意义，并充分考虑各种社会决策可能会带来的难以预测的种种结果。这样不但能够确立学习者对社会问题和社会矛盾的科学批判精神，而且有助于培养他们的思想政治素质。当然，批判性思维是科学的怀疑，正因为如此，科学的怀疑和批判不是全盘否定，而是包含了肯定的否定。正如马克思主义理论所阐释的那样："辩证法在对现存事物的肯定的理解中同时包含对现存事物的否定的理解，即对现存事物的必然灭亡的理解；辩证法对每一种既成的形式都是从不断的运动中，因而也是从它的暂时性方面去理解；辩证法不崇拜任何东西，按其本质来说，它是批判的和革命的。"② 马克思主义理论为学习者提供了一种崭新的科学思维方式，它一旦为学习者所掌握，就会转化为他们认识客观世界、改造客观世界以及改造自己主观世界的能力和精神力量，使学习者受益终身。

2. 价值分析能力的作用

价值分析能力的作用不只是体现在如何理解和掌握该课程内容的理

---

① 《马克思恩格斯选集》第1卷，人民出版社1995年版，第15页。
② 《马克思恩格斯选集》第2卷，人民出版社1995年版，第112页。

论知识,正如列宁所说:"从马克思的理论是客观真理这一为马克思主义者所同意的见解出发,所能得出的唯一结论就是:沿着马克思的理论的道路前进,我们将愈来愈接近客观真理(但决不会穷尽它);而沿着任何其他的道路前进,除了混乱和谬误之外,我们什么也得不到。"①这就要求学习者在内化的思想政治观念指引下,运用马克思主义的立场、观点和方法来观察、分析、批判和认识各种社会问题和社会现象,深刻地把握各种复杂社会现象的本质,正确把握社会变化、发展的趋势,解决种种复杂的社会问题,在认识客观世界过程中进一步改造自己的主观世界。

学习思想政治理论课程需要一定的价值分析能力,在该课程学习过程之中又能增强学习者的价值分析能力。这是因为该课程内容体系是以迄今为止最科学的马克思主义理论为核心构建起来的,学习者一方面通过学习理解和掌握马克思主义理论的精髓,增强自身的理论素质;另一方面,学习者在学习过程中必然遇到与所学习的内容相冲突、相差异的各种社会现象和社会问题,一旦他们能够正确运用马克思主义立场、观点和方法来分析,进行解疑释惑,其价值分析能力便能得到逐步增强。譬如,面对我国社会的深刻变革,以及当今世界错综复杂且风云变幻的国际形势,学习者通过价值分析的指导,能够始终坚持以社会主义核心价值体系来引领自己的价值观念,懂得意识形态领域斗争的长期性和复杂性,能够自觉抵御"淡化"意识形态甚至"去意识形态化"的错误倾向,也能够清醒地认识到国际上各种"西化"、"分化"敌对势力借所谓的热点问题、敏感问题抹黑中国,企图向中国施压的图谋,以及借其经济科技优势向我国输入西方政治观点和价值观念的现实,并且自觉抵制腐朽没落思想观念的侵蚀。再者,学习者养成价值分析能力,就会关心时事,关注社会热点问题,并以理性务实的态度正确对待各种社会矛盾和社会内部冲突,避免出现思想偏激和行为偏差,保持坚定政治立场的定力,能够树立起"天下兴亡、匹夫有责"的责任感;而且学习者在增强民族自豪感的同时,又赋予民族情感以理性精神,等等。诚如

---

① 《列宁选集》第1卷,人民出版社1995年版,第103—104页。

列宁所言:"一个国家的力量在于群众的觉悟,只有当群众知道一切,能判断一切,并自觉地从事一切的时候,国家才有力量。"① 这种"力量"显然就是一种价值分析能力。由此可见,价值分析能力不仅仅是该课程学习的能力要求,是其学习的基础,从某种意义上来说,学习者养成价值分析能力、并善于运用其能力才是该课程学习的根本目的所在。

从上述三种学习能力的作用和意义来看,自主学习能力体现的是一种元认知能力,是学习者在学习计划、学习策略方面的能力;而理论思维能力更多的是"操作技术",当然这种能力既是学习的基础,又是学习的必然结果;价值分析能力是应用课程理论和观点分析问题、阐释问题,甚至是解决问题的能力,该学习能力的生成是该课程学习的目的所在。其中,自主学习能力是其能力系统的基础,理论思维能力掌握课程知识理论的中枢,是以辩证思维为核心、多种较优心理机能参与的、主动掌握知识获取技能的多层次综合能力,而价值分析能力是其学习活动的归宿和落脚点。这三种学习能力在其学习活动中共同发挥作用,从而提升该课程学习的效果。

三、学习品格系统

学习品格是指学习者从事学习活动所表现出的稳定品性风格。学习者在具体的学习活动中总是体现出一定的品行风格,该品行风格的形成不但导源于学习者的智力因素和非智力因素的综合作用,而且与具体的学习活动和学习内容等因素密切关联。因此,学习品格是指学习者在学习活动中的精神状态、治学态度,以及处理与学习活动相关关系的思想作风和品质。其综合的外在表现即为学习者的学风。它一般包括学习风格、学习道德、学习态度等内容。在学习者智力因素和非智力因素相对稳定的情况下,其学习品格的差异主要受具体的学习活动和学习课程的影响。对思想政治理论课程学习来说,学习者的学习品格特征应当由其学习态度和学习道德这两方面因素来体现,这是由该课程性质和其学习

---

① 《列宁选集》第3卷,人民出版社1995年版,第361页。

目的所决定的。

（一）学习态度

学习态度是学习的心理倾向机制，它与学习动机系统以复杂的辩证关系相联系，受学习动机制约，是学习者在学习活动中通过获得一定的经验而习得的，但也是可以改变的。它影响个体对学习活动作出定向选择，对其学习行为具有驱动性影响，并且通过外部学习行为反映其内部的心理倾向，体现着个体性格特征。

1. 学习态度概述

本书已在第二章对学习态度的含义给予了界定：学习态度是指学习者对特定学习的较为持久的肯定或否定的内在反映倾向。学习态度与其他非智力因素密切相关，如学习需要、认知、情趣、兴趣意志、行为等，这些因素综合的表现就外显为学习态度。从学习态度的含义来看，虽然它是一种复杂的心理现象，但主要由三种心理成分构成的。①

其一，认知成分。学习态度的认知成分是指学习者对学习对象所具有的理解、观念和评价，包括对于学习的性质、意义的认识、理解与评价。它是学习态度的基础部分，体现在学习者学习态度的认知成分基础上形成的知识系统、评价系统和价值观念体系之中，一般具有概括性、分化性、迁移性等特点。同时，面对现实的学习对象时，学习态度的认知成分也包括对当前学习对象或学习情境等的属性、意义与学习者自身关系等方面的认识。学习者正是凭借着前者，一方面得以获得对当前学习对象的理解，另一方面也由此而形成对当前学习对象的真伪、优劣、美丑等等的判断，从而形成当前状态下对现实的学习对象的认知基础。学习态度的认知成分与表达学习对象情境和学习对象之间关系的概念或命题有关。在学习活动中，学习者所持有的价值观念对学习对象的认知产生影响，主要表现为对学习对象的社会功能、发展功能等方面的认识。一旦学习者对学习对象形成某种确定的认识、看法和判断，它就会

---

① 关于学习态度的心理成分认识，详见章志光：《心理学》（第三版），人民教育出版社2002年版，第299页。

对学习者个体未来的学习、个人智力和能力的发展、生活等产生巨大的作用，进而转化为一种态度倾向，直接影响学习活动的成败。

其二，情感成分。学习态度的情感成分是指学习者对学习对象的情绪体验，是学习态度的核心所在。学习者产生情绪、情感体验，是基于个体的认知。在此"认知"要作两方面分析：一是指学习者原有的学习认知、学习经验、知识体系、价值判断，这是构成学习态度情感成分的基本要素，它们总是与一定的情绪体验相联系的，在学习者运用这些认知因素时，就会牵动并引起相应的情绪体验；二是指学习者基于对当前学习对象的认知，特别是该学习对象与个体学习需要关系的判断，也引起相应的情绪体验。学习者接受学习还是拒绝学习，接受与拒绝到什么程度，必然表现出某种学习情绪。学习态度具有两极性，例如学习者对学习对象是喜欢还是讨厌，是愉快还是痛苦，是迷恋还是焦虑等，这通常是由情绪的两极性标志的。因此，学习态度的情感成分与伴随于学习内容的情绪有关。在学习活动中，情感是在知识和技能等方面的学习过程中产生和发展起来的，并随着知识的深化而不断增强，体现着"知之深，爱之切"，学习者在学习中感受到学习的功用和美感，品尝到获得知识、技能的愉快和欢乐，从而逐步形成了学习的热情。学习热情来源于学习本身，来源于学习者通过刻苦学习的收获和内心感受。一旦形成了学习热情，那么它就具有持续性、稳定性和巨大的推动力，激励学习者专注于学习活动，促使他们坚持不懈地、愉快地完成艰巨的学习任务。

其三，意向成分。学习态度的意向成分是指学习者对当前的学习态度对象在心理上产生的一种行为倾向。它是在认知成分和情感成分的基础上形成的，但它不是认知与情感的直接产物，这里有许多主观的、客观的因素。意向在学习态度中是相对独立的成分。在学习态度的功能上，意向成分的作用比较关键。一般情况下，学习行为的产生是由意向成分发动。需要指出的是，学习行为本质上是学习需要驱动的结果，学习行为意向只是潜在的需要因素，必须经过一定的条件，意向才能转化为现实的需要，才导致相应学习行为的发生。

通过分析学习态度的结构成分可知，它受到认知、情感、意向各成分间关系的影响，由其各成分的强度、范围和包含的内容，可以区分出不同学习者在学习态度上的差异，学习态度总体倾向要取决于其中占优势强度的成分。在具体的学习活动中，学习态度通常可以从学习者对待学习的注意状况、情绪倾向和意志努力状态等方面来加以判定和说明。① 从常态来看，学习态度与学习表现是一致的，学习态度是内心的倾向，学习表现是外显的行为。但是，学习者的内心态度如何很难判断，唯有从其学习表现中去推知，听其言、观其行，才能大致评估到其真实学习态度如何。据此不难发现学习态度的复杂性，它会直接对学习过程产生影响，是其学习过程开展和学习效果实现的一个重要变数。

2. 思想政治理论课程中学习态度的表现

学习态度作为学习的定向系统，与所学习的对象密切关联。学习对象的性质在很大程度上决定其学习的心理倾向和学习态度的取向。如此看来，在思想政治理论课程学习活动中，其学习态度表现具有自身特征，不同于其他学习活动如智育课程学习的态度，呈现以下诸方面特点：

其一，价值性。学习态度同价值观密切联系，甚至可以说态度源于学习者的价值观。从一般意义来说，有什么样的价值观就相应的具有什么样的态度，学习态度基本上反映了学习者对该课程学习的价值认同与接受程度。思想政治理论课程学习本身就是一种思想价值观念的建构过程，其所涵盖的思想理论如不能与学习者的价值观对应，或是不能契合和满足学习者的价值追求，学习者便不可能对其学习任务采取正确的、应然的态度，甚至会消极地拒斥。可以说，价值性是其学习态度的首要特征，其他特征均由此衍生而出。这就要求学习者以马克思主义的态度而不是主观主义的态度对待思想政治理论课程。当然，学习态度与价值观有密切联系，但二者不能等同、相互替代。价值观具有统摄性，它不是由具体对象派生的，是由学习者人生阅历和思想理论水平综合作用而成的，是一种意蕴深刻的抽象观念。学习态度在一定意义上还是与具体的学习内容相关，如受学习情境、学习任务难易程度等因素的影响，且

---

① 李洪玉、何一成：《学习能力发展心理学》，安徽教育出版社2004年版，第321页。

会随着这些因素的改变而出现一定的变化,并非一成不变。

其二,稳定性。由于学习态度结构成分包含认知成分和情感成分,学习态度就不能不与学习者的知识结构、理论水平和主观体验相关。学习者的认知结构和情感体验是长期经验积累的结果,具有相对的稳定性;那么,学习态度虽然具有情境性特点,但它的形成要经历较长时间的积累和凝练,一旦形成则比较持久稳定,就具有明显的稳定性特点。学习态度不仅是稳定的,而且与学习者的志向、理想和抱负结合在一起,甚至是学习者个体个性特征的一部分。具体说来,思想政治理论课程中学习态度是与学习者对该课程价值的认同以及该课程中理论观点的认识和理解有关,前提是学习者具有一定的理论知识水平,而且学习者的情感因素作用也会产生较大影响,这就使得学习态度一经形成,就带有稳定性,不像学习兴趣那样容易改变。在该课程学习中,学习者总是表现出自己的学习倾向,坚持自己的态度,保持心理平衡,很难打破已形成的固定模式,因而较难改变。

其三,内隐性。学习态度是调节学习者个体外部行为的内在因素和内部心理结构,是行为的支配者、调节者,一般外显为具体的行为,由学习者在学习活动中的行动表现出来,比如学习者参与活动的积极性、努力程度、完成学习任务的效率等环节是其学习态度的显现。学习者在思想政治理论课程学习过程中的态度如何,也是从这些方面来判断和确定,这与其他学习活动的态度并无差异。但是,由于该课程的学习目的是要学习者树立和建构起正确的思想价值观念,这就要求学习者对待该课程不能只表现于外在的态度和行为,而是出于心理和精神的认同和接受,在思想上发生共振,这时的学习态度才是本真态度,也才符合该课程的目的和要求。而这种学习态度处于内隐状态,不易从外显的行为上加以判断和把握。从这个意义上来说,其学习态度具有独特的内隐性特征。

3. 思想政治理论课程中学习态度的功能

一般而言,学习者之所以持有某种态度,是因为态度具有能够满足其某种需要,如求知的需要、能力发展的需要等。在思想政治理论课程学习中,其学习态度一方面作为精神动力推进该学习活动的开展,具有动力功能；另一方面它与该课程学习目标相一致，保证其学习目的的实现，又体现为三个方面的功能。

第一，定向功能。由于学习态度是对学习对象的肯定和认同，就意味着它对具体学习活动具有定向作用。其定向功能是指学习态度的倾向能为学习活动确定具体指向。在思想政治理论课程学习活动中，学习者认识到对该课程内容能满足自己的学习需要，对个人成长成才产生推动作用，学习者不单单投入精力、全力以赴去认真学习，汲取其中精髓，而且会自动作出选择和判断，"过滤"其中与自己思想认识无关的内容，抵制与自己思想认识有冲突的内容，其学习活动倾向非常明显。即对符合自己学习态度的课程内容和理论认识，学习者易于接受，否则就会倾向于抵制。这说明定向过程包含选择过程，或是学习态度的选择功能蕴涵着定向功能。学习者个体对学习内容的定向显然要先经过内容信息选择，内容定向之后，就能使学习活动与自身的思想倾向和价值认识协调一致，并使学习活动效率、行为努力等方面也与自身的学习要求一致。不仅学习目标对象的取舍方向由学习态度具体确定，实现目标的方式手段取舍方向也是如此。定向功能是学习态度重要功能之一，能够保证该课程学习目标的实现。

第二，表达功能。表达功能是指价值表达功能，"这种功能反映了一个人对事物的意义的认识，表达自己的价值判断或价值观。"[①] 学习态度是对学习对象的意义和价值的肯定，其价值是由具体的学习对象而决定，但归根结底，学习态度是表达自己的内在价值观。在思想政治理论课程学习中，学习态度的表达功能是指学习者的个性品质特征与水平是由个体在该课程学习中的具体表现反映出来，是学习者个体价值观念系统的内容和特点的展现。该课程的学习态度实质上是对所学习内容的肯定、认同和接受。学习者在实际的课程学习过程中，都会对课程内容的意义和作用有自己的理解，这种理解经由自己的态度显现，构成一种价值认识和价值判断；若其价值认识和判断与该课程内容所表达的意涵一致，它显然构成其学习态度中的价值内涵。学习态度的外在表现过

---

① 章志光：《心理学》（第三版），人民教育出版社2002年版，第301页。

程，事实上是学习对象本身价值的彰显过程。学习者参与该课程学习的程度、努力与勤奋程度，是源于课程学习满足自己追求的需要，就是一种最形象的价值表达。当然，消极学习态度也是价值表达的形式，只不过是其零价值或是负价值的表达。

第三，适应功能。学习态度具有动机作用，使学习者根据内在需要对一定的学习活动发生积极的接近或消极的回避。这表明学习态度具有对学习活动的适应功能。学习态度作为实现特殊目的的手段，通过它有助于达到个人的学习目标，如果在学习活动中自己所期望的目标能够实现，就会形成满意的、积极的态度；否则就会产生消极的态度。由于思想政治理论课程所阐述的思想理论具有重大的社会意义和人生意义，从学理层面来说，它能够满足学习者的求知欲望和精神需求，能够解答学习者在实际社会生活中所遭遇的诸多困惑，因此学习者采取正确的、积极的学习态度，能够取得预定的学习目标，这充分体现了其学习态度的适应性功能。

（二）学习道德

学习道德是学习活动的伦理，它产生于学习活动之中，贯穿于学习活动的全程，内在指导和规约着学习者的学习行为规范，维护着学习活动的健康发展。学习道德既与学习对象、学习性质、学习目的有关，又与社会整体道德观念密不可分，从某种意义上来说，它是社会道德规范在学习活动中的具体体现。学习者对学习道德的遵守，既是一种学习上的人格表现，又是一种学习品格的彰显。思想政治理论课程学习过程中也存在学习道德问题，且更具有特殊意义，它不仅仅是对学习者学习行为的规范和约束，在很大程度上是其学习效果和学习意义的直接反映。

1. 学习道德概述

道德是社会生活中的普遍现象，"实际上，每一个阶级，甚至每一个行业，都各有各的道德"[①]。在学习这个特殊的社会实践中同样存在道德现象。就高等教育而言，大学生从事系统化的专业知识学习，是个

---

① 《马克思恩格斯选集》第4卷，人民出版社1995年版，第240页。

体社会化的重要途径，是他们成才成长过程中非常重要而又相对独立的、比较特别的社会行为，自然会在各种学习活动中产生应当遵循的学习规范、学习理念和学习信念，并形成学习者之间的相互关系，这必然反映出他们特有的道德观念、道德意识、道德规范与道德准则。这种大学生在学习过程中形成和反映出来的特有的道德意识、道德规范、道德准则、道德评价和道德行为，就称之为大学生的"学习道德"。大学生学习道德是在不间断的学习过程中养成的，它与学习观念、知识储备、理论修养、价值观等密切关联。该学习道德是一种规范、约束、评价大学生学习行为和学习品质的教育舆论，对大学生学习行为产生潜移默化的影响，有助于维护学习过程的顺利进行和调节大学生学习活动，使他们的学习活动目的和手段达到高度统一。

有研究者认为，学习道德是指"在学习活动中产生的，以善恶为评价标准的，依靠人们的内心信念和社会舆论维系的调节学生学习活动的一种心理意识和行为规范"[1]。那么，学习道德是靠学校教育舆论和学习者的内心信念来共同维系的。而学校作为维系学习道德的中心阵地，不仅要利用无形的力量即教育舆论对学习行为加以矫正，而且应当采取一定的有形措施即教育规章制度来实行调控。无论是前者还是后者，作用都只是学习活动的外部刺激。这种外力作用的发挥，还需要学习者内心信念的响应，唯有外在的教育舆论和教育规章制度内化为学习者的内心信念，学习者的学习态度、学习精神、学习行为才能与社会主流的学习道德观念一致，其学习行为将得到教育舆论的支持，从而得到强化，相反就会受到抑制，被否定或被指责。这样才有助于养成正确的学习道德观，才能形成真正的学习动力并取得良好的学习效果。由此可见，学习道德是学习者在学习活动中产生的，以善恶优劣为评价标准，无时无刻地调控着学习者的学习活动，并使之健康有效开展的一种心理意识和行为规范。[2]

---

[1] 刘昌明：《学习道德教育的实践与思考》，载《煤炭高等教育》1999年第1期，第49页。

[2] 参见宫黎明、江波：《试论学生学习道德及培养》，载《教育科学研究》2004年第4期，第54页。

学习道德可以按照不同标准进行分类。作为一种人格表现，学习道德有好坏之分、善恶之别。作为一种心理意识和行为规范，学习道德既有成文的教育制度和规范，如学生行为准则等；也有不成文的融于人们意识之中的观念。为进一步深化对学习道德的认识，有必要从其内在结构进行分析。它主要由以下四个成分构成：①

其一，学习道德意识。它是指学习者在一定的学习活动中具有价值倾向的各种心理活动过程和观念，也是"对一定社会的学习道德准则和学习道德规范的认同，它包含学习道德认识、学习道德情感、学习道德意志和学习道德信念"②。所谓学习道德认识，它是指学习者对如何按照一定准则和规范处理学习行为及其关系以保证学习活动有效开展的看法和观点。学习道德情感是指因学习对象、学习任务、学习目的等因素的综合作用而激发学习者一定的情绪体验，它产生并贯穿于学习活动之中，受制于学习道德认识，根植于学习者内在信念。学习道德意志在某种意义上就是指学习意志，它是指学习者为实现既定的学习目标而自觉地调节自己的学习道德行为、克服学习困难的心理倾向。学习道德意志既受到学习道德认识和学习道德情感的制约，又与学习目标直接联系，并且学习道德意志有助于学习目标的顺利实现。因为学习者一旦树立明确的学习目标，就具有旺盛的学习热情和充实的学习动力，从而能产生不畏艰险、持之以恒的精神和坚强的学习道德意志。正如王守仁所言："自古及今，有志而无成者则有之，未有无志而能有成者也。"③ 即求学的意志要坚定，要"笃"，要有学习道德意志。学习道德信念是指学习者建立在对学习道德要求和义务的正确认识之上所形成的发自内心的一种坚定的学习信心和责任感，是深刻的学习道德认识和炽热的学习道德情感的有机统一。"它以学习道德认识为先导，以学习道德情感为依托，以学习道德意志为保证，是三者综合作用的产物。学习道德信念一旦形

---

① 对学习道德结构成分的分析，是受到伦理学相关著作中关于道德结构认识的启发，详见唐凯麟：《伦理学》，高等教育出版社2001年版，第46—50页。
② 参见张丽琴：《浅论学习道德》，载《教学与管理》2001年第3期，第8页。
③ 《王阳明全集》（卷二十九）。

成就具有稳定性和持久性，它在学习道德内化过程中起核心和向导作用。"①

其二，学习道德关系。它是指在一定的学习道德意识、特别是在一定的学习道德原则和规范的支配下形成的，并以某种特有的活动方式而存在的特殊的、相对稳定的学习关系。学习道德"一方面指向的是社会，是在调整学生与他人、与社会之间的利益关系产生的；另一方面指向的是自己与他人，是在调整学生与自己、他人之间的利益关系产生的"②。相对于其他社会实践活动而言，学习活动比较单纯，基本上局限于学校系统，是围绕学习活动本身而生发的，因而其道德关系主要是指个人与个人之间的关系，即学习者个体之间的关系，或是学习者与教师之间的关系。之所以构成学习道德关系，就在于学习活动本身存在一定的教育目标和要求。概括地说，学习道德关系也就是学习者的一种道义的关系。学习道德关系是学习者学习道德意识的直接表现，并且客观地体现在学习者的学习活动中，所以学习道德关系既是主观的又是客观的特殊的社会关系。其客观性是指它的内容反映着一定教育教学的目的和要求，并且使这种目标和要求现实化；就它的形式而言，它是在学习实践中以稳定的行为方式巩固下来，并且表现为涉及学习者的现实行动。学习道德关系的主观性是指，通过学习者的学习道德意识而形成的一种特殊的社会关系，它表达了学习者的道德动机、情感、意志和信念，它来自学习者的义务和职责，学习者可以在一定的学习道德关系所形成的道德处境中进行自己的评价和自主选择。

其三，学习道德行为。行为是在思想意识支配下所产生的言论、活动等外在表现。学习道德行为同样是在一定道德意识支配下所表现出来的外在表现。在现实语境中，学习道德包含两个层面：一是指学习者对相关学习道德准则和伦理规范的自觉体认和接受；二是指学习者在学习活动中对道德规范遵循与否以及表现程度，是学习者主观道德意识的外化。学习道德行为的沉淀和积累就形成学习道德习惯，是学习者在长期

---

① 参见张丽琴：《浅论学习道德》，载《教学与管理》2001年第3期，第8页。
② 钱焕琦：《教育伦理学》，南京师范大学出版社2009年版，第195页。

的学习活动中表现出来的一贯的学习行为倾向,是学习道德行为的延续和升华。

其四,学习道德规范。学习道德规范是一定社会或群体用以调整学习者与他人及社会之间利益关系的行为准则,也是评价和指导学习者学习行为的标准。它是一定社会(主要是指教育系统)对学习行为和关系的基本要求,是学习道德的展开和具体化。学习道德规范既要体现和反映特定社会文化背景下的伦理道德原则和要求,又是基于对学习活动得以存在的道德合理性基础的反思和推导的结果,是一定社会对学习行为基本要求的概括。它通过直接灌输或潜移默化的影响,成为学习者的内心信念和行为准则,指导着学习者的学习行为。

总之,学习道德,通过外在评价或自我评价对学习活动产生规约、调节的作用,保证该学习活动健康、顺利地开展,以实现既定的学习目标。

2. 思想政治理论课程中学习道德的表现

在思想政治理论课程学习过程中,学习者因该课程学习活动及交往活动而产生一系列行为规范和道德准则即学习道德,它是贯穿在思想政治理论课程学习活动全过程、依靠内心信念和社会舆论维系的心理意识和行为规范。它不仅约束和指导着学习者的学习行为,而且影响和制约着他们的成长成才。其学习道德既具有一般学习道德的共性,同时,又因为该课程性质以及学习目的和学习任务的特殊性,其学习道德的产生和表现具有一定个性特点,主要体现在三个方面。

其一,学习动机是决定该课程学习道德好坏的根本前提。学习动机决定着学习道德的性质和价值标准,学习者的学习道德意识依赖于他对学习的需要强烈与否和追求目标层次的高低。由于思想政治理论课程学习的目的在于树立和建构思想政治观念和思想品德,如果其学习动机具有外在性或功利性,比如一些学习者把该课程学习作为应付考试或是出于"拿学分"的需要,一旦考试通过,就意味着该门课程学习的结束,不再有学习的动力,更不会在他们思想意识深处树立和建构起正确的思想政治品德。现实学习活动中还存在"考试前背笔记、考试后全忘记"的学习景象,持这种想法或做法的学习者在学习中自然持消极态度,应付学习任务，其学习道德必然滑坡。

其二，专业课程学习意识决定该课程的学习道德和学习态度。所谓专业课程意识①，是指学习者对所学专业及相关课程的一般观点和看法，外在表现为对该课程的热爱或冷漠状态。它在很大程度上决定着学习者对专业学科所持的学习态度和学习道德。专业课程意识对思想政治理论课程学习同等重要，它直接关乎其学习的态度和情感。热爱思想政治理论课程的大学生，对该课程总是抱有极浓厚的学习兴趣，乐于投入精力与时间探寻其理论智慧及社会历史意义，会将更多的注意力放在提高学习的质量和实效上。相反，专业课程意识不稳固的学习者则完全持消极态度，显示出排斥的态度，在学习过程中极易出现上课不认真听讲，心有旁骛，课后作业不及时完成或是用网络下载作业、论文蒙混过关等不良的学习道德行为。可见，课程的专业意识如何是影响其学习道德的重要因素之一。

其三，学习意志制约着其学习道德的形成与维持。学习意志或"学习坚持性"即学习者为了完成学习任务而持续地克服困难的能力也会对学习产生的影响。② 一般而言，在学习过程中，学习意志对其学习道德的养成有比较明显的作用。长期以来，思想政治理论课程没有学科依托，只是作为公共理论课形式开设，无学科形象；同时该课程内容相对而言理论性较强，与学习者的现实生活环境反差比较明显，在漫长的学习过程中他们的学习热情、学习态度难免会起变化。对于心理素质较好、意志比较坚定的学习者而言，他们抗干扰能力较强，学习的坚持性也强，能够正确面对困难挫折，所以不易受外界消极学习行为的影响，学习往往很专心，能始终如一。而有些学习者学习意志却不太坚定，学习坚持性差，容易追求形式化，学起来往往虎头蛇尾，抵抗不住外界的诱惑和影响，不但会滋生不良的学习行为方式，而且往往受非主流社会思潮、社会文化的影响，产生不正确的思想行为，消解了该课程教育教学的效果，易于形成不良的学习道德。

---

① 参见刘燕：《大学生学习道德现状和学习道德培养论析》，载《前沿》2005年第12期，第84页。

② 参见谭顶良：《学习风格论》，江苏教育出版社1998年版，第142页。

3. 思想政治理论课程中道德学习的功能

一般道德的功能，是指"它同作为它的载体的人和社会的相互联系与相互作用的过程中的能力"①。而本语境下学习道德的功能主要是指对思想政治理论课程学习活动的影响。思想政治理论课程学习活动的有效开展受到多种因素的综合影响，既有学习者动力系统的作用，又受制于学习者学习能力的影响，而其学习道德的作用才是决定性的。这是因为其学习道德与其学习目的在很大程度上是直接同一的。若无良好的学习道德，即使掌握一定的理论知识也是枉然，背离了该学习的本来意义。所以，其学习道德决定其学习活动的方向和效果，其功能主要体现如下：②

第一，指向功能。指向是指学习活动的价值取向，即学习者在思想政治理论课程学习过程中的学习任务和学习目标的实现受个体自身学习道德观的支配。学习者持有什么样的学习道德观和学习道德水平，就会有相应的学习价值取向。学习者只有树立正确的学习道德观，培养基本的学习道德品质，才能为思想政治理论课程学习活动的顺利开展打下良好的基础。学习道德对思想政治理论课程学习的指向在于促使学习者明确自己的学习目的，转变为学习动机，提高对思想政治理论课程学习的目标和要求的认识，把该课程学习与实现自我成才成长以及推动社会的发展进步联系在一起。一般说来，学习道德品质优良的学习者会认同正确的学习价值取向，能把该课程学习的社会价值和个体价值有机地统一起来，在实现社会需要前提下充实和完善自我，并自觉地运用所学理论知识来正确认识和理解社会发展趋势，准确把握社会热点问题的本质，而不为种种现象所迷惑；同时在某些社会重大事件中能自觉地坚持正确的立场，并起到带头示范作用，影响或感召他人。反之，学习道德观不正确的学习者往往难以形成正确的学习价值取向，学习动机不纯，参与学习活动纯粹出于外在功利或是规避学习纪律的约束，学习毫无效果，

---

① 唐凯麟：《伦理学》，高等教育出版社2001年版，第52页。
② 对思想政治理论课程学习中学习道德功能的理解和认识受益于刘欣的理论观点，详见刘欣：《大学生学习道德的功能及其对成才之影响》，载《江苏高教》1994年第3期，第55—57页。

充其量只是获得零星的知识点，而不能深刻领会马克思主义立场、观点和方法的精髓，更不会真正认同和接受其思想政治价值观念。

第二，调控功能。调控功能是指学习道德观对思想政治理论课程学习的全过程实施合理适时的调节，以帮助学习者逐步适应其学习活动，不断积累学习经验，探索和掌握有效的学习方法和学习策略，优化学习质量。学习道德对思想政治理论学习过程的调控，其形式和途径是多种多样的，大致可分为外在调控和内在调控两种形式。所谓外在调控，是指由高校所颁布的规范学习活动或学习行为的规章制度，以及有关教育舆论，它是一种"全天候"的学习道德环境，对其学习活动进行调控。而学习者对学习道德的主观认同和自觉维护，则是一种具有根本意义的调控。内在调控则是指学习者内在道德意识、道德观念和价值取向的自觉约束。没有学习者发自内心深处的心理响应，任何外在调控都难以收到良好效果。因为思想政治理论课程学习的过程不仅仅是理论知识获得的过程，更是学习者思想政治观念建构的过程，同时也是学习者人格完善和品德陶冶的过程。在该学习过程中，须发挥内外两种学习道德力量的作用，且后者更为重要，时刻规范着学习者的学习行为，使之不偏离正常健康发展的轨道，从而实现该学习目标与学习手段的内在统一。

第三，评价功能。评价活动是"主体选择主体需要与客体属性之间的价值关系，并把这种价值关系反映到主体意识中来，以形成价值观念的认识活动"[①]。对思想政治理论课程学习效果和学习质量的评价历来是其教育教学的难题，原因在于该课程学习的评价方法、评价体系和评价标准的多样性。本书认为，在众多学习评价探讨中，往往忽视了学习道德这项重要指标。从某种意义来说，根据学习道德的表现来评价其学习效果和学习质量更具有合理性。因为"人是一个自组织系统，人的行为是受自我意识的调节和控制的"[②]。从这个意义来说，学习道德可以肯定、褒扬和激励那些符合整体教育道德规范和学习规律要求的学习行为，也可以否定、贬斥和矫正那种有违于教育伦理道德规范和学习纪律

---

① 陈新汉：《评价论导论》，上海社会科学院出版社1995年版，第154页。
② 王健敏：《道德学习论》，浙江教育出版社2002年版，第243页。

的学习行为;它可以对学习者的日常学习活动进行心理疏导和行为矫正,也可以检验学习者学习效果的社会效应和社会价值。具言之,学习道德对思想政治理论课程学习评价功能集中表现在三个方面:一是对学习者的日常学习行为的评价,如遵守学习纪律,善于自主学习,热心参加课外社会实践活动,按时独立地完成学习任务等;二是对学习者学习规范的评价,如严守考试规则,遵守学术规范和学术操守,不作弊、不剽窃等;三是对学习者学习效果的评价,如学习者能否真正做到理论联系实际,能否践行、外化理论认识等。学习道德的这种效用评价功能,可以及时规范和矫正学习者的学习行为,检验其学习成效,使其学习沿着健康的轨道运行。

综上所述,在思想政治理论课程学习过程中,学习者的学习素质是一个不可分割的结构性功能系统,各分系统之间具有多维、多向、多层次的联系,互相关联,互为补充,协调一致,它使该课程学习活动的发动、展开成为可能,也是影响其学习效果的关键所在。

第四章　高校思想政治理论课程学习的过程分析

探讨思想政治理论课程学习，必然要透析其学习的一般过程，即个体的学习是如何发生、如何进行，又是如何结束的。其实质是要阐明学习者如何以心理变化来适应教育要求的变化，或通过何种机制获得和积累知识经验并以相应的行为变化表现出来。从一般意义上来看，课程的学习过程是个体以认识活动为基础的心理活动过程和以智能为核心的个性心理培养和发展的过程。它是一个由若干不同又相互作用的环节组成的有机活动过程，是一个多要素、多层次、多类型的复杂结构。然而，由于思想政治理论课程的性质及其学习目的的特殊性，该课程学习的过程是指个体以认识活动为基础的心理活动过程和以思想政治观念建构为核心的过程。其学习过程既具有一般课程学习过程的共性，又有其自身的个性。具言之，推动其学习过程进行的是该学习过程内外各要素之间辩证的矛盾运动以及各子过程之间的相互作用。因此，探析其学习过程势必要从分析过程矛盾、过程机制以及探讨其过程规律等方面着手，这不但能充分揭示其学习过程的本质，而且可以更深入准确地把握学习的实质，掌握学习规律，是学习者正确选择学习方式、学习策略、合理安排学习活动的依据。

一、思想政治理论课程学习过程的矛盾分析

思想政治理论课程学习的内在过程是一个充满着矛盾与矛盾转化的过程。在思想政治理论课程学习过程的诸多要素之间、其学习过程与外在学习环境相互交织的矛盾中，存在着基本矛盾，也存在围绕基本矛盾

而展开的其他矛盾。若弄清思想政治理论课程学习的过程及机理，必然要从矛盾入手分析其学习发生、发展过程的根源，从本源上认清该过程发生、发展的实质。

(一) 思想政治理论课程学习过程的基本矛盾

马克思主义唯物辩证法的基本观点认为，基本矛盾是"规定事物的根本性质并对事物的全过程运动发展起支配作用的矛盾"[1]。基本矛盾是贯穿于事物发展过程的始终、规定事物发展过程本质的矛盾。这为认识思想政治理论课程学习过程的基本矛盾性质和作用提供了科学的方法论基础。但如何把握和确证思想政治理论课程学习过程的基本矛盾？这需要分析其学习活动本身的性质。根据马克思主义认识论的基本观点，在实践基础上的主体与客体关系的本质不能单方面、孤立地归结为反映或选择。人的认识一开始就面临着双重任务：既要从客观事物出发，承受外部事物信息的作用，对其进行反映性认识；又要从主体出发，获得确定客观事物对于人有无价值的选择性认识，对已反映到主体内部的外部事物的信息进行选择和"改造"。这样，主客体的双向联系和相互作用是建立于实践基础之上的，它首先承认客体对于主体认识的前提性，但同时又特别强调主体的能动性，强调主体认识是一个创造过程。列宁曾予以精辟的概括："从生动的直观到抽象的思维，并从抽象的思维到实践，这就是认识真理、认识客观实在的辩证的途径。"[2] 毛泽东在列宁的基础上进一步阐发了认识的发展过程："实践、认识、再实践、再认识，这种形式，循环往复以至无穷，而实践和认识之每一循环的内容，都比较地进到了高一级程度。"[3] 思想政治理论课程学习事实上是一种特殊的认识活动，是学习者对于教育者所传递的思想政治理论课程内容的认识过程。学习过程是学习者在教师指导下，从不知到知、从知之较少到知之较多，逐渐掌握社会历史经验、认识客观世界和改造主观世界的过程。这一认识过程既包含着学习者对思想政治理论内容客体进

---

[1] 冯契主编：《哲学大词典》（修订本），上海辞书出版社2001年版，第584页。
[2] 《列宁全集》第55卷，人民出版社1984年版，第142页。
[3] 《毛泽东选集》第1卷，人民出版社1991年版，第296—297页。

行反映性认识，又包含着从其自身需要出发，依据自身的价值观念的建构。学习活动既不是简单的接受，也不是盲目的获取和否定，而是一个复杂的扬弃过程。如果从建构主义学习理论来审视，也可以对如何认识和把握思想政治理论课程学习过程的矛盾提供一定的启示。譬如，皮亚杰认为："认识既不起因于有自我意识的主体，也不起因于业已形成的（从主体角度看）、会把自己烙印在主体之上的客体；认识起因于主客体之间的相互作用。"① 这说明该学习过程的矛盾存在于学习主体与学习客体之间的相互作用，也是它们相互作用的动因。基于上述理论认识，本书认为，思想政治理论课程学习过程的基本矛盾是学习主体（或学习者）与学习客体即课程教育教学目的之间的矛盾。这里的学习主体是指大学生，而学习客体即课程所承载的内容，这些内容代表着占统治地位的无产阶级及最广大人民群众和社会主义社会的根本要求，反映了社会主流的思想政治观念和价值理念，是依据该课程教育教学的目标和教育对象的实际所确定的。学习主体与学习客体的矛盾之所以是思想政治理论课程学习过程的基本矛盾，是基于以下因由：

第一，该基本矛盾规定了思想政治理论课程学习过程的方向和性质。学习者学习什么、要实现什么样的目标，这决定于其学习内容，学习内容是确定该课程教育教学目标的前提和基础，而该目标的制订不仅要考虑学习者的思想政治道德现状，还要考虑到学习者成才成长和社会发展的要求，体现社会发展和个人发展的统一。因此，学习内容相对于学习者的思想政治观念具有主导性、先进性、超越性等特征，是需要学习者经过相当长时间的学习实践才能接近或实现的。这种不断围绕学习客体要求的方向改变和努力的活动一直贯穿于整个学习过程之中。

第二，该基本矛盾贯穿于思想政治理论课程学习过程始终。学习主体与学习客体的矛盾必然会表现为思想政治理论课程学习过程的一系列具体矛盾和冲突。这个矛盾首先表现为学习者与教育主体即教师的矛盾。教师承担着传授学习内容的任务，但不是无对象的自话自语，而是面对具有主体性、能动性的学习者，那么教师和学习者首先要形成和

---

① ［瑞士］皮亚杰著：《发生认识论原理》，王宪译，商务印书馆1996年版，第21页。

谐、积极的教与学的关系，才可能使教学过程顺利推进，学习者才能自主地接受所传授的学习内容。否则，将对教师所传授的学习内容产生逆反或抗拒心理。学习者从教师教育教学中获得信息后，由于其先在的思想政治观念和学习内容存在着一定的差距，不可能立即理解、领悟、接受，要经过获取、体验、整合、内化等过程对学习内容进行消化和转化，在此运动过程中，必然产生诸多新的矛盾，甚至不断反复。譬如，学习者自身认知与情感、意志和行为的矛盾等。学习者仅是经历某个阶段的学习，并不等于已经建构了所要求的思想政治道德观念，该学习活动远未结束。只有通过外化实践，知行统一地践行、转化，学习者才能在思想上认同学习内容，形成坚定的理想信念和思想政治观念，也就是说，学习者和学习内容的矛盾才能得到转化和解决，该学习过程才得以完成。但是，由于思想政治理论课程学习过程会随着教育教学活动的变化、学习环境的变动而出现反复，学习效果不理想甚至全无；这样旧的基本矛盾解决了，新的基本矛盾又会产生出来，这个过程循环往复，以至无穷。正如马克思所说的："已经得到满足的第一个需要本身、满足需要的活动和已经获得的为满足需要用的工具又引起新的需要。"①

第三，该基本矛盾规约了思想政治理论课程学习过程的其他矛盾。学习主体与学习客体的矛盾是思想政治理论学习过程一切矛盾的总根源，它决定和影响学习过程的一切方面和一切矛盾。思想政治理论课程教育教学的根本目的和最终落脚点是培养符合中国特色社会主义事业的建设者和接班人。学习者与教师、学习中介、学习环境等因素的矛盾最终都要体现在与学习内容的矛盾上。如果学习者与学习内容之间没有矛盾，或是矛盾已经得到转化和解决，就意味着某阶段的学习过程暂时终结，那么此过程的其他矛盾也会随之得到转化和解决。

尽管确定了学习者与学习内容之间的矛盾是该学习过程的基本矛盾，但仍需要进一步分析该基本矛盾的具体表现形式，这是深化理解该学习过程的前提。归纳来看，大致存在三种基本矛盾情形：一是性质一

---

① 《马克思恩格斯选集》第1卷，人民出版社1995年版，第79页。

致，矛盾较浅。即学习者所具有的思想政治观念与学习内容所规定的教育教学目标在性质上一致，或是学习者所具有的思想政治观念与学习内容具有同质性，但学习者的思想道德发展水平不高，与学习内容的要求存在差距。这种矛盾的解决应采用循序渐进的方式，主要是深化学习，提高学习者的理论认知水平。二是性质相反，矛盾较深。即学习者所具有的思想政治观念与学习内容在性质上是相反的，但这种相反的思想政治观念尚在形成之中或未根深蒂固。这种矛盾的解决难度较大，所需耗费的教育教学精力也比较大，教师须发挥教育教学的主导作用，进行思想理论教育的"攻坚战"。三是性质相反，矛盾顽固。即学习者所具有的思想政治观念与学习内容在性质上相反，而且该思想道德观念比较顽固，成为一种支配其行为方式的价值观。这种矛盾表现最难解决，但不是无能为力、不可解决，只不过需要运用的教育方式和手段非常复杂，而且需要其他领域资源、措施的协力合作。总体上说，虽然思想政治理论课程学习过程的基本矛盾在不同学习者身上体现的程度和层次不同，但是学习内容是通过各种路径如学习中介、学习环境等因素影响和改变着学习者的思想政治道德素质，使其向着社会既定的要求和方向发展。学习者与学习内容矛盾转化的结果是学习者的思想政治道德素质的提高。思想政治理论课程学习活动的根本目的在于提高学习者的思想道德素质，使其符合既定社会发展的要求和个人全面发展的需求。不论学习者原有的思想政治道德素质如何，相对超前性的学习内容总是通过直接或间接的方式和途径输送到学习者的思想政治观念体系之中，不断刺激着学习者的思想政治观念体系，通过学习者内在的心理机制作用，经过一定的思想碰撞和思想斗争，改变他们原有的思想政治道德观念，使心理素质、思想素质的结构在同化或顺化过程中趋于平衡、和谐，从而提升学习者的整体思想政治道德素质。而思想政治理论课程学习活动又使学习者在社会实践中通过社会评价和自我评价的反馈，获得进一步思想政治道德认识，转化为更高水平的思想政治道德行为。

（二）思想政治理论课程学习过程的其他矛盾

在思想政治理论课程学习过程中，不但存在学习者与学习课程目标之间的这对基本矛盾,还存在其他矛盾即非基本矛盾,它们也对该课程学习产生直接或间接的影响。这些非基本矛盾均源于和受制于基本矛盾的规约、控制,主要表现为学习者认知与自身个性心理倾向即情感、意志的矛盾,以及学习活动与学习环境的矛盾,它们共同推动着学习者思想政治道德观念向更高层次和水平发展。

1. 学习认知与学习情感①的矛盾

在思想政治理论课程学习过程中,学习者的认知与情感是相互依赖、相辅相成的,但有研究表明,"道德认识对道德情感往往发挥着一种决定性的作用。"② 第一,思想政治理论认知是其学习情感产生的必要条件。学习者认同学习内容的思想价值观念或者对学习内容产生接受倾向,并非无缘无故的,它总是基于一定的思想政治理论认知(当然,其中学习者的学习偏好、人生价值目标等也发挥作用)。相关学习内容只有被纳入到学习者既有的认知结构框架之中,对其中理论观点和理论内容进行必要的认知、理解,才能激发学习者超然的、非功利化的学习情感。事实上,学习者的认知程度往往与学习情感的强度成正相关。第二,思想政治理论认知决定着其学习情感的性质和方向。在学习过程中,学习者面对同一思想政治理论内容或社会政治道德现象,但因他们具有不同的思想政治理论认知,往往会引起不同性质和方向的情感体验,也会导致不同学习目标杂存的现象,这在教育教学实践中是屡见不鲜的。第三,积极的学习情感促成思想政治理论认知的升华。学习者具有积极的学习情感,对学习内容往往容易理解深刻,领悟透彻,善于举一反三,理论知识的迁移能力强,促进思想政治理论认知的顺利获得,从而有利于提高其思想政治理论认知的效果。然而,学习者认知和学习情感又存在矛盾、对立的一面。首先,学习者的思想政治理论认知和学习情感之间关系异常复杂,二者并非简单的线性关系,这是因为学习者认知和情感在他们成长、成才过程中往往是不平衡、非对称性的,未必相互吻应,总是存在断层现象。所以,学习者的理论认知水平的提高并

---

① 关于学习情感的论述参见第三章内容。
② 鲁洁、王逢贤:《德育新论》(第二版),江苏教育出版社2002年版,第57页。

不表明其学习情感也随之升华、提升,二者事实上存在着分离的、非同步的情形。譬如,学习者可以获得很高的思想政治理论认知水平,如熟悉和了解马克思主义理论和思想政治理论,对社会道德规范和核心价值体系内容也了然于胸,但同时却缺失共产主义理想信念、不认同社会主流价值观的学习并非罕见。反之,有些学习者具有较高水平的朴素的思想道德情感,但有关马克思主义理论和思想政治理论等方面的知识却有所欠缺,抽象理论思维水平也较一般,这种现象也时常发生。毫无疑问,这种学习认知与学习情感的矛盾、对立的一面必然制约该学习活动的实效。

2. 学习认知与学习意志的矛盾

一般而言,人的"意志是意识的能动作用,是人为了一定的目的,自觉地组织自己的行为,并与克服困难相联系的心理过程"[①]。所以,意志行动是有目的的行动。学习者的学习意志在思想政治理论课程学习过程和其思想政治道德观念形成和发展过程中,发挥着调节、控制等机能。坚强的学习意志能够促进学习者克服困难,始终向着既定的学习目标迈进,完成学习活动。但学习者学习意志与学习认知在该学习过程中既有同一性,又有矛盾性。学习者的认知与意志的同一性主要表现在:首先,学习者的认知是形成其必要学习意志的基础和前提。"意志的产生是以认识过程为前提的。"[②] 也就是说,学习者的意志是基于其对学习内容的认知,尽管学习者的理论认知水平存在高低之分,但学习者若对学习内容知之甚少或理解不透彻,就不可能形成刻苦学习钻研、不达目的誓不罢休的学习意志品质。其次,学习者的认知决定着其学习意志的性质。当学习者的意志基于正确的理论认知,即对马克思主义理论和正确思想政治观念的认知,则形成强大的学习动力,保障该学习活动的顺利进行。若正确的认知和外化的行为能够获得社会(包括教师、同学、相关部门等)的积极评价,这种积极评价又反过来促进学习者意志的进一步强化,从而形成良性循环,保障其学习活动的持续进行。学习

---

① 章志光:《心理学》(第三版),人民教育出版社2002版,第352页。
② 同上,第354页。

者的认知和意志也存在矛盾性的一面：第一，学习者的认知水平和意志力的强弱往往不是平衡和正相关的。譬如学习者的理论认知水平高，但意志力则较差，这不利于完成较为困难的学习任务。第二，学习者认知和意志的形成机理的差异，导致认知与意志难以形成相互促进的作用。学习者的认知获得主要是理论知识的获得、思想观念的形成，这是学习者在教师的指导下运用概念、判断、推理等学习环节实现的。而学习者意志的形成机制则较为复杂，既受理性因素的影响，又受非理性因素的作用。学习者的学习兴趣偏好、学习动机、学习情感、理想信念等非认知因素都对意志的形成有着不同程度的影响。这说明在该学习过程中有良好的认知水平不一定能促进意志的坚定，也并非一定能专注地投入学习之中，只有通过与学习者意志的相互作用，才能使该学习活动顺利推进。

3. 学习活动与学习环境的矛盾

思想政治理论课程学习虽然以课堂学习为主，立足于高校这个相对独立的学习环境，但该学习过程须臾不能脱离外在环境而独立存在，各种信息资讯借助网络等媒介广泛而深刻地渗透于校园生活之中，该学习活动的开展必然要与外在的学习环境进行多种形式的交流、交往，必然要同外在的学习环境发生诸多的关系。而且，学习者业已成长社会化，尤其在当下开放的环境中，他们通过观察和审视各种社会现象和社会事件，必然会形成自己的独立思考和理解。因此，思想政治理论课程学习活动实际上是一个比较开放的过程：一方面，其学习过程总是受到学习环境的制约和影响，如高校内部及社会对思想政治理论课程的态度和重视程度如何，不能不对其学习产生微妙的作用，具有受动性的一面；另一方面，学习者具有主观能动性，能反作用于学习环境，并通过学习活动在一定程度上影响学习环境。如学习者通过刻苦钻研，获得较高的思想政治理论水平，并在某些社会活动中起到带头和引领作用，这将产生一定的示范效应，或会改变社会及其他学习者对其学习的价值认识。需要指出的是，面对日益开放、多元的现代社会，信息资讯传播的广度、深度空前增强，信息传播的媒介和途径呈现多样化态势，使学习者所接触的来自外界环境中的信息更加繁多、杂芜。这些来自环境中的信息是学习者评价、选择和接受传导内容的"参照系",其思想政治观念在一定程度上受制于这些外在信息的力量。如果社会主导的意志要求与社会现实发展状况相对立或差别明显,势必会使学习者产生思想政治观念和情感体验的困惑和茫然,导致其思想情感和社会环境之间矛盾的加剧,很大程度上抵消或削弱了社会主流的意识形态和价值观念的正面影响和积极效应。当然,解决好其学习活动与外部环境的矛盾,这绝非高校这个教育系统一己之力所能,需要全社会各种力量合力系统地建设和渐进地解决。正如马克思所深刻理解的:"环境的改变和人的活动或自我改变的一致,只能被看做是并合理地理解为革命的实践。"①

二、思想政治理论课程学习的过程机制

"学习在很大程度上是一种信息加工过程,在这种活动中,有关行为结构以及环境事件的信息被转化为指导行为的符号表征。"② 班杜拉的这种理论认识对理解思想政治理论课程的学习过程有重要启示。个体的思想政治理论课程学习过程,是该课程信息被学习者获取、体验、理解、接受、整合和转化的过程,其过程的终端是该课程信息所包含的思想价值观念生成为学习者内在的思想政治道德观念。事实上,该课程信息的转化和生成必然借助于一系列内在机制来进行和完成。思想政治理论课程学习的过程机制在此理解为学习的运行方式和作用方式,其实质是指个体在学习该课程的过程中,各种心理因素对课程内容信息的作用方式、作用过程和作用原理。它事实上是由一系列心理机制成分所构成,主要包括认知获取机制、情感体验机制、认同接受机制和整合内化机制四个依次相续的过程阶段,经过这四个作用过程的转化,从而实现思想政治理论课程信息的转化和建构。

---

① 《马克思恩格斯选集》第1卷,人民出版社1995年版,第55页。
② [美] 班杜拉著:《思想和行动的社会基础:社会认知论》,林颖等译,华东师范大学出版社2001版,第68页。

(一) 认知获取机制

获取信息是其学习的起始环节,学习者对学习信息的认识获取是通过其认知图式实现的。认知图式是学习者进行学习时所必需的现实的内部准备状况和主体性条件,即个体先在的意识状态和认识运行模式的总和。它直接制约着学习者对课程内容信息加工的感知过程、思维过程与接受过程,从而影响着学习的深度和广度。从概念渊源上来看,认识图式是由图式(schema)概念衍生而来的。图式原意是"图解"、"纲要"、"概略"。在心理学领域,图式是指"有组织的知识结构","是对范畴的规律性做出编码的一种形式"。[①] 图式可以表征不同抽象水平的知识,是人们从事认识和表述知识的方式,是认识中所投入的个体先在结构或前结构,它是个体已有经验、知识以及意识观念的最集中的体现。在此,认知图式是指学习者以往学习经验积累所形成的知觉与评价的理论知识体系,"除了个体原来已拥有的知识、已形成的认知结构以外,还有个体所具有的情感、意志以及包括道德在内的各种价值观念、世界观,乃至无意识心理活动等等"[②]。在一般学习活动中,学习者面对同样的学习对象,所理解和接受的程度是不均等的、存在差异的,这除了个体间不同的需求意识和学习偏好所致外,学习者的"认知能力和知觉定势使得他们关注某一事情而忽视其他事情"[③],即学习者的认知图式扮演了十分重要的作用。

认识图式不仅规定着学习者选择、设定学习内容的范围,而且规定着对学习对象的属性、学习内容层次的选择。认知图式不同,学习者选择的学习对象的范围就不同,选择的学习方向就不同,纳入学习的客体对象的深度、广度就不同。学习者的学习对象实际上是他们的认知图式积极构建和知觉的对象化的客体,能够被认识图式所吸纳的信息优先被确立为学习对象。社会观察学习理论认为,信息"必须以符号方式表征

---

① 陈琦、刘儒德:《当代教育心理学》,北京师范大学出版社2007年版,第256页。
② 鲁洁、王逢贤:《德育新论》(第二版),江苏教育出版社2002年版,第98页。
③ [美] 班杜拉著:《思想和行动的社会基础:社会认知论》,林颖等译,华东师范大学出版社2001版,第70页。

在记忆中",这样才有利于"信息的转换和重建"。①所以,在思想政治理论课程学习过程的初始阶段,学习信息在认识过程中必然要经过认识图式系统的"筛选",不合适的信息被筛选掉,适合的则被保留下来;同时认识图式把复杂的学习内容加以简化和符号化,将学习内容某一属性或某些属性显现出来,继续进行确定。认识图式的结构和性质在很大意义上决定所容纳、接受的学习信息的深度和广度。认知图式对学习信息的这种初级"加工"不是简单地罗列堆积,而是有意识地进行分析、比较、归类、整合,提高到理性层次。认识图式的作用不仅仅是整理学习信息的活动,而且是运用内部的知识理论结构处理外部学习信息的活动。一般而言,"对新输入的信息进行加工要利用已存储的知识,把这些旧信息增添到新信息上面来"②。认识图式不同,对学习信息理解的角度就不同,所理解的学习层次就不同,整合的结果也自然不同,最终形成的思想政治观念结构也就不同。认识图式对学习信息的初级"加工"过程,也就是学习者运用理性思维能力的过程。

从作用方式上来分析,学习者认知图式是通过思维工具的思维方式与作为思维原材料的知识经验结构两部分产生作用的,它们对学习活动又具有不同的作用。

第一,思维方式的作用。思维方式乃指学习者思维系统中的思维方法、表达形式(逻辑的与非逻辑的)等诸要素相结合和运用的方式。在学习活动中,对信息客体的加工水平主要取决于思维方式的性质。科学的思维方式和思维方法不仅是缩短理解过程、提高学习效率的前提,也是保证学习者选择的正确性、形成科学世界观、人生观和价值观的必备条件。一方面,它直接规定着学习者观察问题、分析问题的角度和具体方法,通过综合、分析、抽象、演绎、归纳等思维形式的演绎控制着对学习信息的加工过程,使学习者有针对性地从思维结构中提取相关知识和经验与学习信息进行比较,并按照固有的价值标准和知识标准对新

---

① [美]班杜拉著:《思想和行动的社会基础:社会认知论》,林颖等译,华东师范大学出版社2001版,第74页。
② [美]司马贺(赫伯特·西蒙)著:《人类的认知——思维的信息加工理论》,荆其诚、张厚粲译,科学出版社1986年版,第117页。

旧材料评判筛选；另一方面，它为学习者完成新旧思想政治品德结构的整合、改造提供具体方式，并以此影响和决定着新建思想政治品德结构的质量和水平。第二，知识经验结构的作用。"在学习过程中对新事物或新的知识产生意义或理解时，都是以个体已有的经验为基础，与以前的知识或经验相互作用，即形成一种新的事物的意义与先前经验、知觉相结合的倾向。"① 所以，思想政治理论课程学习活动也是以一定的知识经验为中介、手段对学习信息进行感应、辨析、择取和加工。当外部学习信息输入时，学习者运用现有的理论知识和学习经验"全天候"地进行审查、诠释、评价和鉴定。这种包括理性经验在内的知识经验构成了学习者认知结构的原材料，它不仅是形成思维方式和价值观的物质基础，而且同两者一并形成学习者的思维模式，并以其结构的性质和特征形成学习者特有的认知视野，决定着学习者的认识能力和学习能力。如果学习者所具有的理论知识广阔、经验丰富、结构合理，那么他能够接受加工的学习信息量就越大，学习能力就越强。

简言之，认知图式是该学习活动顺利开展的内部思维发电机，正是由于认识图式的存在，使得该课程学习构成一种特殊的、自组织性的认识实践活动，并推动该学习活动和学习者的理论认识不断向前发展。

（二）情感体验机制

情感作为个体对所摄入的课程信息是否符合主体需要而产生的指向性心理体验，它能真实地反映个体的思想政治道德态度。乌申斯基在《人的教育的对象》中指出："无论什么——我们的言语、思想，甚至我们的行为，都不能像我们的情感那样清晰、准确地反映我们和我们自己对待世界的态度。"② 学习者所获取的课程信息若被有效地接受和内化，非得与学习者产生情感效应，并经过情感机制的选择，在情感体验中发生共振，才有可能进一步深入发展，否则将予以拒斥。

情感是理论认识转化为思想政治信念的重要条件，没有情感的投入

---

① 王希华：《现代学习理论评析》，开明出版社2003年版，第132页。
② 转引自吴俊：《道德学习研究》，吉林人民出版社2007版，第104页。

就谈不上真正意义上的思想政治理论课程学习。"从某种意义上说，在思想道德问题上只有理智与情感完全融合的时候，其判断才有可能是正确的。"① 思想政治理论课程学习过程中的体验是一种情感体验。在实际的情感体验活动中，个体的情感体验可分为"亲验"和"想验"，前者是指个体在亲自经历的基础上，实现角色的位移，达到身临其境的体验效果；后者是指个体通过想象在观念中进行的体验。② 一般而言，思想政治理论课程学习是以课堂为中心的文本学习，其情感体验主要是"想验"。学习者情感体验的生成是基于教育教学情境的创设，或是阅读文献过程中的体悟。如果学习只停留于文本的表面，而没有情感导向的体验学习，就难以避免其学习行为为功利性所驱动。

具言之，思想政治理论课程学习过程中的体验，是对该课程内容所蕴藏的思想观念和价值理念的体验，是学习者通过体验与反思获得求知和能力发展的过程。在体验中，体验者有所感、有所理解，才有所悟。没有对学习内容的深切感受和深刻理解，感悟便不会发生。感悟是无法传授的，只能由作为主体的体验者通过亲身感受和理解，才能获得。瓦西留克指出："人，永远使自己也只能是自己才能体验所发生的事情以及产生危机的那些生活环境和变化，谁也不可能代替他这样做，就像最有经验的教师也不可能代替自己的学生去理解所讲的内容一样。"③ 只有切身体验的东西，方能深入学习者的灵魂深处，成为个体思想政治观念的有机组成部分。凡是能满足或符合人的愿望的客观事物，就使人产生愉悦、喜爱等肯定性的情绪和情感的体验；凡是不符合人的需要或违背人的愿望的客观事物，便使人产生郁闷、厌恶的否定性的情绪和情感体验。马克思曾经提出："人作为对象性的、感性的存在物，是一个受动的存在物；因为它感到自己是受动的，所以是一个有激情的存在物。激情、热情是人强烈追求自己的对象的本质力量。"④ 情感是一种内在

---

① 张世欣：《思想政治教育接受规律论》，上海三联出版社2005年版，第151页。
② 参见刘惊铎：《道德体验论》，人民教育出版社2003年版，第76页。
③ [苏联] 瓦西留克著：《体验心理学》，黄明译，中国人民大学出版社1989年版，第9页。
④ 马克思：《1844年经济学哲学手稿》，人民出版社2000年版，第107页。

的力量，是由产生它的脑生理机制及整个生命机体的相应反应决定的，这种能量一旦受到外在的刺激即外化为情绪、情感。而情感体验对其学习活动主要发挥如下作用：①

一是导引作用。情感一般是学习活动的前沿存在，情感状态如何会直接影响到学习心理，成为学习活动的诱因。譬如，情绪良好可以促使学习者在学习过程中注意力集中，对学习内容产生兴趣，激发能动性，起到学习的导引作用。二是中介作用。在学习活动中，课程信息只有通过学习者积极的情感反应才能转化为学习者的接受意愿，才能使教师的教育教学要求转化为学习者接受的意愿，才能使社会的应然要求转化为学习者自身的实然状态，才能强化学习者的自我投入程度。三是判断作用。学习者的情感以满意或不满意的感受状态接受、指向、采纳某类信息，而忽略、回避与主体情感相违背的信息，情感便成为接受的一种尺度。四是强化作用。人的内在需要是学习的内驱力，情感可以激活或者抑制思想接受的内驱力，使之强化或弱化。情感可以使信息捕捉的敏感性强化，可以使学习者的思想承受力强化，可以使记忆、理解、巩固能力等强化。学习者还会强化引起自己高兴、愉悦等心理体验的信息内容，强化对这部分信息内容的学习行为。五是感染作用。学习者在学习活动中的情绪反应往往对周围人的接受心理产生影响，而学习者也往往从周围人的情绪反应中作出自己的接受评价。

由此可知，情感体验是学习信息转化的内在保证，个体的思想政治观念的形成在某种程度上是"情感体验的强化和过滤，以致逐步定向并迁移、泛化，最终实现价值体系化、人格化的结果"②。

(三) 认同接受机制

经由情感体验的学习信息，在很大程度上得到学习者认同，并准备接受。学习者如何认同接受，与其学习目标密切关联。思想政治理论课程学习活动作为系统的运行，无论学习者是否意识到，这一学习活动的

---

① 参见张世欣：《思想政治教育接受规律论》，上海三联书店2005年版，第151页。
② 鲁洁、王逢贤：《德育新论》（第二版），江苏教育出版社2002年版，第98页。

发展总有着明确的目标,并且一切学习活动都是围绕这一目标展开的,这正是目标系统导向作用的结果。这种目标系统是以世界观为核心的思想观念体系,是学习者思想的高层次结构,是学习活动的核心部分,是个体思想和行为的导向系统,它直接影响和决定个体的接受目标及其运行方向。个体的思想观念体系,既包含最高层次的理想信念,又包含人生观、价值观、道德观、历史观、社会观等一系列具体观念,它们均源于个体关于世界及人与世界关系的总的看法或总的观点。它们是学习者在学习实践、社会生活或是人生成长中形成和凝结的,又反过来参与和引导学习者具体的认识和学习实践活动。在个体的思想观念体系中,理想信念居于最高层次,就其本质而言,它是"人们对未来的向往和追求,是一个人的世界观和立场在奋斗目标上的集中体现,是人生价值取向的最高准则"[1],它是学习者自己认为正确并坚信不疑的思想观念,是学习者对未来发展的美好追求和愿景的集中体现。同时,价值观作为个体思想观念中非常活跃的因素,在该过程环节中扮演重要作用。因为"价值观主要是指人们对客观事物的一种认识和评价","从伦理道德方面来理解和认识一个事物之所以有价值,就是因为它能满足主体的物质的、精神的需要,能够正确地调整主体同客体的关系,对主体的生存和发展有重要意义"[2]。所以,价值观对学习者的具体学习活动起直接的定向作用,学习者每一种具体观念的形成和行动实践的开展都必须以个体的价值观参与为前提。由此可以看出,学习者的理想信念和价值观体现了他对世界、社会和人生认识、理解的基本态度,决定着他的人生追求目标和方向,它是学习者思想意识整体性和一贯性的集中体现,是学习者思想认识活动的核心和灵魂,它联结着学习过程中的各个方面如知、情、意、信等,从而保证学习活动具有明确的目的性和坚定的方向性。该学习的认同接受环节是通过学习者先在的理想信念和价值观发生作用的。

首先,理想信念的导向作用。理想信念具有指向性、确信性、稳定

---

[1] 张耀灿、郑永廷、吴潜涛、骆郁廷:《现代思想政治教育学》,人民出版社2006年版,第150页。

[2] 罗国杰:《以德治国与公民道德建设》,河南人民出版社2003年版,第130页。

性的特点。学习者总是根据自己的理想信念所遵循的价值准则,分析问题、评价信息,选择学习态度和学习行为。理想信念对学习者的学习活动具有明确的指向性或导向性。同时,理想信念作为学习者确信不移的思想观念,比一般性思考对其行为的驱动更坚定、持久、有力,所产生的精神动力愈加强烈。学习者先在的理想信念总是以其鲜明的人生态度和政治倾向性规定着学习活动的态度和立场,并引发学习者的学习需要和学习动机。学习者的学习需要,首先是一种精神需要,即学习内容是否满足学习者求知或发展自身能力的需要,当然它是同一定的世界观、人生观观相联系、相适应的。由于理想信念对学习信息的判断,是建立在人生追求和未来发展期望的基础上,具有一定的内在倾向,一旦学习信息满足需要,就形成价值认同,并为内在的思想观念结构所接受。所以,先在理想信念作为一种内在的客观力量,必然驱使着学习者有目的、有选择地认识和理解所接触的学习信息。

其次,价值观的定向作用。思想政治理论课程学习活动是一种思想政治价值观的建构活动,面对外来学习信息的刺激,学习者总是依据先在的价值观念,基于人生阅历、学习经验以及对社会、历史的看法,对学习信息进行价值分析和理解,作出相应的价值判断,形成一定的思想观念和追求取向。"这一方面导致学习者对学习信息进行主动的选择、判断、接受,另一方面这些思想观念的多次重复就逐步形成为学习者的思维定势,即决定同类后继心理活动趋势。在该学习环节,先行者的价值观念正是通过思维定势机制,产生同化或顺应作用,驱动或抑制学习活动的发展,并吸纳和改造学习信息,为先在的知识观念结构增添新的认识内容。一般而言,学习者的内在机制常常接近的只是那些属于已有知识和观念的'坐标网'范畴内的东西,总是选择与其价值观念相符合的学习信息,而舍弃与其不符合的信息,从而使接受的内容带有明显的价值规定、价值倾向,成为对自己'有用'的接受。"① 美国心理学家费斯汀格(Leon Festinger)的"认知失调论"也解释了这一现象:

---

① 参见徐永赞:《思想政治教育接受过程研究》(博士学位论文),吉林大学2006年,第122页。

接受者总是回避同自己原有认知要素对立的信息,而积极地接触与之协调的信息。一旦接触到不协调的信息,要么弱化认知要素和信息的不协调关系如重新寻找协调信息,要么故意歪曲不协调的信息。① 这也从心理学角度印证了价值观在认同接受环节发挥定向选择的作用。

(四) 整合内化机制

整合内化是其学习内在过程的最后一个阶段,但也是最为重要的环节。所谓整合,即"把两个或两个以上的事件与思想观点联系在一起,找出相互之间的关联,进行建构活动"②。在此,整合是指学习者运用内在思维框架对已接受认同的学习信息予以吸收、融合,进而生成为个体思想政治观念的建构活动。思想政治理论课学习过程的整合即把新进的理论认识与原有的理论认识集合起来,使之产生内在联系,经由思维机制的加工,产生新的思想政治观念结构的创造活动。由于课程内容信息与学习者原有思想观念存在一定的差异,构成不同的性质,因而呈现形式多样的整合方式:一是同化整合,即新进的课程内容信息与学习者原有的思想政治观念结构契合,学习者就会融解接受它,丰富和提升原有的思想政治观念结构体系。二是顺应整合,即新进的课程内容信息与学习者原有的思想政治观念结构不同质,存在性质或结构的差异,此时思维加工的难度加大,需要学习者在求同存异的基础上进行融解,或者承受其差异合理性,然后进行权衡和自我调整,渐进吸收整合;或者采取冷处理方式,搁置新进的课程内容信息,暂时存而不论,随着学习过程的深入推进,学习者认识的提高,思想观念的转变,其间可能会出现柳暗花明、茅塞顿开、幡然醒悟的境界,这时思维加工机制便重新运转,接纳该课程内容,并与原有思想政治观念结构融合,实现突破性建构。但无论怎样,这两种整合过程和方式均是学习者思想政治观念结构和内容产生质的改变的途径,显示了学习者强烈的主体性。

---

① 参见〔美〕费斯汀格著:《认知失调理论》,郑全权译,浙江教育出版1999年版,第27页。
② 李芳云、张世欣:《论思想政治教育的接受机理与接受过程》,载《探索》,2004年第4期,第97页。

课程内容信息被整合之后，继之而起的是将其转化为自身的思想意识，进行内化作用。一般认为，"内化是人对外部事物通过认知转化为内部思维的过程。"① 但在道德教育过程中，内化作用比个体的认知学习更具有深刻意义。法国社会学家迪尔凯姆就认为，社会本身具有超越于个人意识之上而独立存在的规范体系，这些规范通过内化过程，植根于个人意识之中，并指出："道德是一个命令的体系，而个人良心只不过是这些集体命令内化的结果。"② 美国社会心理学家凯尔曼在对价值内化过程三阶段的描述和揭示中也认为，内化之所以重要，不同于"顺从"、"同化"等环节之处就在于通过内化，个体真正从内心深处相信并接受他人或集体的观点，"在思想观点上与他人一致，将认同的思想同原有的观点、信念融为一体，构成一个完整的价值体系"③。

由上可知，思想政治理论课程学习过程的内化就是学习者将经过整合后的课程内容信息消化吸收，融入自己的思想意识之中，变为自己思想政治观念体系的有机组成部分，成为支配、控制自己思想、情感、行为的内在力量的过程。值得注意的是，其学习过程中的整合和内化不是两个截然分开的过程，信息经由整合必然转向内化，而整合后信息也有利于内化，整合为内化准备了基础和条件，内化则是整合的进一步发展和结果。

整合内化在学习过程中之所以是最为关键的环节，是因为对于一个自我思想意识强烈的个体，其行为总是受到思想意识的支配。该课程内容作为学习对象为学习者所真正接受，并成为其行动的指南，必须首先融入学习者的思想意识之中，获得发自学习者内心的认同感，成为学习者思想政治观念的一部分。唯有如此，才能实现从"社会要我这样做"到"我要这样做"的转变，否则只能是肤浅的、表面化的学习，不是真正有效的学习。所以，要想真正达到学习目的，使学习者真正

---

① 张耀灿、郑永廷、吴潜涛、骆郁廷：《现代思想政治教育学》，人民出版社2006年版，第334页。

② 转引自鲁洁、王逢贤：《德育新论》（第二版），江苏教育出版社2002年版，第356—357页。

③ 同上，第358页。

吸收教育内容，必须要经受整合内化环节的"考验"，使学习内容深刻镶嵌于其思想观念的深处，从而建构崭新的政治思想观念和价值思想体系。

整体来看，由于每个过程机制在整个学习过程所承担的任务各异，上述四个依次相续的学习过程机制发挥作用的方式和形式各不相同，对思想政治理论课程信息进行不同程度和不同层次的"加工"，从而实现对该课程信息的转化和建构。但同时，由于各过程机制均处于一个完整、连续的信息处理系统之中，虽然各成分之间的功能不同，但它们之间存在前后相续、上下递进的关系，相互联系、相互转化、交织渗透，促成课程信息的流动与转化。具言之，首先，认知获取机制是学习过程的初始环节，是其学习过程的起点，若课程信息未被获取，或未进入学习者的视阈，那么整个系统就无法运转、加工，处于闲置或停工状态，亦即学习者还未开始进入学习过程或不学状态。因此，认知获取机制是学习过程发生的前提和基础，是其学习的起点。其次，情感体验机制具有学习的导向作用，是学习信息转化的催化剂，是课程信息被有效接受、转化的重要一环，课程内容和课程信息在何种程度上被接受、被认同，有赖于该机制的协作作用；从表面上看这是教学策略、教学手段的结果，但从深层次上看，这与学习者的理论素养、成长经验和发展目标需要密切关联，毕竟体验是学习者发乎自我的心理感受活动。所以，情感体验机制是课程信息的过滤器，是其信息被有效转化的重要保证，是整个系统的中枢环节之一。再次，经过筛选、过滤的课程信息进入到认同接受机制，就意味着其信息的"深加工"和磨合，被纳入学习者原有知识理论和价值体系之中，成为思想观念和价值体系的生长点，因而该环节是学习过程的节点和变化的临界点。最后，通过上述三个机制的作用，该课程信息发生质态变化，不仅使学习者原有的思想观念内容得到质的提升，而且使原有思想价值体系结构得以重构，确立和建构起具有新内涵的思想观念体系，实现了课程学习的目的。这一切变化和发展皆在整合内化机制之中进行。因此，整合内化既受制于认知获取机制、情感体验机制和认同接受机制这三个学习子过程，又决定着这三者的发展方向和性质，是学习过程的终端和归宿，具有决定性意义。总之，思想政治理论课程学习的过程机制相互作用、相互促进、前后连贯，共同推进学习过程的发展，从而保证该课程学习的目标实现。

三、对思想政治理论课程学习过程规律的认识

思想政治理论课学习过程是在教师教育教学引导下发生、发展的，与此同时，学习者作为自主意识强烈的个体，能动地参与到学习过程之中，该学习过程的推进在某种程度上为学习者所掌控，这表明该学习过程并非盲目地、自发地，而是有序地、自觉地产生运动。因此，该学习过程在其发生、发展中就体现了本身所固有的本质的、稳定的、区别于其他活动的必然联系和发展趋势，即学习过程的规律。列宁深刻阐明："规律和本质是同等程度的概念。""规律就是关系……本质的关系或本质之间的关系。"① 也有研究者指出："如果说本质关系是规律性的深层规定，那么，'必然'则更接近规律本身，两者甚至可以在同一意义上使用。因为，规律和必然都是在'确定不移的趋势'的意义上表征事物的本质关系。"② 对思想政治理论课学习过程而言，虽然有作用规律贯穿于其学习活动的全程，反映学习活动的诸方面特征，体现学习活动的发展趋势。但要将该学习过程中的规律准确、深刻地揭示、概括出来却比较困难，这是由于该课程学习过程的复杂性所致，这种复杂性既来自学习课程、学习媒介、学习环境等因素综合作用而生成的复杂性，也来自学习者内在作用机制的复杂性。

根据该课程学习过程的发生、发展特点以及其所显现的发展趋势，本书初步形成和概括了对该学习过程的规律性认识，③ 试图通过这些规律性认识，以正确把握该学习的发展趋势，改进和提升学习活动的效

---

① 列宁：《哲学笔记》，中央党校出版社1990年版，第168页。
② 张澍军：《德育哲学引论》，人民出版社2002年版，第241页。
③ 本书对思想政治理论课程学习过程的规律性认识的概括和总结，是受到接受理论的启示，其中所阐述的规律直接受益于王敏所著《思想政治教育接受论》中相关内容。尽管接受和学习这两种活动存在一定差异，但它们的内在的运动过程类同，必然呈现出近似的规律性内容。详见王敏：《思想政治教育接受论》，湖北人民出版社2002年版，第168—173页。

果，实现既定的学习任务和学习目标。

（一）自主建构与外力作用相统一

思想政治理论课程学习过程是该课程学习系统各要素相互作用产生的矛盾运动的过程。这些要素相互联系、相互制约、相互作用，共同规定了思想政治理论课程学习过程的方向、性质、程度等。这些因素可分为两类，即学习者主体因素和与主体活动相关的外在因素。基于此，本书认为该学习过程是自主建构与外力作用相统一的过程，是该学习过程诸要素的本质联系及基本矛盾运动的必然趋势。所谓自主建构与外力作用相统一，是指思想政治理论课程学习活动实质是学习者个体自主建构的能动活动，表现出积极的主观能动性；同时该学习活动又要受到来自外力因素的作用和影响，如受教师教育教学指导、学习环境等因素的制约，是受动的产物，二者互相影响、相互作用，是能动与受动的辩证统一。

在思想政治理论课程学习活动中，学习者主体的自主建构与外力作用是相互作用的。学习的自主建构表现为学习者自主选择和自主发展的能力。这种学习的自主建构主要展现在三个方面：首先，学习者具有选择课程内容的指向能力，这种能力来自学习者的学习需求和认知图式。由于学习需求的存在，学习者总是根据预先的学习目标，选择自己所需要的或认为有价值的课程内容，并利用自己已有的认知图式进行归整。如是，学习者按照自己明确的学习指向，不但敏锐而投入地吸收新的学习信息，获得理论认识，而且能够突破自己原有思想意识及思维的定势，实现自身思想政治观念的提升。其次，学习者通过内在心理机制完成对课程内容的整合内化。如前所述，任何课程内容都要经过一系列内在机制的加工才能内化为学习者的思想政治观念，缺失其中任何一个环节均不能使该学习活动继续开展下去。第三，学习者根据学习活动的发展态势不断调整学习的节奏和进程。任何学习活动都不可能是一帆风顺、直线演进的，总是遭遇诸多学习难题或外在的干扰，何况思想领域内的学习建构活动。所以学习者能够根据反馈的信息或理解思路不断调节自己的学习活动，外界的反馈最终也要通过自我反馈来实现对学习活动的影响。然而，学习者的自主建构并非无任何条件限制的、自为自在的实践活动，其能动性的发挥不可能离开一定的学习条件和学习环境，必然要受到诸多外在因素的影响和制约。首先，社会的意识存在制约着学习者的主体能动性。在此，"社会的意识存在"特指社会、学校、群体对思想政治理论课程的态度、要求和期望，它们从不同侧面、不同程度地影响着学习者的学习动机、学习态度、学习期待等，必然激发或抑制着学习者主观能动性的发挥，必然制约着该学习活动的有效开展。其次，外在学习环境因素的复杂影响。环境因素不同于学校教育的因素，其影响异常复杂，具有不可预控性的特点。它对思想政治理论课程学习活动的影响既有正面的强化作用，如社会涌现的先进榜样人物就会对该学习活动产生积极效应；又有负面的消解作用，如少数社会腐败现象则不可避免地影响学习者的思想观念，带来思想困惑。一方面，多元化的信息传播形式拓展了学习者的学习方式和学习手段，丰富了学习信息的表达形式，加快了学习信息的传递进程；另一方面，多元化社会文化思潮的激荡，虽开阔了学习者的视野，但又明显影响、干扰着学习者的主体认识。

　　如果在理想状态下开展思想政治理论课程学习活动，外力作用对该学习活动的影响应当发挥正面的、积极的作用：一是导向作用。外力如教师和学校通过各种教育性因素，通过各种方式和途径，对学习者的价值观念和思想品德进行导向，影响学习者的学习方式乃至学习能力，从而决定学习者的价值取向。二是调整作用。外在因素不仅调整着学习者自主建构的程度、水平和层次等，而且通过价值观念、社会评价、目标定位等规范和调整该学习活动的推进。值得注意的是，学习条件、学习媒介、学习环境等外在因素在学习活动的开展过程中，产生的作用仅仅是提供外在刺激，而"所有刺激都要通过结构的过滤才能输入"①，即一切外在的刺激只有经过学习者的主观努力才能发挥作用，即在学习实现的过程中，学习者自身所发挥的作用才是内在的、决定性的。

　　总之，思想政治理论课程学习活动既受学习者主体能动性的影响，

---

① 鲁洁、王逢贤：《德育新论》（第二版），江苏教育出版社2002年版，第73页。

又为外力作用所影响、制约。自主建构更多体现了学习者自主发展的要求，外力作用更多反映了社会的态度、愿望和要求。思想政治理论课程学习活动的发生和发展，虽然有赖于学习课程、学习媒介、学习环境对学习者的刺激，但根本是由学习者这个主体作出反应、选择和自主建构的。其中自主建构是能动的、主导的，决定着学习活动的发生、发展，尽管外力在一定程度上制约着学习者的能动性，影响着能动性发挥的程度，但毕竟是有限度的、阶段性的影响，最终受制于学习者主体的能动性。因此，思想政治理论课程学习必须坚持学习的主动性和主导性相统一的原则，积极发挥学习者的能动性、主动性不仅仅是满足学习者的需要，也是为了进一步改善和提升学习的主体性，使该课程学习这个充分体现着人的主体能动性的思想建构活动与社会主流的主导价值目标的指向相吻合。自主建构与外力作用相统一的运动特征揭示了思想政治理论课程学习过程的基本矛盾发展的必然趋势，体现了思想政治理论课程学习的本质。

（二）需要驱动与自我提升相统一

需要驱动与自我提升相统一是指在思想政治理论课程学习过程中，学习者的学习需要是该学习活动发生、发展的原动力，而在此基础上的自我提升是推进该学习活动深入发展的又一动力源。它也是贯穿于该学习过程之中，是自主建构与外力作用规律相统一这一根本运动特征的具体展开。

马克思强调把人和社会联系起来的唯一纽带是需要。① 前苏联学者伊·斯·马里延科在《德育过程原理》一书中阐述了学生需要与德育的关系："学生参与到各种社会关系之中，就会引起他们各种不同的需要。学生个人道德教育进展是否正常，要看这些是否得到满足。"而且"生活条件、环境条件通过需要与对周围现实的关系的折射以另一种形式反映出来，间接地影响学生的德育发展"②。这对于认识需要对于思

---

① 《马克思恩格斯全集》第1卷，人民出版社1956年版，第439页。
② [苏联]伊·斯·马里延科著：《德育过程原理》，牟正秋、王明辉译，人民出版社1985年版，第65页。

想理论课程学习的作用富有启发意义。从某种意义上讲，思想政治理论课程学习活动也就是通过满足学习者的各层次需要而激活其行为动机。思想政治理论课程学习活动要得以进行，首先要有学习的需要，然后才能发动、推动该学习活动的进行。思想政治理论课程学习活动是在学习者自身需要的驱动下进行的，需要构成该课程学习活动的出发点和归宿，反映了学习者的能动性。学习者是具有一定程度文化修养和理论修养的个体，充满成才成长的强烈需要。学习者的需要主要是指精神性需要，而这种精神性需要主要分为成长需要和成才需要。在这两种需要当中又有层次性区别，不同层次的精神性需要在学习者不同学习发展阶段产生的驱动力不尽相同，对学习活动的推动力也有相应差异，但皆表现为精神性需要驱动。究其根本，学习者的需要本质上是社会性的，是被社会发展需要客观地决定的。这种学习需要既具有社会性，是社会发展方向、发展目标的微观体现；但同时又具有个体性，即适应学习者成才成长的需要。需要越强烈，学习者的学习活动就越具有内在的驱动力，这种驱动力具有强烈的指向性和推动性，不但决定着学习对象和学习内容，提出和设定学习目标，还反映了其学习态度和价值倾向，从而把学习者主体系统中的其他要素有机地结合起来，推动学习活动的开展。

然而，学习需要必然随着学习活动的不断深入也不断地向更高层次发展。其学习需要在满足、实现一定学习目标的基础上，学习需要的内容和质量必须得到更新、发展，否则无法进一步推进学习活动的发展，这就表现为学习者在学习活动中的自我提升。马克思主义理论认为，人是能动的实践主体。学习者的自我提升与主体能动性密切相关，源于其发展期待，正是丰富的、个性的发展期待决定着该学习活动的深入发展，反映了不同的学习层次、学习特征。学习者的发展期待是多种因素综合的结果，如学习者的知识结构、理论修养、个性禀赋、人生阅历等。学习作为主体性的能动活动，创造性是其最高表现形式，这种创造性表现为学习对象在理解、选择过程中，通过自我更新，达到自身的超越。那么，学习者的自我提升表现为思维方式的调整、知识理念的更新，以及对自身经验、观点和思维方式的批判否定，直至思想观念的转变，等等。否则，该学习活动就无法持续深入发展，学习者的"先在立场"必然制约着学习者本身的能动性和创造性。诚如马克思所言："人不是由于有逃避某种事物的消极力量，而是由于有表现本身的真正个性的积极力量才获得自由。"① 只有实现发展期待，进行自我提升，才会真正意义上调动学习者的能动性。

思想政治理论课程学习过程一方面由学习者的学习需要发动、展开，使该学习活动获得动力，另一方面，又需要学习者发挥主观能动性，自我提升，为该学习活动提供永续动力，这两种力量辩证统一，合力推进该学习活动深入发展。

四、思想政治理论课程学习过程的本质

前文对思想政治理论课程学习过程及作用机制作了简要阐述，主要透析了其学习内容是如何实现转化的。为了对其学习过程有更深刻的认识，有必要探讨该过程的本质。对该学习过程本质的认识，既是对思想政治理论课程学习本质的回应，又是其认识的深化和引申。

思想政治理论课程学习是一种价值性学习，学习的目的是学习者树立和建构正确的思想政治观念，即马克思主义的世界观、人生观和价值观。认识和把握该学习过程的本质就是要从这个关键环节进行剖析。思想政治理论课程学习活动不是纯粹的个体的认识实践，该学习活动是以教师的教育教学指导为主导、各种教育因素综合作用下的自主建构过程，这一过程是互动的，不是单向度的，它是教师有目的地传递社会主流的政治、思想、道德等观念，使学习者接受、继承，即有选择地吸收、构建的特殊的认识发展过程。从这个意义上来说，该学习过程就是接受一定的思想、政治、道德等意识形态内容的过程。如果从心理学角度来理解，这是"获得客体经验的学习"② 过程。若按照社会学的相关理论来理解，社会主流的思想政治观念作为社会文化是精神形态的东西，可以借助于各种载体如学校教育进行传递和继承。英国哲学家黑尔

---

① 《马克思恩格斯全集》第2卷，人民出版社1959年版，第167页。
② 莫雷、张卫等：《学习心理研究》，广东人民出版社2005年版，第43页。

认为，人类学习是原则的学习。没有原则，我们就无法从我们前辈那里学到任何东西①。所以，对社会思想观念的接受和继承是通过学习者个体的学习活动来实现的，即通过学习来了解、掌握这些思想体系的范畴、原则、规范，使之内化为个体思想政治观念。因此，思想政治理论课程学习过程是学习者思想政治观念的形成、发展过程，既不同于其教育教学过程，也有别于社会主流思想价值观念的形成、发展过程。对于学习者来说，主要是如何学会有效地掌握和接受既有的社会主流的思想、政治、道德观念并践行之。一个人在社会生活中，不可能不呼吸"精神的空气"，不可能拒绝所有的意识形态，否则他不可能在社会生活中生存和发展。只有通过传统和教育，认同一定的主导意识形态，才可能得到这个社会的认同。② 这个过程事实上是进一步扩大了社会主流思想政治观念的社会影响和社会作用。在该学习过程中，学习者不是消极被动的个体，相反，学习者作为学习的主体主动参与到教师的教育教学过程中，积极地认识、获取、体验，甚至践行，使社会主流的思想政治观念转化为自己内在的精神财富；学习者不仅掌握和接受了现成的马克思主义思想体系如政治观点、道德规范等，在学习过程中还发展着自己的理论思维能力、价值分析能力，不断提高思想政治品德能力；在以后的社会实践中，学习者作为行为主体与客观世界相互作用、相互影响，即在认识和改造客观世界的过程中改造自己的主观世界。因此，思想政治理论课程学习过程实质是思想政治观念的个体化与个体思想政治观念的社会化的统一过程。

思想政治观念的个体化与个体思想政治观念的社会化是思想政治理论课程教育教学目的的根本所在，是该课程功能的集中体现。在此，个体思想政治观念的社会化是特指学习者接受、认同社会主流的政治观点、思想准则和道德规范的影响，逐步内化为主体的理想信念，并再"外化"为行为实践，成为中国特色社会主义事业的建设者和接班人。所谓思想政治观念的个体化，是指社会主流思想政治观念即马克思主义

---

① 参见［英］理查德·麦尔文·黑尔著：《道德语言》，万俊人译，商务印书馆2004年版，第60页。
② 参见郑永廷等：《社会主义意识形态研究》，中山大学出版社2001年版，第251页。

的世界观、人生观和价值观向寓于个体形式转化，即成为个体的思想价值信念。思想政治观念的个体化与个体思想政治观念的社会化是同一学习过程的两个方面，该学习过程是二者统一的过程。也就是说，思想政治理论课程学习过程是一种有目的的社会主流的思想价值观念传递与学习者个体思想政治观念发展、提升相统一的过程。

第五章　高校思想政治理论课程的学习策略

"如何有效学习"或"如何学习得有效率",即"会学"问题是一般学习研究和实践的最终落脚点。学习者运用相关学习策略指引自己学习就是"会学"的主要标志。① 因为"学生最重要的学习内容是学习策略,即学会学习"②。学习策略的运用是学习者在学习过程中为了实现学习目标,依据学习规律和学习情景的特点,创造性地、巧妙地对学习过程进行有效系统决策和实施的活动。学习策略的正确运用是学习者对学什么、为什么学、如何学、何处学等问题综合把握的结果,是衡量个体学习能力的重要尺度。学习策略问题对于思想政治理论课程学习同样至关重要,无论是理论原理、概念的理解和掌握、理论知识的迁移运用、疑难困惑的解决,均离不开一定学习策略的运用。因此,展开对思想政治理论课程学习策略的研究,把握该学习策略内涵、特征和结构,探讨其应用实践,能为学习者进行有效学习提供必要的指导和行动方案。

一、思想政治理论课程学习策略的基本认识

思想政治理论课程学习策略是一般学习策略的子系统,是学习策略微观化、具体化发展的重要体现。那什么是思想政治理论课程学习策略呢？要正确把握这个概念,显然要从理解学习策略这个上位概

---

① 参见沈德立：《高效率学习的心理学研究》,教育科学出版社2006年版,第26页。
② 李洪玉、何一粟：《学习能力发展心理学》,安徽教育出版社2004年版,第104页。

念入手。

（一）思想政治理论课程学习策略的含义

涉足学习策略探讨，要从学习策略这个基本概念着手，即对"什么是学习策略"和"学习策略包括什么"等基本问题进行梳理和分析，这是理解和认识思想政治理论课程学习策略的前提和基础。

1. 学习策略含义的梳理

自1956年美国心理学家布鲁纳（Brunner）等提出"认知策略"（Cognitive Strategy）的概念后，学习策略的研究因之而逐步形成和确立起来。[①] 20世纪60年代后期，随着认知心理学的发展，认知过程的研究取得了长足进步，学习策略（Learning Strategy）的概念也由此引起教育学界和心理学界的极大关注，学习策略的研究迈入了广泛的、系统的探讨阶段。

国内的学习策略研究起步较晚，由于研究初期着重于对外显的程序、方法和步骤的研究，忽视了相对内隐的规则、系统的研究，所以学习策略研究在我国长期被称为学法研究。它兴起于20世纪70年代末80年代初，大致经历了两个发展阶段：1979年至1986年为自发研究阶段；1987年开始进入自觉联合探索的阶段。到20世纪90年代，随着研究的逐渐深入，我国对学习策略的理论和实证研究进入了新的发展时期。其特点是：力图和国外先进理论相结合进行研究；针对教学过程中的实际问题进行研究；研究范围扩大，不仅包括阅读、问题解决等学习认知领域中的策略。还包括动机激发、情绪调节、学习自我监控等非认知领域的策略；研究中重视使用实验方法定量分析，科学性增强。[②] 总体来说，学习策略研究的成绩斐然，形成了具有本土化的研究特色和研究成果。

综合来看，国内外研究者从不同视角、不同侧面和不同维度对学习策略开展理论探讨与实证研究，取得了突出的理论与实践成果。但由于

[①] 参见皮连生：《知识分类与目标导向教学——理论与实践》，华东师范大学出版社1998年版，第28页。

[②] 张大均：《教与学的策略》，人民教育出版社2003年版，第20页。

研究视角和研究方法的不同，目前，关于什么是学习策略的观念，尚无一个确切的、统一的定义，存在多种看法和观点。概括起来，主要有以下三种观点：①

第一，学习策略是学习的程序、方法及规则。如梅耶（Mayer, 1988）认为："学习策略是学习者有目的地影响自我信息加工的活动。"这里，他指的主要是运用记忆术、画线、做笔记、列提纲等一系列外显的学习行为。里格尼（Rigney, 1978）认为，"学习策略是学生用于获取、保持、提取知识和作业的各种操作与程序。"杜菲（Duffy, 1982）认为，"学习策略是内隐的规则系统。"国内研究中就有如是定义，如史耀芳（1991）指出，"学习策略是学生在学习过程中，为达到一定的目标，有意识地调控学习环节的操作过程，是认知策略在学生学习活动中的体现形式，它在一定程度上表现为学习方法和技巧。"黄旭（1992）也认为："学习策略指的是个体在特定的学习情境里，用以促进其获得知识或技能的内部方法之总和。"②

第二，把学习策略视为学习计划。如德瑞（Derry）认为学习策略是学习者为完成学习目标而制订的复杂的计划。伍尔夫克（Woolfolk）认为学习策略是为完成某种学习任务制订的一般计划。国内研究者也有类似的主张，如张大钧（1999）认为："学习策略是学习者用以提高学习效率的一般性的整体谋划③"；陈琦、刘儒德（1997）认为："学习策略是学习者为了提高学习的效果和效率，有目的有意识地制订的有关学习过程的复杂的方案。"④

第三，学习策略是学习方法和学习调控的统一。如信息加工理论认

---

① 本书关于国外学者对学习策略的研究现状理解和认识，是来源于国内一些教育心理学和学习心理学方面的著作，主要参考以下著作：沈德立：《高效率学习的心理学研究》，教育科学出版社2006年版，第183—184页；陈琦、刘儒德：《当代教育心理学》，北京师范大学出版社2007年版，第363页；刘电芝：《学习策略研究》，人民教育出版社2001年版，第2—3页；张大均：《教育心理学（第二版）》，人民教育出版社2004年版，第246—248页；张大均：《教与学的策略》，人民教育出版社2003年版，第17—18页。
② 转引自史耀芳：《二十世纪国内外学习策略研究概述》，载《心理科学》，2001年第5期，第586—587页。
③ 张大均：《教与学的策略》，人民教育出版社2004年版，第18页。
④ 陈琦、刘儒德：《当代教育心理学》，北京师范大学出版社2007年版，第363页。

为学习策略是在信息加工过程中学习者对各环节加工所使用的方法和技术，以及对它们的控制过程。尼斯比特（Nisbet）认为："学习策略是选择、整合、应用学习技巧的一套操作过程。"丹瑟路（Dansereau, 1985）认为，"学习策略是能够促进知识的获得和贮存，以及信息利用的一系列过程和步骤"。斯腾伯格（Sternberg, 1983）指出，学习中的策略（他称为"智力技能"）是由执行的技能（executive skills）和非执行的技能（nonexecutives skills）整合而成，前者指学习的调控技能，后者指一般的学习技能。他还指出，要达到高质量的学习活动，这两种技能都是必不可少的。[1]

国内持这种观点的研究者也有一些，如魏声汉（1992）指出，学习策略就是"在元认知的作用下，根据学习情境的各种变量、变量间的关系及其变化，调控学习活动和学习方法的选择与使用的学习方式或过程"。如胡斌武（1996）对学习策略的定义为："学习者为达到一定的学习目的，在元认知的作用下，根据学习情境的特点，调节和控制学习方法选择与使用乃至调控整个学习活动的内部学习方式或技巧。"刘电芝（1997）认为，学习策略是指"学习者在学习活动中，有效学习的规则、方法、技巧及其调控。它既可是内隐的规则系统，又是外显的程序与步骤"；[2]蒯超英（1999）认为，"学习策略是指在学习情境中学，学习者对学习任务的认识，对学习方法的调用和对学习过程的调控。"[3]

综括上述研究来看，国内外研究者对学习策略的研究认识逐渐趋同，没有本质性的区别。国内在此方面的研究或是借鉴了国外的研究成果，或者是研究交流深化的结果。但目前国内的学者大都趋向第三种观点，[4]将学习策略看做是学习方法和学习调控的统一体，既包括学习的方法及使用这些方法的程序，又包括对学习过程进行调节和控制的技能。这种界定不但阐明了构成学习策略的因素和学习策略的实践表现，

---

[1] 转引自史耀芳：《二十世纪国内外学习策略研究概述》，载《心理科学》2001年第5期，第586—587页。

[2] 同上。

[3] 蒯超英：《学习策略》，湖北教育出版社1999年版，第29页。

[4] 沈德立：《高效率学习的心理学研究》，教育科学出版社2006年版，第183—184页。

而且揭示了学习策略既有内隐性特点,又有外显性特点。这说明学习策略是外显性和内隐性的统一,学习规则、学习调控属于内隐的内部意向活动,而学习方法与技巧的执行过程却是外显的。其中内隐性是其显著的属性,有研究者指出:"学习策略是一种特殊的程序性知识,其作用也是解决'怎么办'的问题。但其与一般的程序性知识不同的是,它不是解决外部世界'怎么办'的问题,而是解决内部世界怎么办的问题,即如何调节和控制自己的认知活动,以提高学习活动的效率。"[1]

根据上述梳理和分析,我们将学习策略定义如下:学习策略是指学习者为了实现一定的学习目标和学习任务,依据学习任务和学习情境的特点,结合自身学习状况,自觉调节和控制学习内容、时间、程序、步骤和方法的意向选择活动方式。学习策略的运用是一个动态过程,它的建构和使用往往要经过两个过程:一是对学习活动和方法的设计、选择和使用过程;二是对学习活动的调控过程。这两个过程常常伴随着情境的变化而变化,处于不断的运动和变化之中。根据这个定义,学习策略内在地包含三个方面的特点:第一,学习策略总是指向特定的学习情境和学习目标,是学习者为完成某一学习任务而采取的学习方式、程序、步骤、规则及调控方式等;第二,学习策略是针对学习过程的,它规定学习时做什么、不做什么,先做什么、后做什么,用什么方式做、做到什么程度等问题;第三,学习策略既是外显的操作程序与步骤,也是内隐的思维方式。

为进一步正确理解学习策略的含义,还可以通过区分学习策略与有关相近概念之间的关系,[2] 来弄清它的内涵实质。

第一,学习策略与学习方法。学习方法是学习者在一次具体的学习活动中为达到一定的学习目的而采用的手段和措施。它与学习策略的区别表现在:(1)具体的学习方法与具体的学习任务相联系,有较强的情境性,而学习策略既与具体学习任务相联系,又与一般学习过程相联

---

[1] 杨心德、蔡维静:《社会科学学习与教学设计》,上海教育出版社2005年版,第168页。

[2] 关于学习策略与其他概念关系的理解和认识,参见张大均:《教育心理学(第二版)》,人民教育出版社2004年版,第248—250页。

系；（2）学习方法经学习者反复运用，熟练掌握后，由学习者在具体情境中凭习惯加以运用，而学习策略则是经过对学习任务、学习者自身特点等各方面进行分析，反复考虑之后才产生方案或谋划；（3）具体的学习方法可以用来达到一定的学习目的，完成学习任务，但不考虑最佳效益，而学习策略则是以追求最佳学习效益为基本点。由此看来，学习策略的含义比学习方法更宽广，层次也比学习方法更高。学习策略并不等于具体的学习方法和技能，掌握了大量的学习方法，并不一定就具备了学习策略。学习策略不仅包括对学习方法的选择，还包括对学习媒介和学习形式的选择等，而且在具体的学习方法及其组合上也存在着策略问题。在学习活动中，学习方法为学习策略服务。学习方法是学习策略的基石，学习策略又通过对各种学习方法的选用而得到实现。但学习策略不是学习方法的简单堆积或串联，而是比学习方法更高层、更具一般性，是对学习方法具有统摄、规划、控制和调节作用的学习决策活动。在这学习策略执行活动中，通过对学习方式、方法的选择和运用，进而实现对学习活动的调控。第二，学习策略与学习方案。学习策略与学习方案既有区别又有联系。学习方案是对学习活动的总体设想和规划，是为学习策略服务的。学习方案的设计和实施反映和体现着学习策略的意图，反映的是学习策略静的一面。而学习策略的外延比学习方案更广、层次更高。学习策略不仅包括对学习方案的设计，而且包括对学习方案的选择和有效实施。学习策略通过对各种学习方案的设计和选用而得到实现，是对学习方案具有统摄、调控作用的学习策略活动。这反映的是学习策略动的一面，并随具体学习情境的变化而变化。第三，认知策略与学习策略。"认知策略是加工信息的一些方法和技术。这些方法和技术能使信息较为有效地从记忆中提取。认知策略可以分为复述、精细加工和组织三种。"[1] 从认知策略的含义来看，它与学习策略存在因果关系，认知策略的改进是学习策略改进的原因。虽然，认知策略有助于学习策略的发展，但认知策略并不等于学习策略。学习策略是比认知策略更广的概念，且学习策略是针对学习过程的。尽管学习活动离不

---

[1] 陈琦、刘儒德：《当代教育心理学》，北京师范大学出版社2007年版，第369页。

开对客观事物的认识，但认知只不过是学习活动的一个部分和方面，学习过程除了信息加工外，还表现为学习者个体生理的、情绪的、社会性的特征等表现。因此，把认知策略等同于学习策略，无疑缩小了学习策略的外延，从这个意义上说，学习策略比认知策略所包容的范围更广。

2. 思想政治理论课程学习策略的含义

从上述学习策略的释义来看，现行的学习策略概念主要是从智育学习角度进行概括的，学习策略的应用和实践也多是在智育学习的领域展开的，如语言类、数学类等课程的学习过程中。这些理论研究和实践活动反映了智育学习活动的特征和规律。这一现象既说明了智育课程学习在学校教育中占有极其重要的地位，也说明了智育课程学习是最频繁、最显性的学习活动，其学习过程、学习规律和学习特征易被人们所熟悉和掌握，因而也易于人们总结和概括其学习策略的含义和特征。从性质来看，思想政治理论课程学习策略显然属于应用性学习策略，是一般学习策略在该课程学习中的具体运用和展开。因此，若要准确界定思想政治理论课程学习中的学习策略含义，既要立足于该课程本身的性质和特征及其学习任务和学习目的，又要结合学习策略的通用含义和特征，以全面的、整体的视野进行审视、概括。与高校其他哲学社会学科课程相比较，思想政治理论课程虽然具有自己的课程特性，但该学习活动需要运用通常的学习方法和手段如分析、综合、归纳、概括、比较等去阅读课程内容或学习材料；同时学习者须合理分配学习时间，善于调控、调节和反馈学习活动等。因此哲学社会学科课程学习所涉及的学习策略内容明显适用于思想政治理论课程学习。

以思想政治理论课程"05方案"为例，它包括中国化的马克思主义理论尤其是中国特色社会主义理论体系教育，马克思主义基本原理教育，中国近现代社会发展史教育，以及运用马克思主义立场、观点和方法认识客观世界和改造主观世界从而树立正确的世界观、人生观和价值观为主题的课程教育，这些课程设置综合在一起，构成对大学生进行马克思主义基本原理教育、中国特色社会主义理论体系教育和社会主义核心价值体系教育的整体教育教学要求，构成以中国特色社会主义理论体系为中心内容的课程体系和教育教学体系。对该课程学习而言，它要求学习者对所学内容能够融会贯通，整体掌握和领会该课程所阐述的理论精髓，并能够运用马克思主义的立场、观点和方法分析解决实际问题，在理解的基础上牢固地掌握必要的基本理论知识。因此，该课程学习不能照搬智育学习中逻辑演绎的程序、规则，而是要通过观察、分析、比较、概括甚至交流对话等方法去理解、掌握其中的概念、原理及结论性论断，这一过程主要体现为学习者内隐的心智活动和心理建构过程。

需要特别指出的是，思想政治理论课程内容本身就蕴涵有关学习策略的思想和原则。譬如，"原理"课程中的相关原理就有助于深化理解学习策略的含义。从辩证联系的观点出发，思想政治理论课程学习策略的内容体系应当是一个有机联系的整体，不能简单、孤立地划分，元认知策略、具体策略、学习管理策略等之间相互联系，各学习策略间以学习任务和学习目的为中心构成体系；从唯物主义认识论的观点看，学习策略是学习者主体地位及其在学习活动中主观能动性的表现；从辩证发展的观点看，学习策略的运用要结合课程内容、学习任务、学习目的，以及学习者的能力与个性特点，并根据其教育教学环境和学习条件的发展变化而作出相应调整和变通。

根据上述思想政治理论课程及其学习特点，本书认为，思想政治理论课程的学习策略是指学习者在该课程学习活动中，为了实现一定的学习目标和学习任务，在教师的指导下，依据学习任务、学习目标、学习资源和学习情境的特点，自觉调节和控制自身学习内容、时间、次序、步骤和方法的意向选择活动方式。它既体现为外显的学习方式、方法、步骤和程序，更体现为内在的心理调控过程和思想政治观念的建构过程。该学习策略能否合理运用既是制约学习效果的基本因素，同时也是衡量个体学习能力的重要标志。

（二）思想政治理论课程学习策略的特征

思想政治理论课程的学习策略本质在于体现其学习的合规律性和合目的性。该学习策略的运用和实践不但有助于优化学习者的知识结构，强化理论认识，而且直接影响到学习者思维方式的改变、思维品质的发展，如理论思维能力的优化。思想政治理论课程学习策略因该课程自身的特点而具有三方面显著的特点。

1. 主动性

该学习策略的主动性主要体现在两个方面，一是计划性。学习策略是学习者为了完成特定学习目标而积极主动使用的。在该课程学习活动中，学习者先要分析学习任务、学习环境，以及自己的学习能力状况，然后根据这些条件，制订适当的学习计划。对于较新的学习任务，学习者总是有意识、有目的地制订学习过程的计划。同时，学习者要立足于思想政治理论课程的特点，不能仅满足于掌握教材上的基本理论知识，还须开阔视野、丰富社会阅历，需要其他理论和知识背景的铺垫，需要联系现实，这决定他们在制订学习计划时，不能局限于课本知识的获取、记忆、练习，还应当及时补充相关的时事热点材料，筛选与甄别重要的学习材料，捕捉与探究热点问题，归纳与运用课程中的基本理论观点为其学习服务。二是主体性。这与该课程的性质和学习目的紧密关联。学习者无论选择或运用何种学习策略，最终是为了有效转化学习内容，或内化到已有的思想政治观念结构之中，或建构起新的思想政治观念，其间学习内容必然要在其心理机制的作用下，经历认知获取、情感体验、认同接受和整合内化等过程，这显示了学习者的主体性和自主性，也直接反映了其中学习策略的主动性特性。

2. 过程性

从一般意义来说，学习策略是有关学习过程的策略。学习策略规定该学习活动过程中做什么或不做什么、先做什么或后做什么、用什么方式做和做到什么程度等诸方面问题。而思想政治理论课程学习过程中的策略不止如此，一方面该学习策略的过程性也在于学习步骤、程序、方法的安排和设计，过程之间要有逻辑联系，为实现既定的学习任务服务。另一方面，学习者的主体性、能动性在其策略执行过程中得到凸显，学习能力素质得到提升，有助于后续学习；在此过程中所学的课程内容得到充分的心理调控、整合、转化，且随着学习进程的演进，学习者的思想政治观念在此潜移默化中实现建构，从而达到预定的学习目的。

3. 内隐性

学习者采用学习策略是有意识的心理过程。思想政治理论课程学习策略主要体现为内在心理调控和心智活动,是学习者在教师的指导下逐渐探索而形成、内化的。一旦内化,不会因为学习内容、学习环境等变量的改变而改变,因而具有较强的稳定性。譬如马克思主义基本原理内容的归纳策略,学习者掌握了对某一个基本原理的归纳方法,可以类推至其他原理的归纳;又如学习者掌握了关于核心概念的学习策略,即可以迁移至其他课程的学习中。思想政治理论课程不仅能使学习者通过观察、比较、分析、概括,掌握课程中所阐述的理论和概念,还能培养学习者的理论觉悟和理论素养,帮助学习者形成观察社会、分析问题的能力,指导人生道路的选择,以及树立科学的世界观、人生观和价值观等。这是因为学习者在运用策略过程中实现了内化,"将自己认同的思想和自己的原有观点、信念融为一体,构成一个完整的价值体系。"[①]在此过程中,虽然需要外显的学习方法与学习技巧,但更多地体现为内隐的心智活动,表征为一种"自动的"、"不易觉察的"、"对复杂规律敏感的"学习活动。[②]

二、思想政治理论课程学习策略的分类

思想政治理论课程学习过程中,由于具体的学习目标、学习任务的差异,或是学习者在学习活动中学习条件、学习环境、学习矛盾的差别,学习者所运用的学习策略因之具有多样性和丰富性,构成了具有一定联系的学习策略体系。学习策略体系中各因素存在主次之分,这便涉及对学习策略如何进行分类的问题,事实上这是关于其学习策略在学习活动中的地位和作用问题。

关于学习策略的分类,国内外研究者从不同的角度,依据不同的标准,划分了多种分类体系,主要有以下五种观点:

---

① 皮连生:《学与教的心理学》(第四版),华东师范大学出版社2006年版,第160页。
② 参见郭秀艳:《内隐学习》,华东师范大学出版社2003年版,第47—96页。

第一，根据学习策略所起的作用，丹瑟洛（Dansereau，1985）认为是由相互作用的两种成分组成的：基本策略和辅助性策略。基本策略被用来直接操作课本材料，包括获得和储存信息的策略（领会和保持策略）及提取和使用这些储存信息的策略（提取和领会策略）；辅助性策略被用来维持合适的进行学习的心理状态，它包括三种策略：即计划和时间安排策略、专心管理策略以及监控与诊断策略等。①

第二，根据学习策略的成分，迈克卡等人（Mckeachie, et al, 1990）将学习策略概括为认知策略（包括复述策略、精加工策略、组织策略）、元认知策略（包括计划策略、监控策略、调节策略）、资源管理策略（包括时间管理策略、学习环境管理策略、努力管理策略和其他人支持策略）。②

第三，根据学习的进程，加涅（Gange）将学习策略分为选择性注意策略、编码策略、知道何时使用某一策略、检查学习策略的有效性等。这种区分便于我们对具体策略的认识与探讨，有利于学习的指导与实际应用③。

第四，根据学习过程时序，张大均（1998）将其分为学习前心理准备的策略、课堂学习的策略和课后巩固的策略。这样划分的优点是与实际学习时段结合，便于分段指导。④

第五，蒯超英根据学习的内容和学习活动类型将学习策略分为：注意、知觉和记忆的策略，概念、规则的学习和问题解决的策略，学生课堂学习、完成作业和考试的策略，学生课外学习的策略等。⑤

以上这几种体系分类均有其合理性。比如，根据学习策略的作用及其作用范围分类，便于正确地应用各种学习策略；根据学习策略进程分类，便于对具体策略的认知与探讨，有利于学习的指导和实际应用；根据学习策略的涵盖成分分类，有利于全面了解其策略的内容，进而对学

---

① 陈琦、刘儒德：《当代教育心理学》，北京师范大学出版社2007年版，第364—365页。
② 同上，第365页。
③ 张大均：《教与学的策略》，人民教育出版社2003年版，第19页。
④ 同上。
⑤ 详见蒯超英：《学习策略》，湖北教育出版社1999年版，第2—5页。

习策略进行系统的学习和应用。值得注意的是，对学习策略种类和层次的分析主要基于智育课程的学习。学校的学习活动种类繁多，要用一个统一的标准来容纳、涵盖，比较困难。因此，分析学习策略的成分不仅要考虑学习活动的类型，还要考虑所获信息的种类。[①]

综括一般学习策略分类的观点来看，很显然，对思想政治理论课程学习策略进行分类，应本着实现学习目的和提升学习效果这个原则，这也符合该课程的性质和学科课程特点。因此，按照学习策略的作用及其作用范围进行分类，该学习策略大致划分为两类：一类是通用学习策略；另一类是特殊学习策略。

（一）思想政治理论课程学习的通用策略

通用学习策略，又称之为基本学习策略或一般学习策略，该类策略具有普适性，是在该学习活动中经常使用的策略。通用学习策略使用是与学习的内容或对象相关联的，旨在解决课程的具体学习任务。由于思想政治理论课程在直观意义上是知识理论形态的课程，具有知识和思维的范式特征，在其学习过程中也需要运用智育课程学习方面的策略，诸如认知策略、元认知策略、组织管理策略等。在一个完整的学习进程中，学习者首先要对课程内容和学习材料进行阅读，获取有关信息；然后对课程内容和信息加以理解、分析、记忆，使之储存在自己的知识理论体系中；最后形成理论认识和思想政治观念，并运用相关知识理论来解释和分析现实生活、社会中的问题和现象。因此，基于该课程学习的过程和特点，其通用学习策略大体由三方面内容构成。

1. 阅读学习策略

从某种意义上来说，思想政治理论课程学习就是一种"文本"学习，学习者接触、感知、获取信息的来源多为文字编码的材料。[②] 文本材料主要是以国家统编教科书为主，也包括各种辅助性学习材料，如课程背景材料、时事热点、新闻材料、形势与政策材料等。这就对学习者

---

① 陈琦、刘儒德：《当代教育心理学》，北京师范大学出版社2007年版，第366页。
② 这主要是指在课堂学习的特定环境中，其实当下学习者通过网络、音像等进行学习或阅读十分盛行，大有取代文本学习的之势。

如何有效阅读学习材料提出了阅读能力和阅读策略的要求。所以，阅读学习策略是指直接应用于阅读过程中，用以提高阅读速度和质量的活动方式。针对不同的学习材料及不同的学习要求，学习者需要采用不同的策略来阅读。

其一，精读。如果材料较难、理论艰深，如"原理"课程中涉及的原理和概念的内容，则需要进行精读。精读是为了系统、深入地掌握阅读材料的知识内容所采用的阅读策略。精读要求学习者对字、词、句精研细读，甚至反复阅读，进而掌握材料的精髓，以便达到举一反三的目的。即从字、词、句入手，聚焦重要名词、术语和概念，对问题进行逐个地分析、思考，同时反复阅读，层层深入。精读有利于加深对学习材料内容及实质的理解，是学习者形成理论知识的基础。

其二，泛读。如果处理较容易或注重阅读理解的广度，如"概论"课程中党的领袖人物生平、业绩材料，则可进行泛读。泛读是与精读相对的一种阅读方式，它不像精读那样要求字斟句酌、反复研读，而只是"观其大略"，抓住要点和精髓，加深对其重点内容的理解。

其三，快速阅读。如果注重阅读的速度，只需要了解信息、数据的材料，如形势与政策方面的材料，则可进行快速阅读。快速阅读是指学习者能够在短时间内，迅速理解阅读材料中的主要信息。但它也有两个基本要求：一是具有较快的阅读速度；二是保证对阅读内容的准确理解。需要指出的是，快速阅读不只是完全表面性的浏览，在某种程度上也是一种积极主动的、创造性的理解过程。

2. 概念学习策略

"概念具有逻辑的和心理的意义"[①]，它是事物本质的反映。概念是反映事物一般的和本质的特征或联系的思维形式。人类的思维反映和把握世界是通过概念体系来进行的。概念体系是人类的思维之网，各个概念是这张思维之网上的"纽结"。列宁曾高度评价了概念在人类发展过程中的重要意义，概念是"认识世界过程中的阶梯，是帮助我们认识和

---

① 施良方：《学习论》，人民教育出版社2001年版，第226页。

掌握自然现象之网的网上纽结"①。

作为理论性较强的学科课程，贯穿思想政治理论课程理论内容的"纽结"是形式多样的逻辑概念。学习者掌握和领悟该课程的理论内容，首要前提是从学习其间概念入手。概念学习意味着掌握各种理论内容的内涵、本质和意义。对于学习者而言，掌握概念既是获取理论知识的重要途径，又是形成理论思维能力和发展抽象概括能力的基础。因此概念学习和掌握概念是该课程学习的主要内容和主要目标之一。

由于概念是对事物共同的本质特征的反映，因此在进行具体概念学习时，不仅要通过记忆活动，还要通过积极的思维活动来认识概念的内涵和本质属性。学习者不仅要善于辨别概念的本质属性与非本质属性，把共同的本质属性抽取出来加以概括，形成概念；还要善于运用概念进行判断、推理，来认识和把握形形色色的社会现象的本质。

一般认为，概念学习策略是基于概念的内在属性和人的思维发展规律，从这方面来看，大致有概念形成与概念同化两种基本的策略形式。

第一，概念形成策略。概念形成学习一是要依据某个概念的属性，如果某概念高度抽象，不容易被一次性理解，可采用该策略。二是要依照个体概念形成的心理内部条件，概念形成的心理过程包括辨别、假设、检验。一般来说，概念越复杂，检验的次数越多，而最后被肯定的属性就是其概念的关键属性，那么该概念就被学习者所掌握和理解。如"原理"课程中的"物质"、"生产力"、"生产关系"等概念的学习，就可以依照概念形成策略进行学习。

第二，概念同化策略。概念同化策略的要求与概念形成策略不一样。其一，某些概念要被学习者所熟知，但又未被真正的掌握和理解；其二，所需要的内部条件与概念形成不同。在内部条件方面，它要求学习者认知结构中具有与同化新概念适当的上位结构。这一上位结构越巩固、越清晰，则新的下位概念的同化越容易。如"基础"课程中"人

---

① 《列宁全集》第55卷，人民出版社1990年版，第78页。

生观"、"价值观"等内容的学习就适用此策略形式。

学习者的概念学习过程，实质就是在教师的组织、帮助和指导下，通过对事物或现象的充分了解，对其进行分类和辨别的过程。这个过程中关键的内容就是学习者确认事物或现象的本质特征和非本质特征。[①]

3. 问题解决策略

问题解决是一种重要的思维活动，它在学习者的实际学习和生活中占有特殊的地位。加涅就认为："教育课程的重要的最终的目标就是教学生解决问题——数学和物理问题、健康问题、社会问题以及个人适应性问题。"[②] 与概念学习策略和其他学习策略等思维活动相比，问题解决策略显得更加宽阔。问题解决既是学习者的心理活动智慧性的体现，又与学习者的智力和能力有密切的关系。在心理学领域，"问题解决是指学生无法把已知命题应接转换到新情境中去，学生必须通过一些策略，使一系列转换前后有序。"[③] 问题解决在智育课程学习中占有十分重要地位，这同智育课程学习的目的紧密关联。

在思想政治理论课程学习中同样也有问题解决的内在要求，只不过该学习目的不是要解决具体的智慧技能问题，而是让学习者运用所学的理论知识认识客观事物和社会现象，理论联系实际，透过现象把握事物本质，认识人类发展趋势，从而树立正确的世界观、人生观和价值观。这是该课程学习的目的所在。

在此，问题解决策略是指学习者在一定的情境中，为完成一定的目标而采用的解决一般问题的程序和活动方式。根据该课程的学习任务和学习目标，其策略大体分四个步骤进行。

一是确认问题。其学习问题一般来源于某个社会现象或是社会热议事件，学习者在认真观察或是详细阅读的基础之上，把握其中的焦点和关键内容，并以此为依据确定问题或矛盾所在，作为学习的起点，启动

[①] 参见蒯超英：《学习策略》，湖北教育出版社1999年版，第76—86页。
[②] 转引自陈琦、刘儒德：《当代教育心理学》，北京师范大学出版社2007年版，第326页。
[③] 施良方：《学习论》，人民教育出版社2001年版，第231页。

解决问题的进程。

二是表征问题。正确地表征问题是正式解决问题的第一步，对问题的表征方式决定解决问题的方式。通俗地说，就是学习者要集中注意力掌握核心信息和相关内容所表述的含义，接着是要正确理解整个问题，最后用清晰的、简洁的形式把所要解决的问题表达出来。

三是寻求理论支撑。这个阶段很重要，学习者要能正确地选择并合理地运用相关理论知识分析问题，寻求解决问题的路径。如果理论支撑错误，就不可能正确地解决问题，甚至会得出相反的结论，如此就偏离了其学习的初衷。

四是评价和反思。经由理论思维的抽象和概括，获得一定的结论和认识，这并不意味该学习活动的结束。这是因为结论合理与否，需要经过评价后方能确认。评价可以在教师指导下进行，也可以在学习能力强或是理论水平高的学习者之间进行互评。在取得共识后，没有形成合理结论的学习者要反思其中的因由；取得合理解决方式的学习者应当进一步总结经验，为后续的学习提供借鉴。

（二）思想政治理论课程学习的特殊策略

在思想政治理论课程学习策略体系中，除通用策略之外，还包含一些特殊学习策略。特殊学习策略是相对于通用学习策略而言的，之所以称之为特殊策略，并不是指其策略的内容或使用有什么新奇之处，而是指其策略的提出和运用是针对学习者在思想政治理论课程学习过程中所遇到的矛盾和问题。这些问题和矛盾可以概括为两个层面：一是内源性问题，即由学习者自身的学习观念、学习认识和学习能力等因素造成的。譬如，部分学习者虽然迈入高等教育阶段学习，但却没有同步适应并接受高校的学习方式、学习手段和学习观念，以往所养成的被动学习、接受学习的方式方法依然存在，自主学习、探索发现学习理念和实践未被接受和践行，导致他们被动地应付该课程学习，并不能达到应然的学习目的；又如，某些学习者以应试学习的观念对待思想政治理论课程学习，把该课程学习视为知识性学习，在学习中注重知识点掌握，侧重记忆、背诵现成的结论，不善于理论联系实际，分析和解决问题的能力不足；以死记硬背的方式应付课程考试，就不能从整体上掌握该课程的原理理论及其精髓，更不能领悟其重大的理论意义和现实意义。二是外在性问题，这是由当下思想政治理论课程教育教学理论与实践中的某些偏差造成的。长期以来，该课程教育教学灌输教育模式盛行，重知识灌输、重结论呈现，轻学习者主动参与、轻学习过程，学习者在学习活动中处于被动地位，不能发挥主动性、能动性和主体性，导致学习者对该课程的学习甚至采取敬而远之的态度，遑论其学习效果。

要解决这些问题或矛盾，通用学习策略要么是无能为力，要么不能真正有效的予以解决，具有一定的其局限性。因此，必然要采用一些具体的、对症的策略，这些策略可能在一定范围内或一定学习阶段是有效的，就称其为特殊策略。然而，特殊学习策略并不是一成不变，随着学习环境、学习条件等因素的发展，这些特殊学习策略也会得到相应的发展创新，或被放弃再创造新策略替代之。这说明特殊学习策略的时效性、阶段性和条件性。需要指出的是，特殊学习策略并非处于其策略体系中的次要和辅助性地位，在某种程度上，它们比通用学习策略更有效，甚至占有主导性作用。

鉴于此，根据思想政治理论课程教育教学和学习的实践，在当下学习环境中采用自主学习策略、体验学习策略、探究学习策略等是切实可行的，便于在学习活动中操作和执行，能完成既定的学习任务和学习目标。

三、思想政治理论课程的特殊学习策略举隅

在思想政治理论课程学习过程中，学习者选择何种学习策略，不能不受到学习任务、学习矛盾、学习进程等因素的影响和制约。如前所述，特殊学习策略的提出和运用，是为了破解思想政治理论课程学习中的问题和矛盾，提升其学习的实效性，实现其学习的目的。然而，特殊学习策略具体包含什么？是如何推演、操作的？这些问题关乎其实践应用，关乎其学习的效果，因此，本书从理论和实践两个层面进行阐释、

归纳,以推进其实践应用。

(一) 自主学习策略

学习者如何学习思想政治理论课程是常论常新的老问题,这里自然就牵扯到他们是否正确和适当运用学习策略的问题。在诸多学习策略之中,他们能否有效执行自主学习策略是其策略能力和水平的一个重要试金石。这是因为自主学习策略具有元学习策略的特性,它在执行和实施过程中,需要涉及计划策略、监控策略和调节策略等,即对知道做什么、知道何时做、如何做什么等有一整套安排、设计、步骤和程序。① 所以,自主学习策略对于帮助学习者估计学习的程度和决定如何学习具有重要作用,它对其他学习策略的执行和实施具有示范意义。

自主学习策略之所以具有如此重要的实践意义,还在于这种策略能够破解思想政治理论课程教育教学和学习之间的一些问题和矛盾。譬如当前该课程教育教学多以教师为中心,过于注重知识理论的传授,在处理传授知识理论与培养能力方面存在失衡现象等,学习者处于被动接受的境地,忽视了其主动性、能动性和独立性的发挥。自主学习策略的实施有助于学习者形成积极主动的学习态度,有助于培养他们学习的独立性和自主性,促进他们在教师指导下主动、富有个性地学习,引导他们质疑、调查、探究,使他们在获得基本知识理论和学习能力的同时,还有助于形成正确的思想政治观念。此外,自主学习策略契合了高校学习的特点和要求。与基础阶段学习相比,大学学习活动层次高,专业定向性强,学习内容广泛和复杂多样,且具有研究性和探索性特点;同时大学学习管理更加宽松,大学生自由支配的余地大,具有更大的自主性。这些客观的学习因素需要大学生对自己的学习进行更多的自我管理、自我监控,才能顺利完成大学的学习任务。从这个意义上来说,学习者是否具有良好的自主学习策略素养,就成为影响其思想政治理论课程学习

---

① 关于元学习策略的认识和理解,直接参考和受益于陈琦、刘儒德:《当代教育心理学》,北京师范大学出版社2007年版,第383—388页。

目标的重要因素。

1. 自主学习策略的内涵和特征

什么是自主学习策略？对此至今尚无方明确的理论阐述，但与之密切关联的概念是自主学习。从某种意义上来说，学习者自主学习的过程就是运用自主学习策略的过程，且善于运用自主学习策略来实现一定的学习任务，这也是学习者自主学习能力的重要体现。无论是自主学习策略，还是自主学习能力，这两个概念的中心词均为自主学习，所以，有必要通过梳理和分析有关自主学习的内涵，并结合学习策略的一般原理，来厘定和廓清自主学习策略的含义。

本书在前面相关章节中从学习方式、学习过程和学习能力等三个维度探析了自主学习和大学生自主学习的内涵。[①] 最普遍的观点是把自主学习视为与他主学习（即接受学习）相对立的一种学习方式，是学习者自己主宰自己的学习，[②] 强调学习者在学习过程中的主动性、策略性、持久性和自我调控性。所以，大学生自主学习是指大学生根据特定学科课程特点、学习任务和学习要求，在一定学习动机的支配下，自主地运用一些学习策略，以实现既定学习目标的学习方式。在此语境下，自主学习具有以下三方面的含义：第一，自主学习是指由学习者的态度、能力和学习策略等因素综合而成的一种主导学习的内在机制，是学习者指导和控制自己学习的能力；第二，自主学习是指学习者对自己的学习目标、学习内容、学习方法以及使用学习材料的选择和把握，是学习者对这些方面的自由选择的程度；第三，在自主学习过程中，学习者在教育教学目标的指导、调控下，在教师的指导下，根据自身条件和需要完成具体学习目标。[③]

基于上述分析，本书认为，自主学习策略是指学习者根据具体的学习任务和学习目标，在教师的指导下，自主选择一定的学习方法和学习

[①] 本书在第三章从论证自主学习能力的角度对自主学习的含义进行梳理和归纳，在此部分不再赘述。

[②] 余文森：《略谈主体性与自主学习》，载《教育探索》2001年第12期，第32—33页。

[③] 参见程晓堂：《论自主学习》，载《学科教育》1999年第9期，第33页。

手段，相对独立地、策略地解决学习问题，并自觉地对学习实施自我检查、自我评价的学习活动方式。那么，思想政治理论课程学习过程中的自主学习策略，就是指在该课程教育教学的总体要求下，大学生根据教师的教学指引，结合该课程的内容和学习任务，自主选择学习方式和学习手段，并通过适当的程序、步骤和方式，以实现预定的学习目标的过程。自主学习策略能提高大学生学习思想政治理论课程的兴趣，激发他们的主体意识，使他们最大限度地参与到整个教育教学过程，提升学习能力和学习效果。

从自主学习策略的含义来看，在思想政治理论课程学习过程中，学习者根据既定的学习任务和学习目标，一方面能够有效地利用各种学习资源，自主管理学习进程，进而做到自我监控；另一方面学习者富有高度的自我责任感，能够很好地与学习伙伴进行合作，尽量发挥自己的学习潜能，重视学习的创造性。因而它具有以下几个特征：

其一，自主性。凡是学习活动都是学习者自主掌控的实践活动，对自主学习活动而言更是如此。在自主学习策略实施过程中，个性鲜明的学习者必然具有明确的自主意识，能够自觉能动地开展学习活动，掌握并运用一定的学习步骤和学习方法，对学习活动进行实时调节、及时反馈和自主评价。有研究者从一般自主学习角度阐述了其自主性表现："一是具有独立的主体意识，对学习目标有清楚的认识；二是有明确的学习目标和自觉积极的学习态度；三是能够在教师的指导帮助下独立地处理、学习和理解学习内容，把理论知识内化为自己的理论知识结构；四是能充分利用自身的和外界的积极因素，主动地认识学习和接受教育影响，以达到预期的学习目标；五是能够对自己的学习活动进行自我支配、自我调节和控制，并促进自身潜力的发挥。"① 自主性这五个方面的特点同样在思想政治理论课程学习过程中展现出来，而且特点更为鲜明，这是因该课程学习本身就有助于发展学习者的自主性，提升学习者的思想境界和个性品德。

---

① 瞿睿：《自主学习的理论与实践策略研究》（硕士学位论文），东北师范大学2006年，第8页。

其二，独立性。自主学习策略贵在独立，诚如杜威所言："只有当他亲身考虑问题的种种条件，寻求解决问题的方法时，才算是真正在思维。"① 这是学习者学习理论知识、掌握学习能力的重要环节，并通过自主学习实践表现出来。独立性相对于依赖性，与自主性紧密联系。以往思想政治理论课程学习是将学习建立在被动、依赖的基础上，而自主学习策略要求将学习建立健全在个体的独立性上，可以说，其学习是从依赖走向独立的过程。自主学习要求学习者在教师的指导下，拥有学习选择、学习决策的空间，相对脱离对教师的依赖，在学习过程中制订学习目标、学习计划，选择学习内容、学习方法，对学习活动实施自我监控、自我调节、自我评价与反馈。值得一提的是，学习者具有的独立性，绝非随心所欲、为所欲为，而是受各种客观学习环境因素制约的独立性。而且由于学习者的理论知识基础、情感基础不同，学习能力倾向的差异，他们的学习起点并不是整齐划一的，在学习内容的选择、学习进度的安排等方面也不尽相同。学习者的独立性建立在其学习差异性的基础上，给予他们选择学习方式、方法与寻求学习资源的自主权，允许学习者按自己擅长的学习方式、学习步骤去完成学习任务。

其三，相对性。自主学习策略明显具有相对性，是因为从现实情况来看，绝对的自主学习与绝对的不自主学习是稀有的。学习者的自主性或不自主性是有一定限度的。学习者毕竟是接受教育的学习个体，并不是训练有素的高水平研究者，在学习过程中他们不可能脱离教师的指导，也必然受到学习资源、学习环境等因素的制约；而且学习内容、学习时间都不可能完全由他们自主决定，尤其是课程内容的难易程度是事先进行选择和谋划的，这必须由教师根据教育教学需要加以确定；再则如果学习过程出现困难或波折，也需要教师进行辅导或调整。所以，其学习并不是完全脱离了教师的绝对自主，自主学习过程中师生之间、学习者与环境及相关的条件都有着千丝万缕的联系，教师的引导和帮助对于学习者知识理论建构、自主发展极其重要，尤其是那些自主学习能力不足的学习者。所以，自主学习策略具有相对性，并非无限度的自主，

---

① ［美］杜威著：《民主主义与教育》，王承绪译，人民出版社1990年版，第170页。

而是有指导的自主和受制约的自主。

2. 自主学习策略的基本模式

由自主学习策的含义和特征来看,其实质要求学习者对"为什么学习"、"能否学习"、"学习什么"、"如何学习"等问题有自觉的意识和规划,它突出表现在学习者对学习的自我计划、自我调整、自我监控、自我强化上。即在活动活动之前,学习者能够自己确定学习目标,制订学习计划,选择学习方法,作好学习准备;在学习活动之中,能够对自己的学习过程、学习态度、学习行为进行自我观察,自我审视,自我调节;在学习活动之后,能够对自己的学习结果进行自我检查,自我总结,自我评价和自我反思。该内容包含了计划、监督、调控和反思的步骤和程序,主要是由学习者对学习计划的制订、学习方法和学习手段的选择、学习材料的使用、学习结果的检查和反思等方面构成。从信息加工理论来分析,自主学习策略的实施过程不是随机的、杂乱无章的,而是有内在联系的、有章可循的程序,势必形成一定的便于操作和执行的模式。从理论和实践角度来概括,完整的思想政治理论课程自主学习策略实施过程大致包括三个阶段。

(1)学习规划阶段。学习规划是其自主学习策略外显化的第一步,是虚拟的行动,而非实际的学习活动。面对新的学习任务,学习者在学习目标的指引下,结合教师所提供的学习信息,激发内部动机,并利用已有的理论知识和信息对学习任务的特征及要求进行分析,主动地分析和评估即将在学习过程中可能遇到的影响因素,并预测各种变化的可能性,由此确立学习活动的目标和将采取的学习方式、方法和步骤,在具体学习活动开始之前制订具体可行的学习目标和周详的学习计划。

(2)执行监控阶段。学习者根据既定的学习目标去执行、完成学习任务,执行过程中元认知的组织和监控尤为突出。在学习活动开展过程中,学习者须转变以往对教师依赖的学习方式,做到积极主动地自我监控、调节学习过程,并能根据反馈信息,及时发现存在的问题,认真查找并分析其中因由,从而适时调整或修改甚至中断自己原定的学习方法、步骤等。

(3)讨论总结阶段。学习者对学习过程作深入的反省和总结是提高自主学习能力的重要环节。自主学习策略实施结束后，学习者一般会获得相应的学习结果，形成一定的理论认识。但是其学习目标是否达到，其理论认识是否正确，需要进行总结和反思。这一过程大体分两个层面开展：一是学习者根据一定的标准检查自己达到的学习程度、学习水平。学习者通过回顾其自主学习过程中的步骤、程序，学习方式、方法，包括最初的目标设置和计划，以及对学习结果的归因等，总结在此过程中所付出的努力和所取得的收获，从反省中汲取教训、积累经验，并对学习目标与实际成效之间的差异作出解释说明。二是经由教师组织进行讨论、交流。学习者一方面听取其他学习者的意见和评论，对照自己的学习结论，寻找发现其中的差异；另一方面积极主动地发表自己的见解，进行讨论、辩论，各抒己见，从中发现自己的不足，相互补充、相互启发，使学习者在相互讨论中逐步弄清问题的思路和结论，最后达成学习共识。经过此学习阶段，其学习就达到由具体学习活动向抽象经验转化的目的，完成由外在认识向内在理论认知结构和思想政治观念内化的过程。

需要说明的是，这是从普遍性角度出发概括自主学习策略的三个必经阶段，是基本上适用于思想政治理论课程中具体学习任务的自主学习。但在实际学习活动中，由于学习任务难度的不同，或者学习者学习能力的差异，或者学习环境和学习资源的复杂性，现实的自主学习过程呈现出丰富性和多样性，每个阶段的执行或落实并非毫无差别。

3. 自主学习策略案例

- 关于"虎门销烟"的自主学习策略案例

（——学习材料来源于《中国近现代史纲要》〔2009年修订版〕，见"综述：风云变幻的八十年"）

【前学习阶段】

教师创建一个演示文稿，概述"虎门销烟"事件前即当时的清王朝与西方资本主义列强英国的社会经济状况、国际环境、对外活动状况，以及两国之间的贸易往来状况，然后交代和布置拟完成的学习任务：一是通过收集各种详细材料，了解虎门销烟的背景、起因和过程；二是通过分析、讨论，理解虎门销烟事件发生后对近代中国的影响。

【学习阶段】

阶段一：学习规划

（1）确证学习任务和学习目标

根据教师所布置的任务，并结合教学所提供的信息内容，明确了"虎门销烟"事件的材料范围和形式，研读问题以进一步确定解决问题的思路和方式。

（2）制订学习计划

这里的学习计划可能是虚拟的"腹稿"，或是形诸文字的方案，但无论何种形式，该学习计划中均包含有：①收集学习材料的方式、方法；②阅读学习材料的策略；③寻获认识的步骤和程序；④交流、讨论环节；⑤形成理论共识。

阶段二：执行监控

（1）收集、整理阅读材料

①确定材料的范围后，着手收集阅读材料。鉴于课堂学习时间的制约，一般通过互联网方式进行收集（这种学习材料主要是"二手"的，真正严谨的方式是查阅纸质的原始文献）。

②围绕问题和学习任务，归类、整理相关学习材料，剔除无关的内容，为下一步学习奠立基础。

（2）阅读、分析材料

一是根据学习材料简繁或重要性程度，相应的采用不同的阅读策略。在阅读过程中寻找、确定问题的信息点，问题的信息点主要包括虎门销烟的背景、起因和过程；还包括虎门销烟之前清王朝所处的环境及当时国内对鸦片的反应，以及林则徐虎门销烟后，对当时清政府的影响及清政府对外政策的变化。

二是根据信息点对该历史事件进行逻辑梳理和分析：①英国为开辟国外市场，把侵略矛头指向中国，在正常的中英贸易中，中国始终处于出超地位；为掠夺中国，英美商人向中国走私鸦片，牟取暴利，中国对外贸易变为入超。更重要的是，鸦片给中华民族带来深重的灾难：影响清政府的财政；腐蚀清朝的统治机构；削弱军队战斗力。②林则徐力主禁烟，上书道光帝。道光派他为钦差大臣，到广东查禁鸦片。1839年3

月,林则徐到广州,开始发动大规模的禁烟活动,禁烟运动取得一定的成效。③英国借机发动鸦片战争,中国战败,清政府被迫签订屈辱的《南京条约》。④英国发动鸦片战争后,林则徐被撤职查办。

三是根据上述分析形成解决问题的思路,使材料成为结论的论证依据。

(3) 形成问题结论

运用相关理论对"虎门销烟"事件予以简要评析,对其作出自己的评价,然后形成结论,并记录于草稿上以便讨论。

阶段三:讨论总结

(1) 向讨论小组简要汇报其学习的过程及问题结论,重点阐述自己形成该结论的过程及依据,使其认识具体化和清晰化。

(2) 听完其他学习者的汇报后,进行交流、讨论,比照彼此认识之间的异同或是差距,有必要时可开展辩论,以获得理论共识。

(3) 总结学习小组的认识,形成认识共识,然后向教师汇报学习结果。

其结论要点为:虎门销烟是我国近代史上反帝国主义的光辉一页,向全世界表明了中国人民反抗外来侵略的决心和勇气,振奋了民族精神,维护了民族尊严,是中国人民反侵略的正义战争,对后世影响深远。同时,还要清醒地认识到:弱国无外交,落后就要挨打;只有当国家强大时,才不会被其他国家欺侮。

(二) 体验学习策略[①]

从教育教学实践来看,思想政治理论课程的教育教学往往重知识灌输、重结论呈现,轻学习者主动参与、轻学习过程,轻视学习者的主体地位,忽视学习者在学习过程中的感受、体验和思考,致使学习者对学习缺乏学习积极性、主动性,影响了他们对理论知识的理解和把握,不

---

① 在第一章相关内容中,本书在探讨思想政治理论课程学习特征的基础上,就明确指出,该课程过程之中就内在蕴涵着体验的要求,而且体验学习是现实该课程教育教学目的的关键一环,并对体验学习的内涵和意义给予界定与概括,这有助于在理论层面上深化理解体验学习策略。

能深刻领悟其中思想政治观念的价值意蕴。这些问题显然严重制约着该课程教育教学的有效实施和目标的有效实现。要解决这些难题，不但需要变革和创新当前该课程的教育教学模式，也需要教师指导、培养学习者良好的学习策略。而倡导体验学习策略则是着眼于实现该课程教育教学目的和创新其教学模式的必然要求。

1. 体验学习策略的内涵和特征

从现有研究成果来看，学界对体验学习的界定存在两种认识取向：其一是从学科（或课程）学习角度界定，认为体验学习是对知识的体验学习方式；① 其二是从道德学习（或社会规范学习）进行界定，如有研究者认为："道德学习本质上是一种体验式学习"②。由于本书侧重于课程学习研究，而不是讨论一般意义上的学习，在此仅仅从学科学习角度来探讨和界定体验学习的含义。

即便从学科的视角来看，研究者对体验学习的理解也存在较大差异，这主要源于对体验内涵的理解和领悟不同，大致有两种观点：一是把体验学习看做学习结果，认为"体验式学习像生活中其他任何一种体验一样，是内在的，是个人在形体、情绪、知识上参与的所得"③。二是把体验学习视为一种活动或过程，认为"在体验中，主体以自己的全部'自我'（已有经历和心理结构）去感受、理解事物，因发现事物与自我的关联而生成情感反应，并由此生发丰富的联想和深刻的领悟。因此，从心理学上来讲，体验是在对事物的真切感受和深刻理解的基础上对事物产生情感并生成意义的活动"④。

如何科学认识体验学习的概念？这势必要追根溯源，从对体验学习中的两个核心词"体验"和"学习"入手进行分析。从体验的原本含义来看，它是指"通过实践来认识周围的事物：其一，体验是以实践为前提的；其二，体验的过程就是认识周围事物的过程，认识周围的事物

---

① 王立新、刘润泽：《浅谈体验性教学方式在政治课教学中的应用》，载《思想政治课教学》2004年第5期，第8页。
② 王健敏：《道德学习论》，浙江教育出版社2002年版，第10页。
③ 方红、顾纪鑫：《简论体验式学习》，载《高等教育研究》2002年第2期，第82页。
④ 陈佑清：《体验及其生成》，载《教育研究与实验》2002年第2期，第41—43页。

即是体验的过程又是体验的目的"①。这阐明体验既是一种活动也是一种活动的结果,那么我们就不能将体验学习的含义局限于"学习的结果"。很明显,体验学习中的"体验"既指学习者亲历某件事并进行反思,又指学习者从其亲历和反思中获得认识和情感。如果从前文对学习含义的认识来看,学习是一种经验的获得,"是指学习者因经验而引起的行为、能力和心理倾向的比较持久的变化"②。这里则明确指出学习一般是指个体经验的获得及行为变化的过程,学习也是既包含结果,也包含过程的。

综上所述,作为一种学习方式,体验学习是一种以学习者为中心、通过实践与反思结合而获得知识、技能和态度的学习活动。它不但涉及学习者的思想观念、情感态度、认知方式等,而且更多关注的是学习者的学习活动状态。因此,体验学习可以从广义和狭义两个层面进行定义。从广义上看,体验学习是学习者在社会实践活动或具体的课程学习活动中,通过亲身参与和互动,对情感、行为、事物和策略的内省体察,掌握某些技能、策略,形成能力和某些行为习惯,建立某些情感、态度和观念的过程。从狭义上看,体验学习是专指学习者在课程学习过程中,通过教师有意识地创设情境,将学习内容与原有认知结构、情感结构相联系,并加以内化、体认、内省和感悟学习内容,从而生成情感与意义的过程。思想政治理论课程的体验学习显然是狭义上的体验学习,即学科或课程层面上的体验学习,其体验学习过程就是体验学习策略运用的过程。因此,思想政治理论课程的体验学习策略是指学习者在该课程学习过程中,通过教师的指导和学习情境的导引,使学习内容与学习者产生认知和情感联系,并内化或建构其思想政治观念的步骤、过程及其学习活动方式。体验学习策略是一种个性化和主体性的学习活动及过程,强调学习者经验和体验对该课程学习的意义,它不是简单地主张要在学习活动中获得新的理论知识和新的能力,而是要求能从经验总结和深刻反思中获得情感升华与思想政治观念的建构,使学习者获得思

---

① 中国社会科学院语言研究所词典编辑室编:《现代汉语词典》,商务印书馆2002年版,第1241页。

② 施良方:《学习论》,人民教育出版社2001年版,第5页。

想政治理论素质的提升。

由该体验学习策略含义来看,它包含三个方面特征。

其一,情境性。情境性是体验学习的最显著特征。它强调教根据学习者的心理特点、认知结构、学习目标和内容创设一定的情境开展学习活动。学习者通过特定的学习情境进行体验、反思而获得具体的经验,体验的情境越独特、越真实,越能引发学习者的深刻体验,乃至高峰体验。但是,思想政治理论课程学习主要是以文本为媒介的课堂学习,其学习情境的创设和营造比较独特。这种学习情境并非真实的,而是虚拟的、心理意义上的。该学习情境一般是学习者在阅读文本或观赏影像过程中悄然地、非自觉地生成的。即通过教师教学设计巧妙营造的学习情境,"使得学习者可以置身于其学习情境之中,以其亲身的感性认识产生丰富真切的体验,又以情感为动力,深化和升华理性知识。这种情境是虚拟的,而非真实的生活场景,最终还是需要使学习者受到感染,产生独特意义的心理情境。总之,体验学习需要根据学习目标、内容和学生学习方式的差异而创设不同取向的学习情境,并根据活动情况变化灵活改变这些情境,以满足不同学习者的心理需要,通过观察、感受、体验、反思、概括"[①],最后将体验和获得的经验上升为一种价值认识和思想观念。

其二,亲历性。体验学习是一种以学习者为中心的学习活动。"体验学习意味着学生亲自参与知识的建构,亲历过程并在过程中体验知识和情感。"[②] 所以,亲历性或实践性也是体验学习基本特征之一。无论是学习者的亲身经历还是心灵体会,都是一种实践,离开实践,体验学习将无法进行。有研究者对此进行分析:"它是一种基于学习者已有的知识结构、生活经验基础理论知识,并结合具体学习情境中与他们的生活、社会、人生等密切联系的主题或问题进行观察、探究、实践或讨论,经过反思,最后得出他们认同的结论的一种学习活动。整个过程都需要学习者亲身参与、经历和体验,从而加深对事物的理解和产生感

[①] 参见李梅:《体验学习——21世纪重要学习方式》(硕士学位论文),华南师范大学2004年,第25页。

[②] 高慎英、刘良华:《有效教学论》,广东教育出版社2004年版,第142页。

知、情感和行为的变化。"① 这表明体验学习注重的是行动的过程,关注的是学习者的感受和价值取向的变化,需要他们自己感受、反思和总结,学会在不同的情境中学习、思考和解决问题,从而充分发挥学习者的主体作用。体验学习的学习成果不是实然的学习能力,它主要表现为对理论的认识和见解,或建构起一种正确的思想观念和价值理念。

其三,反思性。体验学习的精髓在于反思。"学习者在体验学习过程中亲身参与互动,在对知识和情感的获得同时还有个内省体察的过程即反思。"② 即学习者如何正确处理和获取自己的学习体验或学习经历。学习者无论采取何种学习方式,或通过什么途径介入学习过程,最终均需要通过自己的体验、反思、提炼、升华,将外在的课程信息内化为自己的理论认识和思想观念。唯有如此,该学习活动才可能产生质的飞跃。"反思是体验学习的关键,在反思过程中通过新旧知识、情感和策略的比较,发现问题,调整策略,重构自己的经验,形成自己的行动策略和方式。这样,达到认识、情感、观念的深化,才能产生质的飞跃。"③ 在思想政治理论课程学习过程中,学习者既可以反思该学习的目标和内容,也可以反思学习过程;既可以反思学习者自身的思想状况,也可以反思客体即学习的对象及其学习方式、方法等。学习者对自己在学习过程的亲身经历进行反思,经由整合、抽象、概括和提炼,以升华成新的认知理念和思想价值观。

2. 体验学习策略的基本模式

如前所述,体验学习是学习者通过实践和反思,获得新的理论知识、学习能力和价值观念的学习活动。体验和反思是一"心"的学习活动,即学习者一方面能够顺利进行学习活动,另一方面又能体验反思,发展这种具体而积极的体验能力。这需要从思想政治理论课程的性质和特点出发,而不能过度或泛化体验学习,也难以简单套用其他课程

---

① 参见李梅:《体验学习——21世纪重要学习方式》(硕士学位论文),华南师范大学2004年,第25页。
② 黄昕:《语文阅读教学中体验性学习的研究》(硕士学位论文),广西师范大学2008年,第8页。
③ 同上。

学习如人文素质课程学习的模式。众所周知，思想政治理论课程是一门理论性、思想性和逻辑性较强的课程，该课程以理论的形式着重阐发社会主流思想价值观念，而鲜有人文叙述性。但究其根本，思想政治理论课程是一门说"理"的课程，在理论阐明和内涵揭示之间始终离不开学习者对内容的感受和体验，教师在教育教学环节也必须借助通俗甚至是浅显易懂的教学设计传递深刻的思想价值内容，这无疑有助于强化该课程学习的内在体验。所以，该课程的体验学习既有一般体验学习的共性，又具有自身个性。言其"共性"，是指其体验学习的心理过程和心理机制与其他类型课程学习类似，均离不开情感体验；而所谓"个性"，是指其学习的步骤、程序和环节具有自身特点。从某种意义来说，体验学习与社会科学中"质的研究"接近。"质的研究是以研究者本人作为研究工具，在自然情境下采用多种资料收集方法对社会现象进行整体性探究，使用归纳法分析资料和形成理论，通过与研究对象互动对其行为和意义建构获得解释性理解的一种活动。"[①] 但是体验学习是在特定的教育情境中展开的，是针对特定学习内容的，且离不开教师的指导，它们在活动过程和活动目标方面类似。根据体验学习的内涵与特征，结合思想政治理论课程的性质和特点，其体验学习的基本模式如下：

（1）生成体验场

按照美国心理学家库尔特·勒温（Kurt Lewin）的"场理论"（field theory）观点，人就是一个场（field），人的心理活动是在一定的心理场或生活空间中进行的。心理场包括个体（person，简称P）和环境（environment，简称E），F是函数。每一种心理事件或行为（behavior，简称B）既取决于个体状态，也取决于环境，同时还取决于两者的相互作用，$B = F(P \cdot E)$。个体状态是指生理和心理特征，如身体状态、需要、动机等。环境并非客观环境，而是指由个体意识到的或虽未意识到、但对个体心理活动产生影响的准物理、准社会和准概念事实组

[①] 陈向明：《质的研究方法与社会科学研究》，教育科学出版社2000年版，第12页。

成的心理环境。① 根据勒温的场理论，本书认为思想政治理论课程学习体验场是其学习体验发生的空间、情境和氛围，是学习者意识到或虽未意识到的但对个体的学习体验产生影响的内部心理要素和外部诱发因素整体联系组成的情境和氛围。由于思想政治理论课程学习主要是以课堂为中心的文本学习，其体验学习场是在学习者文献阅读或学习影像材料观赏过程中生成的，这种体验学习场事实上就是一种学习情境，主要是一种心理意义的情境，而不是物理意义的。需要指出的是，该学习场或学习情境的生成，必须具备一定的条件：从教学角度来说，它是由教师通过巧妙地教学设计进行营造和有意识引导的结果，当然其教学设计必须贴近实际、贴近学习者；从学习角度来看，学习者在学习过程中必须全神贯注或是全身心地投入，在阅读或观赏中充分调动自己的生活经验和知识积累，在主动积极的思维和情感活动中油然生成。归根结底，体验学习情境的生成取决于学习者的精神状态和学习态度。

（2）与文本"对话"

按照现代参与知识观理论，"理解总是一种对话"，而"对话要求行动和参与，文本意义不是对某种唯一的'先在本质'，不是静观的接受对象，而是一种行动的过程"，"对话者个体要认识世界，就要生活在其中，在行动和参与中完成自我发现、自我观照和自我陶醉"②。所以，学习者主动与文本"对话"是其体验学习的关键一环。文本是体验学习的载体和材料，它作用于学习者的仅仅是语言或是图像信息，要发掘文本的深度意涵，离不开对文本的对话和解读。在此过程中，学习者通过联系自己的知识背景和生活经验，进行分析、筛选，将自己对文本的感受、理解、鉴赏甚至怀疑进行过滤、提炼，或引入相关的内容进行比较，提出自己的看法和观点。通过对文本有意识的解读，获得独特的感受和体验。这种"人——文本"之间的对话不但进一步强化了对已受感染的学习内容的认识，还唤醒了学习者对自己生活阅历的回忆、反思，在对话中产生碰撞、启发，形成一种价值体认或是对某种生命意义的感悟。

---

① 参见施良方：《学习论》，人民教育出版社2001年版，第157—160页。
② 高慎英：《体验学习论：论学习方式的变革及其知识假设》，广西师范大学出版社2008年版，第98—99页。

需要指出的是，此间的体认和感悟可分两种情形：一是渐悟，即缓慢的、累积的体验；二是顿悟，即瞬间的、巅峰的体验。① 这两种感悟均是学习者思想变化的方式，依据学习情境的不同而发生作用。

（3）获得理论认识

学习者经过亲自体验，获得学习感受后，体验学习就进入第三个阶段，即通过个体心理机制整合、同化或顺应等方式，将学习亲历（主要是心理亲历）中对社会事件、社会现象的感知以及情感体验，内化成为自身思想价值观念的过程。之前体验所得到的感受已经存在于学习者的认识当中，但这种感受还是认知的初级产品，需要"再加工"，这个"再加工"的过程就是新认知和已有认知融合的阶段。这种体验学习基本上属于学习者个体独立思考、整合、提炼的过程。在此之后，为了促进认识的进一步深化，还需要进入"合作学习"的阶段。建构主义认为，"学习者与周围环境的交互作用，对于学习内容的理解（即对知识意义的建构）起着关键性的作用。……共同批判地考察各种理论、观点、信仰和假说；进行协商和辩论，先内部协商（即和自身争辩到底哪一种观点正确），然后再相互协商（即对当前问题摆出各自的看法、依据及有关材料并对别人的观点做出分析和评论）。"② 这要求学习者之间将彼此的感受和认识进行交流、融会，可以弥补之前他们独立思考中的缺陷和不足。通过学习者之间的讨论、交流，可以帮助学习者再次梳理自己的认识和感受，促使认识程度进一步加深。由此学习者完成意义建构，获得理论认识。

（4）反思与提升

反思与提升是一对相互促进的关系，反思意味着提升，提升立于反思基础之上。反思是体验学习的关键性特征。在此，反思主要是指学习者对所获得的认识和结论进行反思，由此获得学习经验；经由反思，学习者才能从内心深处获得新的理论认识、学习技能和态度。该学习活动如果离开必要的反思，就无从提及体验学习。为了促进反思和学习活动

---

① 参见刘惊铎：《道德体验论》，人民教育出版社2006年版，第137页。
② 何克抗：《建构主义的教学模式、教学方法与教学设计》，载《北京师范大学学报（社会科学版）》，1997年第5期，第74—81页。

的良性互动,必须遵循以下几点认识:① 一是只有学习者自己才能反思他们的经验;二是反思是一种有意识的活动;三是反思是一种感觉和认知紧紧相连并相互作用的复杂的活动;四是反思是体验学习循环过程中的一部分。最后是提升,即将所获得的理论知识或是价值认识变成自己的思想价值观念。如此构成了完整意义上的体验学习过程。

3. 体验学习策略案例

● 关于"人生观及人生价值"的体验学习策略案例

(——学习内容源自《思想道德修养与法律基础》〔2009年修订版〕,见"第三章:领悟人生真谛,创造人生价值")

学习材料:《大山深处孤身支教——徐本禹》

(——该学习材料是"2004年感动中国人物"颁奖的电视场景)

事迹介绍:

2004年7月11日,一篇题为《两所乡村小学和一个支教者》的帖子出现在因特网"天涯论坛"上,内容是关于一个学生到西部农村支教。后来几个月间,几十万人点击了它,几千人发跟帖,还惊动了一位省委书记,改变了几百名孩子的命运。那个支教者就是徐本禹。

当初奔赴大方县猫场镇狗吊岩村的为民小学,22岁的徐本禹只为"喜欢教那些孩子",为此他放弃了读研究生的机会。

天涯论坛上有人发回帖说:"徐本禹应该改名,叫汝本愚,意思是说,徐本禹你这么做很蠢啊!国家培养一个本科生的成本需要4.5万元,这还不包括学生家庭的投资。回报社会应该有很多方式,可是你徐本禹却选择了性价比最低的方式,完全不符合经济学原理!"

而徐本禹说:"有的人一辈子收获不了一滴眼泪,可这个暑假,我几乎每天都被感动包围着。"正因为感动,徐本禹去了,正因为徐本禹去了,大方县的为民小学和大石小学变了。

---

① [英]伊恩皮吉尔、利兹·贝蒂著:《行动学习法》,中国高级人事管理官员培训中心译,华夏出版社2002年版,第173—174页。

徐本禹曾经回到母校华中农业大学作报告。谁也没料到，他在台上讲的第一句话是："我很孤独，很寂寞，内心十分痛苦，有几次在深夜醒来，泪水打湿了枕头，我坚持不住了……"本以为会听到豪言壮语的许多学生眼泪夺眶而出。

在得到很多支持和资助后，徐本禹仍然是那个记着"我娘讲的道理：当别人需要帮助的时候，伸出你的手"的山东农村小伙子。他会哭，会笑，会痛苦，也像许多男生一样为失恋而烦恼。徐本禹说，一根火柴本来只是为了能发出自己的一点亮光，但它点燃了整个天空，可火柴还是那根火柴。

颁奖辞：

如果眼泪是一种财富，徐本禹就是一个富有的人，在过去的一年里，他让我们泪流满面。从繁华的城市，他走进大山深处，用一个刚刚毕业的大学生稚嫩的肩膀，扛住了倾颓的教室，扛住了贫穷和孤独，扛起了本来不属于他的责任。也许一个人的力量还不能让孩子眼睛铺满阳光，爱，被期待着。徐本禹点亮了火把，刺痛了我们的眼睛。

【前学习阶段】

教师通过演示文档直接呈现问题：一是"人生为了什么？"；二是"怎样的人生更有意义？"。然后播放教学电视短片"大山深处孤身支教——徐本禹"的电视场景。

【学习阶段】

阶段一：体验情境生成

（1）学习体验情境生成。观看电视场景，获取感染的体验信息，沉浸于电视场景之中，产生心理共情，内在的心理情境由此生成。感人至深的画面，包括"泪"、"扛"、"刺"等解说词构成情境的意象，被赋予特殊的意涵："泪"是艰辛，是人生的财富；"扛"是人生的责任，"扛"住贫穷和孤独；"刺"意味着深刻性，触动了灵魂深处，"刺"痛了我们的眼睛。而"爱，被期待着"的言说被解读成孤身支教的个人力量呼唤着更多的感动，需要更多的社会行动和无私奉献。在"富有"

与"贫穷"的前后对照、"繁华城市"与"大山深处"的鲜明对比、"点亮"与"刺痛"的直接比较等解说词导引、渲染下,体验情境进入高潮。

(2)学习的信息初步形成。在体验过程中,形成关于"人生"、"人生价值"、"人生意义"等概念的感性的、质朴的认识。

阶段二:与文本"对话"

(1)对话与提炼。联系自身生活阅历以及周遭的现实环境,对比徐本禹的感人事迹,进行追问、质疑,激发内心的对话与碰撞,进一步接受感染,产生启发、思考。

(2)形成价值认同。在对话过程中,关于人生观、人生态度、人生价值等观点和看法不断被电视镜头用最直观、最鲜活的方式予以重新诠释和定义,感知其间的差距,诸多不正确的人生价值观在潜移默化中得到修正,形成价值认同,对人生观、人生态度、人生目的等思想观念产生深层次的理解和领悟。

阶段三:获得理论认识

(1)理论认识整合。经由前阶段的感知、体验与思考,形成具有价值和意义的认同;在此基础上,根据相关理论观点进行整合、概括和抽象,形成自己的关于人生观、人生态度和人生目的等思想观念的理论认识。

(2)理论认识形成。通过学习者之间交流、讨论、辩论,体验感受进一步提升,思考的缺陷和认识的不足得以弥补、完善,关于人生观问题的认识更加全面和深刻,理论认识形成。

阶段四:反思与提升

(1)学习结果的反思。学习者回到当初的学习体验和学习"事件"中,系统地梳理学习过程,重新评价已获得的学习感受和学习经验,进一步巩固理论认识,正确把握和领悟关于人生观的含义及其实质。

(2)学习结果的提升。经由反思实现意义建构,理论认识内化为思想政治道德观念和人生价值准则。

(3)学习结论要点:当代大学生不但具有理想信念坚定、价值取向正确、勇于战胜困难、乐于奉献社会的精神风貌,而且具有乐观向上、艰苦奋斗、积极进取、自强不息的宝贵品质。同时，当代大学生要始终坚持把个人价值与社会需要结合起来，把高尚的道德情操、远大的理想志向同实实在在的奉献活动结合起来，树立正确的人生观、价值观，自觉承担社会责任，追求崇高的生活意义，把自己融入于人民群众和现实生活之中。这些应是当代大学生积极的正确的人生观的基本内涵，"人生为了什么"、"怎样的人生更有意义"等问题结论自现，迎刃而解。

（三）探究学习策略

思想政治理论课程学习通常是一种接受式学习，学习者处于被动接受的境地，被动接受现成的结论，而不能真正参与到学习进程之中，难以真正认同和内化所呈现的或所给予的结论，其学习效果不佳。探究学习就是倡导学习者主动参与的探索发现学习，通过给予学习者适当的"参与权"，可以诱发学习者思考深层次的问题，提高他们用所学理论知识分析、解决社会现实问题的能力，引导学习者在"是什么"的基础上往"为什么"层面去思考、去学习。探究学习不仅使学习者真正成为该课程学习的主人，使学习者的主体性、能动性和创造性得到发挥，而且有利于将外在的理论认识内化为其内在的思想政治观念。

1. 探究学习策略的内涵和特征

探究学习策略的概念直接源于探究式学习。① 探究式学习是当下在基础教育阶段盛行的教育理念和模式，常常与自主学习、合作学习等相

---

① 在我国目前的基础教育理论和实践中，探究式学习与研究性学习这两种概念并存，这两种提法在各种研究文献中均占有一席之地。从它们的含义和特征以及研究的意图和角度来看，二者几乎毫无差别，尽管它们存在细微差别。杨心德、蔡维静在《社会科学学习与教学设计》一书中对这两个术语进行了辨析。详见杨心德、蔡维静：《社会科学学习与教学设计》，上海教育出版社2005年版，第181—183页。探究式学习的英语表述为 inquiry learning，从词义来看，inquiry 起源于拉丁文的 in 或 inward（在⋯⋯之中）和 quaerere（质询、寻找），按照《牛津英语词典》中的定义，探究是"求索知识或信息特别是求真的活动；是搜寻、研究、调查、检验的活动；是提问和质疑的活动"。其相应的中文翻译有探问、质疑、调查及探究等多种译法。《辞海》（1989年版）的解释：探究则指深入探讨，反复研究。而按照我国的《汉语大辞典》的解释，探究是指探索研究，即努力寻找答案，解决问题。从规范和统一称谓的考虑，本书只使用探究（式）学习或探究学习策略这种提法。

提并论，成为推进素质教育的一种教育方式和实践。

探究式学习（inquiry learning）理论属于"舶来品"，发端于美国，是美国芝加哥大学著名教授施瓦布（Schwab）于1962年率先倡导的，[①] 20世纪90年代传入我国，并逐渐成为研究的焦点，在基础教育领域得到广泛地倡导和实践。至今，已成为世界上大多数国家广泛采纳沿用的学习方式。

综合国内外的理论和实践，大致是从两个层面来界定探究学习内涵的：一是认为探究学习是一种类似科学探究的学习方式。国外代表性的观点如，施瓦布将探究式学习定义为这样一种学习活动："儿童通过自主地参与获得知识的过程，掌握研究自然所必需的探究能力；同时，形成认识自然的基础——科学概念，进而培养探索未知世界的积极态度。"[②] 美国国家科学教育标准中的定义为："科学探究指的是科学家们用来研究自然界并根据研究所获事实证据做出解释的各种形式。科学探究也指学生构建知识，形成科学观念，领悟科学研究方法的各种活动。"[③] 国内研究者也有类似主张，如徐学福认为："探究学习是指在教师指导下，为获得科学素养以类似科学研究的方式所开展的学习活动。"[④] 刘儒德认为："探究学习是指学生仿照科学研究的过程来学习科学内容，体验、理解和应用科学研究方法，获得科学研究能力的一种学习方式。"[⑤] 郑金洲在探讨课程教学改革中探究学习方式的运用时，指出探究学习是"运用探究的方式进行的学习过程和活动，也就是学生在教师的指导下，主动地发现问题，以一种类似科学研究的方法对问题进行分析和研究，从而解决问题和获得知识的过程和活动"[⑥]。二是从广义视阈界定其含义。譬如，肖川认为："探究学习就是从学科领域或现

[①] 转引自陈琦、刘儒德：《当代教育心理学》，北京师范大学出版社2007年版，第456页。
[②] 钟启泉编译：《现代教学论发展》，教育科学出版社1998年版，第46页。
[③] ［美］国家研究理事会著：《美国国家科学教育标准》，戢宇志译，科学技术文献出版社1995年版，第15页。
[④] 徐学福：《探究学习的内涵辨析》，载《教育科学》2002年第4期，第34页。
[⑤] 陈琦、刘儒德：《当代教育心理学》，北京师范大学出版社2007年版，第456页。
[⑥] 郑金洲：《基于新课程的课堂教学改革》，福建教育出版社2003年版，第136页。

实社会生活中选择和确定研究主题,在教学中创设一种类似学术(或科学)研究的情景,通过学生自主,独立地发现问题,实验操作,调查,信息搜集与处理,表达与交流等探索活动,获得知识,技能,情感与态度的发展,特别是探索精神和创新能力发展的学习方式和学习过程。"[1]任长松认为:"探究式学习是学生围绕一定的主题,自主寻求或自主建构答案、意义、信息或理解的活动或过程。"[2]

由上述对探究学习的界定来看,探究式学习作为一种学习方式,经历了一个理论和实践拓展的过程。探究学习最初运用于科学课程或自然科学课程领域,其主张是以类似科学研究的方式去获取知识或应用知识解决实际问题,从而在掌握知识内容的同时,让学习者体验、理解和应用科学方法,培养创新精神和实践能力,其主旨在于培养学习者的科学素养和科学技能。而现在的共识则是,科学课程或自然科学课程不是采用探究学习的唯一学科,探究学习也适用于其他课程特别是人文社会科学课程;探究学习不仅能培养学习者的科学素养,还能提升他们的人文素养,即使在科学课程的探究学习中,也能使他们的个性品质、心理素养、伦理道德观和社会责任感等得到一定程度的培养和发展。据此,本书认为探究学习是一种强调学生自主积极投身其中的学习活动方式,可以广泛运用于包括思想政治理论课程在内的课程学习;虽然它在基础教育实践中得到广泛推广,从某种意义来说,高等教育阶段的探究学习更具有可行性和可操作性,这是因为学习者能力素质更高、学习条件及学习环境更具优越性所致。

思想政治理论课程的探究学习与一般意义的探究学习类似,但该学习的目的则主要是通过探究学习以建构学习者正确的思想政治观念。基于此,思想政治理论课程中的探究学习策略,是指学习者在教师指导下,从学习问题出发,运用一定的学习方法和手段,相对自主探究,以使他们获得理论认识、发展能力、建构思想政治观念的学习过程和活动方式。

---

[1] 肖川:《论学习方式的变革》,载《教育理论与实践》2002年第3期,第42页。
[2] 任长松:《新课程学习方式的变革》,人民教育出版社2003年版,第106页。

在探究学习活动中,学习者面对的不是现成的学习问题,而是需要他们通过自主的、多样化的学习探究来发现问题、分析问题和解决问题,在此过程中获得理论知识、发展学习能力,并建构其正确的思想政治观念。探究学习由此集中具有三个方面特征。

其一,综合性。总的来看,"探究性学习是一种综合性实践活动,它不同于通常的分科系统的学习形式,而是对各种知识的整体把握和综合运用。"① 这种综合性学习强调通过问题来进行学习,要求以问题作为学习的载体,自觉以问题为中心,围绕问题的发现、提出、分担和解决来组织自己的学习活动。这样才能真正激发学习者的激情,才能真正领略到学习的乐趣与魅力。在此学习过程中,一方面强调通过问题来进行学习,把问题看做学习的动力、起点和贯穿学习过程中的主线;另一方面通过学习来生成问题,把学习过程看成是发现问题、提出问题、分析问题和解决问题的过程。② 这说明探究学习主要围绕着问题的提出和解决来开展综合性学习活动,"问题"是其学习的重要载体。在思想政治理论课程学习过程中,学习者所遇到的问题有宏大的理论问题和社会问题,而更多的则是学习者关注的"学生问题",这些"学生问题"主要包含学习者关心、关注的社会热点问题、理论焦点问题、人生意义问题等。以问题为导向的该探究学习所追求的目标不是确定不移的理论结论,而是通过问题深刻介入该课程教育教学之中,使其学习与教育教学形成互动,获得发现问题、解决问题的方法和途径。但学习者要具有以一定马克思主义理论知识为基础的开放的"问题意识",具有广阔的问题视野,其理论认识不能偏离社会主流的思想价值观,更不是非马克思主义或反马克思主义的理论观点。从这个意义上来说,探究学习就是把学习者带入他对世界、对社会、对人生的问题之中,让学习者经由有限但有效的学习活动培育起对社会的问题空间,不仅要获得创造性地运用理论知识、加工理论知识的能力智慧,更要学会运用马克思主义理论认识世界,树立正确的世界观、人生观和价值观。

---

① 汪霞:《研究性学习开发体制》,上海教育出版社2003年版,第15页。
② 参见蔡明星:《论探究学习》(硕士学位论文),福建师范大学2004年,第28—29页。

其二，开放性。如前所述，思想政治理论课程学习所要探究的问题多与学习者所感兴趣和关注的社会问题、人生问题，或是与该课程内容联系密切的理论焦点问题。因此，要真正探究这些学习问题，必须置学习者于一种动态、开放、生动、多元的学习情境之中，必然要突破以往该课程教育教学局限于课程一隅的封闭状态。首先，探究内容的开放性。该课程所探究的问题既要与教材上的课程内容和理论知识体系有关联，但又不能局限于此，把学习内容仅仅限制于对课程文本的注解。在学习过程中，学习者可以根据自己的学习兴趣、学习需要和学习特长，从社会事件和社会现象中选择感兴趣的问题，并通过围绕某个问题学习、借鉴、移植其他学科课程的理论知识，建构起跨学科的理论视野，学会对理论多学科知识的融会贯通，多层次、多角度地思考问题。其次，探究时空的开放性。学习者的探究活动主要在课堂时间进行，也可以在课余时间进行，如通过参与该课程实践学习来完成。再次，探究方式的开放性。"探究学习从实质上讲就是培养学习者发现问题、解决问题的能力，这就和传统的学习活动有着本质的不同。"[①] 学习者研究的问题具有不确定性，研究方式是多样的，如资料查寻、社会实践、调查访问等方式。最后，探究结果的开放性。"与不确定性和开放性相适应，探究（研究）性学习的过程和结果必然呈现多样性。"[②] 探究学习允许学习者根据自己的理解以自己熟悉的方法去解决问题，允许不同的学习者按自己的思维方式和掌握的资料得出不同的结论，不追求结果的唯一性、标准化。研究成果的表现形式也是多种多样的，但主要是论文、调查报告和研究心得等。有研究者从一般视角阐明："探究学习应是一个开放的活动系统，需在与其他学习方式的相互作用中得到不断改进，同时也可以结合专业学习、专业实习等方式来开展。探究学习要求源于探究的本质即反思思维，如此才会建立与不同学习能力水平、不同学习内容等相适应的探究学习，而不至于把探究学习或其某一模式教条化、理想化。同时，探究学习策略的开放性要求教师正确看待探究学习与其他学习策略的关系，

---

① 参见蔡明星：《论探究学习》（硕士学位论文），福建师范大学2004年，第31页。
② 汪霞：《研究性学习开发体制》，上海教育出版社2003年版，第15页。

诸如自主学习策略、体验学习策略,等等。这些学习策略都有其独特之处和长处,学习者要善于从中汲取优点,以促进探究学习策略自身的完善与发展。"① 所以,探究学习的这种开放性,改变的不仅是学习方式、方法和手段,更重要的是它提供给学习者深刻融于该课程学习的途径,促使学习者关心社会现实、把握社会发展趋势和感悟人生真谛。

其三,生成性。探究学习具有亲历性和过程性,研究者一般"将整个探究学习过程看得比结果更为重要"②。通过探究学习活动,学习者体验了类似一般科学探究的全过程,从提出问题、确定研究的方法、程序,直至最后的学习评价,都需要他们自己执行、实践,从中得到真正的锻炼和提高。即使最后没有获得明确的结论,只要亲历这一探究过程,学习者也会有学习体会和理论感悟。这表明探究过程也是生成过程。个中因由在于探究学习过程并不是教师把预先设计的属于教师理论视野之中的理论知识有效地、按部就班地传输给学习者的过程,而是学习者根据学习材料或社会现象自己寻找问题、发现问题,结合学习任务和学习目标,运用自己的理论知识和学习经验,谋求解决问题的方法和途径,直至问题的解决。有研究者指出:"这种学习活动方式使学习者参与到超越简单理论知识授受的、深层次的、充满问题的学习情景的创造性建构之中。对于学习者而言,生成性的特点使探究学习充满着超乎预设之外的诱惑力,一种源自学习者思想观念发展的诱惑力,它对学习者的知识和智慧构成挑战,使学习者潜能在富于挑战与激励的学习情景和学习活动中不断释放、展现出来。"③ 所以,生成性同样蕴涵在思想政治理论课程的探究学习活动之中,无生成性就不可能是完整的探究学习。

探究学习的过程比其结果更为重要。因此,在评价学习者的学习成果时就不应以简单的"是"与"非"为评判标准,更不应该以所谓问题的学术价值和社会效益作为评价的主要依据,而要看学习者的态度和

---

① 参见蔡明星:《论探究学习》(硕士学位论文),福建师范大学2004年,第31页。
② 汪霞:《研究性学习开发体制》,上海教育出版社2003年版,第14页。
③ 参见蔡明星:《论探究学习》(硕士学位论文),福建师范大学2004年,第29—30页。

学习表现，要以形成性评价为主，以学习者的自我评价和相互评价为主。通过学习者的自主探究去获取理论知识，学会探究方法，获得情感体验，增强学习能力，其知识、能力、情感、态度方面的收获相对于探究结果来说更为重要。

2. 探究学习策略的基本模式

探究学习以问题为中心来构建其学习过程，把问题假说的提出和探索求证看做探究活动的核心。该学习策略的执行过程类似教育学中"行动研究"的过程，即"在教育情境中进行的，与特定问题相联系"，或是研究者"从行动出发、通过行动进行、并着眼于改进行动的"。[①] 但探究学习与"行动研究"的区别在于它不是对现实世界进行功能性干预，其主要目的是让学习者自己怎样对学习问题进行思考和反思。通过探究过程，学习者应当学会给这些问题定义，学会用不同的视角看待这些问题，发挥自己学习的主动性，激发学习的兴趣，并尽可能在现有结论的基础上进行总结，获得一种理论认识，深化对蕴涵于其中的思想政治观念的领悟。其基本程序大体分为以下几个阶段：

（1）确证探究问题

探究学习中问题的确证至关重要，它直接影响问题研究的成败。探究的问题或产生于课程内容之中，或产生于对阅读材料的反思，或产生于课堂学习过程中的某个冲突以及一系列的其他来源。学习者能提出有价值的研究问题包括三个过程：发现问题、评价问题、将研究问题转变成研究专题。问题要从学习者的兴趣、理论水平出发，教师在此阶段只能起指导作用，而不是呈现现成的问题给学习者。发现问题需要学习者积极的探究态度和问题情景的激活。学习者发现的问题是否有价值？问题是否具有研究的可行性？学习者需要运用相关的理论知识进行评价，将所发现的有价值问题转变成研究课题。

（2）制订探究方案

细致、完善的探究方案是探究学习得以顺利进行的保证。一份完整的方案通常包括课题名称、选题目的、理论依据、研究范围、研究对

[①] 陈琦、刘儒德：《当代教育心理学》，北京师范大学出版社2007年版，第17页。

象、研究所需要的条件、研究步骤、预期的成果形式等。学习者在这一阶段围绕着问题,通过阅读教材、查阅文献报刊、查阅图书资料、网上浏览、阅读教学参考书等形式搜集有用信息,掌握大量第一手感性资料。在此基础上及时进行分类整理、分析加工,确定资料的价值和使用方向,进行去粗取精、由表及里的研究,从中提取有价值的信息,争取使材料具有典型性或代表性。研究方案是学习者思维的外显化,研究方案越详细,越具有操作性,研究的实施过程就越容易推进。当然,在研究过程中如果出现问题,应随时调整研究方案。

(3) 实施探究过程

落实探究的过程也就是学习者解决问题的过程。探究活动是多样的,主要有行动研究、调查研究、资料研究等。学习者掌握理论知识、学习能力和策略的水平直接体现在他们完成研究的质量上。同时,学习者与其学习伙伴合作的程度及其是否具有克服困难的意志也决定了他们的研究能否顺利实现。

(4) 形成探究成果

学习者在通过研究获得初步研究结论后,需要以一定的形式将其成果表现出来。由于思想政治理论课程学习所涉及的问题内容复杂,大多是关于理论性、人生性和社会性的问题,往往需要学习者提出自己的见解,形成自己的观点。所以不同于科学探究项目以有形的科研成果结题,其成果形式具有多样性,一般是研究报告或研究论文,也可以是学习者口头的结论汇报。尽管如此,学习者也需要考虑如何表现探究认识。认识或结果呈现形式的质量取决于学习者对相应学习能力的掌握程度,特别是学习者表达能力和写作能力的高低。

以上四个环节是探究学习策略的一般步骤。当然,这四个阶段的顺序并非一成不变的,要根据学习活动的实际而灵活运用,有计划、有步骤地认真实施,力求取得更好的效果,防止其学习活动的模式化、程序化。

3. 探究学习策略案例

● 关于"进京'赶考'"的探究学习策略

(——学习内容源于《中国近现代史纲要》〔2009年修订版〕,见

"第四章：为新中国而奋斗")

学习材料：《进京"赶考"》

毛泽东和中共中央其他领导人一开完七届二中全会，在三月二十三日离开西柏坡，进驻北平。在进行出发的准备工作时，毛泽东对周围的人说，同志们，我们要进北平了。我们进北平可不是李自成进北平，他们进了北平就变了。我们共产党人进北平，就要继续革命，建设社会主义，直到实现共产主义。出发前，毛泽东只睡了四五个小时，他兴奋地对周恩来说："今天是进京的日子，不睡觉也高兴啊，今天是进京'赶考'嘛。进京'赶考'去，精神不好怎么行呀？"周恩来笑着说："我们应当都能考试及格，不要退回来。"毛泽东说："退回去就失败了。我们决不当李自成，我们都希望考个好成绩。"

（——摘自金冲及主编：《毛泽东传》〔下〕，中央文献出版社1996年版，第916—917页。）

【前学习阶段】

教师通过演示文档扼要说明当时的革命形势及党的七届二中全会的概况，并着重强调毛泽东在七届二中全会上所提到的"两个务必"思想，然后呈现拟学习材料。

【学习阶段】

阶段一：确证探究问题

（1）发现问题。结合历史背景，分析毛泽东和中共中央其他领导人在离开西柏坡、进驻北平前所抱的"进京赶考"的心态，毛泽东等领导人对取得更大胜利的希望和信心；认识毛泽东等中央领导同志对成为执政党的深刻思索；然后结合课程内容，认识毛泽东在中共七届二中全会所提出的"务必继续保持谦虚、谨慎、不骄、不躁的作风，务必继续保持艰苦奋斗的作风"的思想；并结合现实认识这一思想所具有的现实意义。

（2）明确问题。通过阅读相关材料，进一步把握了进京"赶考"的历史内涵：1949年春天，中国革命即将在全国范围内取得胜利。中国共产党即将由局部执政、全国范围的在野党转变为全国范围的唯一执政党。执政是革命胜利的最大成果，是大好事，但也是一种新的严峻考验。对此，毛泽东给予了足够的估计，及时敲响了警钟：我们决不当李自成，我们都希望考个好成绩。据此，对问题进行确证，提出"加强党的建设的必要性和重要性"问题作为探究的主题，并围绕该问题收集材料，论证"进京'赶考'"的历史意义及当代启示。

阶段二：制订探究方案

（1）设计研究方案。这一阶段先要对探究的问题进行分解，明确探究的内容，然后再确定使用的探究方法。

（2）分析探究可行性。就收集材料的方式和途径、影响因素、探究方案等进行评估，然后形成执行方案。

阶段三：实施探究过程

（1）收集、整理材料信息。收集、整理材料信息在此主要指收集并整理与探究问题相关的材料，在此案例中即是关于党的建设方面的材料。实际上，在探究过程中，收集材料和整理材料这两个步骤并不是截然分开的，而是相互影响、循环前进的。这里指要收集、整理、阅读来源于是网络上的文献研究。

（2）考虑问题的呈现方式。根据自己的判断，对探究材料进行取舍、择取后，考虑如何呈现问题和结论，这一步骤也非常重要，因为问题和结论如何表达实际上是理解、把握问题深度的反映。

阶段四：形成探究成果

（1）按照问题的内在逻辑以及社会科学的学术规范，以简略得当、主次分明的方式把问题阐述清楚，而不是"流水账"，使问题得到解决。

（2）将自己的认识与其他学习者进行交流，以发现其中的不足或缺陷，在总结和修改的过程中加深对该学习问题的理解，并作必要的反思。

（3）探究成果要点：中国共产党之所以能久经磨难而不衰，千锤百炼更坚强，一个重要原因就在于党始终把自身建设放在至关重要的地位，贯彻从严治党、党要管党的方针，重视加强党的各方面建设。这是中国共产党在中国革命、建设和改革伟大进程中取得一个又一个胜利的重要法宝。

　　需要强调的是，在思想政治理论课程学习策略的执行过程中，教师的作用至关重要，甚至无可替代。但是，教师的作用和角色因学习需要和学习进程的变化必须发生转变，教师的主要精力不能仅放在理论知识的系统传授上，还要为该课程学习提供指导和帮助，更多的时候是领航者和示范者，或者如苏格拉底所言的精神"助产士"，这是因为"教育并不意味着教人们知道他们所不知道的东西；教育意味着当人们不知道如何做的时候，教他们怎么做"①。这表明在学习策略执行过程中，"教师的职责现在已经越来越少地传递知识，而越来越多地激励思考；除了他的正式职能以外，他将越来越成为一个顾问，一位交换意见的参与者，一位帮助发现矛盾观点而不是拿出现成答案的人。他必须集中更多的时间和精力去从事那些有效果的和有创造性的活动：互相影响、讨论、激励、了解、鼓舞。"② 因此，教师要真正确立"以学生为本"的教育理念，善于进行角色转换，而不能是以思想理论的代言人或理论权威自居，绝对支配或是掌控其学习活动的始终，而应当成为该课程学习的组织者、促进者和共同的参与者。

---

① 转引自鲁洁、王逢贤：《德育新论》（第二版），江苏教育出版社2002年版，第460页。

② 钟启泉、安桂清：《研究性学习理论基础》，上海教育出版社2003年版，第107页。

结 语 提升思想政治理论课程学习效果的相关对策

思想政治理论课程学习不是纯粹的个体实践活动,也不是超然于现实之上的实践活动,学习者总是身处学校教育环境之中,并在教师的指导和引领下自主进行;同时,该课程学习自始至终皆受到周遭环境及其他教育因素的影响。① 因此,探讨思想政治理论课程学习,不但要关注学习者的行动及其学习过程,总结其学习活动规律;还要全面探析影响其学习活动的其他因素,从学习者之外的更为开阔的视野探讨该课程的学习问题,为学习者如何更有效地学习创设必要的前提条件,为改进其学习提供相应的策略和方案,从而提升思想政治理论课程学习的效果。其中对该课程学习影响最为显著的因素包括教育教学理念、教育教学方式方法、课程体系和学习评价标准等,这些均是从教育者角度所提出的要求。

一、构建思想政治理论课程学习的生态系统

生态是自然科学的一个重要概念,意在探讨生物与环境因素的相互关系,在生态科学发展的基础上,逐渐形成了生态观。"当生态学发展到人和自然普遍的相互作用问题的研究层次时,就已经具有了哲学的性质和资格,它已经形成了人们认识世界的理论视野与思维方式,具有了世界观、道德观和价值观的性质。"② 生态观就是用生态学的观点观察自然、人类与环境相互关系的观点和学说的体系。"它的主要特点是,

---

① 本书第二章相关内容已从"现实主义"的角度,对该课程学习的生态进行了审视和观照。
② 佘正荣:《生态智慧论》,中国社会科学出版社1996年版,第35、41页。

从'反自然'的哲学走向尊重自然的哲学。"① 生态观"确认一切事物和现象之间有一种基本的相互联系和相互依赖的关系"。② 生态观作为当今一种重要的社会思潮,业已广泛而深刻地应用于社会科学领域,其意义在于运用生态学原理思考、解决人和自然协调发展、人与社会协调发展以及社会实践活动中各要素之间协调发展等问题,并研究如何最优地处理它们之间的关系。

在学习领域也有同样的研究理路,即运用生态原理去研究学习领域中各种因素对学习活动影响的发展规律,于是就有"学习生态"之说。学习生态概念最早见诸联合国教科文组织"学习无国界计划"负责人杨·维瑟（Jan Visser 1999）在（Overcoming the Underdevelopment of Learning）这本著作,③ 该书从生态学的视角分析学习,提出学习生态（the ecology of learning）的观点。我国研究者也对学习生态进行了一定的探讨,有研究者认为,所谓学习生态,"是指由学习社群及其物理的和虚拟的学习环境构成的自成一体的实体。学习者生活在这样的生态圈之中,他们彼此之间,他们与教师、专家及其他成员之间,他们与学习环境乃至整个社会文化之间,都存在复杂的互动关系"④。很明显,学习生态概念与我们所熟悉的学习环境概念之间较为近似,但二者内涵不同。"学习环境是指学习者在学习过程中可能与之发生相互作用的周围因素及其组合,它包括学习者可能要利用的内容资源、技术工具,包括可能会发生交往关系的人,如教师、同学等,也包括作为学习活动的一般背景的物理情境和社会心理情境。"⑤ 由此看出,学习生态侧重于用联系的观点、矛盾分析的观点和系统论的观点来认识和把握学习者与各要素间的动态的互动关系,而学习环境则是从静态角度理解学习者与各

---

① 刘贵华：《生态哲学与大学教育思想变革》,载《高教探索》2001 年第 3 期,第 20 页。
② 同上,第 18 页。
③ 参见张豪锋、卜彩丽：《略论学习生态系统》,载《学术论坛（上）》2007 年第 4 期,第 23—24 页。
④ 陈琦、张建伟：《信息时代的整合性学习模型——信息技术整合于教学的生态观诠释》,载《北京大学教育评论》2003 年第 3 期,第 92 页。
⑤ 陈琦、张建伟：《信息时代的整合性学习模型—信息技术整合于教学的生态观诠释》,载《北京大学教育评论》2003 年第 3 期,第 94 页。

要素间的关系。

学习生态的提出实际上反映了当代教育观念的一种变化,即从"以教师为中心"转移到"以学习者为中心"上来,因此教学环境主要就是指学习环境。本书以为,在思想政治理论课程学习过程中,学习者与影响其学习活动的各要素之间是一种动态的、互动的关系,而不是单向度的、线性的关系,因此,要改善和推进该课程学习活动的有效开展,必须构建该课程学习的良性生态系统。从思想政治理论课程教育教学的实践来看,其学习生态的构建主要从三个层面着手。

(一) 树立"以学生为本"的思想政治理论课程教育教学理念

学习者如何学,这既是学习者自身学习能力、学习方法、学习动机、学习态度等问题,但同时也是教育教学的问题,即教师如何引导和帮助学习者学习的问题。因为学习是教育教学的中心环节,是教育教学的落脚点和归宿,是实现教育教学目标的关键所在。教师如何引导和帮助学习者,便涉及教育教学方式、方法和手段问题,涉及教学策略问题,但首要的是教育教学理念问题。教师的教育教学方式、方法和教学策略等问题是其教育教学理念的体现,有什么样的教育教学理念,就相应的具有什么样的教育教学方式、方法和教学策略。从这个意义上来说,教育教学理念的转变是根本的转变,什么样的教育教学理念就决定着什么样的学习活动开展方式。

在当下的思想政治理论课程教育教学境遇中,教师首先要树立"育人为本,以学生为本"的教育教学理念,即"生本发展观","既为了学生发展又依赖学生发展,学生既是发展的目的,又是发展的手段",而不是"以文本为本"。所谓"以文本为本",是指教师"在教育过程中,只重备课,忽视'备人';只讲抽象理论,忽视人的具体实践;注重文本逻辑,忽视人的发展需要;强调文本意义阐释,忽视社会实践发展等等"[1]。"以文本为本"的理念有其合理性的一面,因为思想政理

---

[1] 郑永廷等:《德育发展研究:面向21世纪中国高校德育探索》,人民出版社2006年版,第145页。

论课程毕竟是一门理论性、学科性和逻辑性很强的课程，需要教师进行艰苦而深入地教学研究，才能真正掌握该课程内容的精髓，掌握其教学的重难点，才能在教育教学中运筹帷幄，简繁得当。然而，"以文本为本"又有其明显的局限性。由于该课程教育教学是一种以人为明确实践对象（即学习者）的实践活动，教育教学是否有效不只是取决于教师的理论水平和教学素质，而在很大程度取决于学习者对课程内容的理解、接受和转化的程度。学习者是具有思想、学习期待和学习需求的个体，教师的教育教学必须从这个基点出发开展其教学活动，因此必须树立"以学生为本"的教育教学理念。

这里的"以学生为本"就是要求把学习者作为思想政治理论课程教育教学的出发点和落脚点，把学习者看做是具有独立个性和特定观念的主体，具有无限发展潜力的主体。一方面，在教育教学中要突出学习者的主体性，因为理论知识的获得、学习能力的发展和思想品德的形成归根结底必须依赖学习者自身的主观努力，一切外在的影响因素只有转化为学习者的内在需要，引起学习者的强力追求，才能发挥其对学习者身心的巨大塑造力，所以教育教学的一切活动都必须以调动学生的主动性、积极性为出发点。另一方面，在教育教学中教师和学习者在人格上完全平等，所以应实现教育教学的民主化，以正面引导、疏导、说服为主，晓之以理，动之以情，导之以行，营造生动活泼的学习氛围。"以学生为本"的理念在实际教育教学实践中应包括以下几方面内容：

首先，正确认识和了解学习者。毛泽东说："我们是马克思主义者，马克思主义叫我们看问题不要从抽象的定义出发，而要从客观存在的事实出发，从分析这些事实中找出方针、政策、办法来。"① 当前我国正处于社会转型期，各种思想观念和价值观必然反映到高校中来，反映到学习者的身上。由于家庭环境、社会氛围等诸多因素的影响，学习者的思想呈现出比以往更加多元和复杂的趋向。在这种情形下，教师只有以平等的态度对待学习者，尊重学习者，学习者才会积极主动地与教师交流思想，教师才能接近学习者，深入地了解学习者。如果教师凌驾于学

---

① 《毛泽东选集》第3卷，人民出版社1991年版，第853页。

习者之上而不尊重他们，就会失去与学习者接近的机会而无法了解他们。教师应该相信学习者，尊重他们的人格、意愿，以平等的态度对待学习者，还应具有向他们学习的谦虚态度。只有如此，才能比较全面地把握学习者的思想脉搏和心理特点，才能联系他们的思想实际，加强教育教学的针对性和实效性，在思想上为学习者"解惑"，才能真正做到"以学生为本"。

其次，满足学习者的合理需求。正确认识学习者的目的既是为了满足他们的合理需求，也是让他们主动接受思想政治理论课程学习的关键。由于大学生在来源、家庭所属社会阶层、所处的境况等诸多方面的差异，其思想活动的特点和要求也会不同。他们不仅在世界观、人生观和价值观等方面存在着程度不同的差异性，在生活方式、行为方式等方面也有显著不同，这些因素综合地体现为学习者对学习需求和学习期待的差异。在实际学习过程中，学习者对学习环境、教师的教育教学方式方法、信息的传递形式等方面有不同程度的个性化需求。坚持"以学生为本"就是要承认这种思想层次的客观差异性、学习需求的差异性，认真细致地进行教育引导，增强思想政治理论课程教育教学的针对性和实效性。总的来说，学习者对思想素质有着发展的内在需求，这种内在需求是加强该课程教育教学最重要的基础。要合理引导并且善于激活学习者这种内在的精神需求，而不是压制这些需求，重视和提升学习者积极向上的需求就是思想政治理论课程教育教学的"以学生为本"。

最后，该课程教育教学过程的设计要彰显"以学生为本"。长期以来，该课程教育教学多是从"文本"或是社会需要的角度来考虑其教育教学过程，即从学习者之外的因素来考虑。现在则要求转向从学习者成长成才的角度来考虑该课程教育教学的设计，准确把握学习者成长成才的基本规律，客观面对日趋多元的思想观念、价值取向和文化需求，这有利于克服和匡正以往教育教学的工具性、机械性、盲从性、外在约束性等弊端，从而走向人文关怀的教育教学轨道。"以学生为本"的教育教学过程是通过教师和学习者之间的平等交往和对话而实现的，这种交往和对话，不是教师单向的灌输过程，避免了教师对学习者居高临下的权威者的姿态，而是教师与学习者双方"个性渗透过程"，[①] 是在教师主导的基础上与学习者平等的交流。在教育教学过程中要对学习者的思想状态和思想水平有一定的预见性，然后有意识地对症下药，准确选择和把握教育教学机遇，引导他们主动参与其中，并最终促进学习者思想观念的自我转化和自主发展。还要坚持"学习需求无小事"的原则，满足学习者合理的学习需求，引导他们的学习期待，帮助他们实现学习任务和学习目标。

此外，在教育教学方式和手段上也要适应"以学生为本"的要求，与先进教学技术手段相结合。教师注重对学习者喜闻乐见的高新科技载体的利用，满足学习者对思想教育方式方法上可读、可视、可听、可亲、可信、可学、可参与、能互动的要求。

（二）改进和创新思想政治理论课程教育教学的方式和方法

思想政治理论课程教育教学是教师在一定的社会环境中运用一定的中介手段系统地向学习者传授科学理论的活动。因此，在整个思想政治理论课程学习生态系统中，教师及其教育教学活动是影响其学习效果的重要变数。教师是学习活动的号召者、发动者、组织者，是该课程的传播者或施教者，这说明学习活动离不开教师的组织和导引，不然其学习活动将陷入无序混乱、自行其是的状况，达不到应然的效果。由此看出，该课程学习与教育教学之间相互关联，其学习在很大程度上受其教育教学的影响和制约。虽然该课程教育教学具有内在的规定性，有一整套的操作规程和实施环节，但该教育教学对学习者的影响始终是通过教育教学方式、方法和手段来实现的。从这个意义来说，教师及其教育教学的影响实际上是通过其教育教学方式方法来实现的。良好的教育教学方式方法，不仅有利于课程内容的实施，而且有助于提高思想政治理论课教学的说服力和感染力，激发大学生学习理论、提高理论修养的积极性和主动性，进而提高思想政治理论课程学习的效果。

[①] 鲁洁、王逢贤：《德育新论》（第二版），江苏教育出版社2002年版，第460页。

1. 改革和创新思想政治理论课程教育教学方式方法的必要性

思想政治理论课程意义重大，但讲授的难度也大，通过什么样的方式方法把思想政治理论的内容内化为学习者头脑中科学的世界观、人生观和价值观，这不仅要求教师具有深厚的理论功底、崇高的人格魅力，讲授必须是高起点、高层次、高水平，还要求教师具有高超的教学艺术。良好的教学艺术，依赖于教学方式方法的创新。"教学方式方法的创新，关键在于：一要把握好教材内容中教学要点的精神实质；二要真正了解和理解当代大学生。只顾了一头而不顾另一头，就难以达到教学方式方法改革的目的。"①

在教学领域里，教学内容与学生学习是教学的两极，教学是使课程与学习联系的中介。任何教学活动的组织和安排都是从有利于学生学习的角度出发，而且教学的绩效最终也是由学习的效果来体现。从教学与学生的关系看，"学生是教学认识的主体"②，也是教学活动中学的主体。学习者是教学活动的能动参与者，其学习活动是不能由教师教的活动所取代的。教师教的活动的影响及其意义，只有在得到学习者自主意识的选择、支持后，才能对其知识、能力、个性品质、身心等方面的发展起到积极有效的作用。因此，教师的教的活动要建立在学习者对学习的积极的、主动的、自我追求的基础之上，尊重学习者的自主、独立、创造的意识和努力，这样"教育研究过程对学生的发展应具有伦理意义和道德意义"③。因此，如果没有符合大学生思想特点、符合时代发展要求的教学方法和方式，就很难取得思想政治理论课教育教学的实效。毛泽东曾形象地比喻说："我们的任务是过河，但是没有桥或没有船就不能过。不解决桥或船的问题，过河就是一句空话。不解决方法问题，任务也只是瞎说一顿。"④ 面对当代大学生学习方式变化、思维方式变化、接受新知识方式变化的实际，教师只有积极探索符合教育教学规律

---

① 顾海良：《着力创新，推进高校思想政治理论课的新发展》，载《思想理论教育导刊》2005年第11期，第34页。

② 北京师范大学教育系编：《教学认识论》，北京燕山出版社1988年版，第107页。

③ 郭元祥：《关于教育学研究的科学性的若干问题思考》，载《华东师范大学学报（教科版）》1997年第1期，第74页。

④ 《毛泽东选集》第1卷，人民出版社1991年版，第139页。

和学生学习特点的方式、方法,坚持教育教学方法和方式的创新,要"更加贴近大学生的思想实际,更加贴近大学生的思维方式实际"①,努力做到因人、因时、因地、因材施教,才能真正达到使学习者真学、真懂、真信、真用的教育目的。

"把握教材内容和教学要点的精神实质,是把思想政治理论课从教条中解放出来、从呆板中生动起来的重要条件。"② 改革和创新教学方法和方式,是实施新的思想政治理论课课程体系的重要环节。一方面是思想政治理论课程教学内容的要求,思想政治理论课程要把发展的马克思主义贯穿于教学全过程,而发展的马克思主义是建立在马克思主义基本原理和当今时代结合基础上的理论,是把马克思主义的科学原理和科学精神有机地结合的理论,学习和把握与时俱进的马克思主义的理论品质是对思想政治理论课程教师素质上的特殊要求;另一方面也是对教师的工作方法和思想方法的要求,如何在教学中体现时代感、提高教育教学语言表达的生动性、课程内容阐述的现实感和针对性等等,都需要运用与时俱进的教育教学方法和思想方法作支撑。

2. 改革和创新思想政治理论课程教育教学方式方法的具体举措

首先,创新课堂教育教学方法,突出针对性和时代感,增强实效性和感染力。教师要积极探索行之有效的课堂教学方法,融会使用如案例式、讨论式、参与式、互动式、研究式、情景式、体验式等多种形式,坚决改进和摒弃以往教育教学中的"填鸭式"、"一言堂"、"照本宣科"等各种抑制学习积极性的方式方法。应围绕党和国家的工作大局和时代要求,关注重大理论和实践问题,科学解答大学生关注的热点、难点问题,不断增强思想政治理论课的说服力和感召力。但必须指出,选用让学习者积极参与的教育教学方式方法,是为了激发学习者主体性的发挥,这并不意味着可以忽视教师自身的引导作用。相反,它要求教师更加积极主动地发挥自己的主体性和主导性。惟有如此,才能对学习者的学习予以及时地引导,保证其学习沿着正确的方向进行。如果误以为采

---

① 顾海良:《着力创新,推进高校思想政治理论课的新发展》,载《思想理论教育导刊》2005 年第 11 期,第 34 页。

② 同上。

用让学习者积极参与的教育教学方式方法,就是放任自流地让学习者自己讨论或者演讲,而不去认真地钻研、备课,这不但不能提高反而会降低授课质量,不能真正激发学习者的学习积极性。

其次,加大实践教育教学力度,引导大学生在实践中巩固课堂教学成效。"现代教育观告诉我们:教学局限于课堂,内容局限于理论,方法局限于灌输的方式已为时代所弃。"当今时代,各种新问题、新现象不断涌现、层出不穷,并且不断地渗透、冲击到高校思想政治理论课程教育教学之中。这一客观环境要求把"书本知识和社会实践结合起来,提高学生用马列主义基本理论、观点正确地、客观地分析问题、解决问题的能力"①。而且,"思想政治理论课程的特殊性恰恰又在于其教学活动不能仅仅停留在理论教学本身,而必须把理论转化为学生的思想政治素质,以学生思想政治素质的提升为核心目标,而要想使一个人超越个人自身体验的局限性,形成更为宏观的思想政治观念,最好的方法是参加社会实践,在实践中增长知识才干。"② 这就对该课程教育教学提出两个要求:一方面,教师要丰富实践内容,把实践教学与社会调查、志愿服务、公益活动、专业实习活动等结合起来;另一方面学校和教师应拓宽实践渠道,建立一批相对稳定的社会实践基地。高校及相关主管部门要予以有力的支持,完善实践保障机制,从经费支持、课时分配、组织安排、安全保证等方面加大力度,形成实践育人的长效机制。

最后,重视运用现代教学手段,改革和创新其教育教学载体。教育教学载体是思想政治理论课教学内容和方法的物质依托,是进行教育实践活动的必要条件。长期以来,思想政治理论课教学基本上都是"一本书、一块黑板、一支笔、一张嘴"之类单调呆板的教育教学载体,无法激发大学生理论学习的积极性和想象力,影响该课程学习的效果。随着科技手段的发展和普及,思想政治理论课程教育教学的载体也应逐步多样化、现代化,要善于通过先进的载体为思想政治理论课程教育教学服

---

① 转引自骆郁廷:《高校思想政治理论课程论》,武汉大学出版社2006年版,第232页。
② 余双好:《加强思想政治理论课程建设,提升思想政治理论课程主导性》,载《高校理论战线》2005年第6期,第25页。

务，提高该课程学习的效果。一是积极倡导在教学中使用新技术、新手段，注重先进教学方法和教学技术手段的开发和运用，发挥多媒体和网络等信息技术的重要作用，逐步实现教学手段现代化。如多媒体课件、网络技术的运用可以集文字、声音、图像于一体，生动直观形象，有利于提高学习者的学习兴趣，有助于学习者对抽象概念和理论知识的理解和掌握，具有传统教育教学手段不可比拟的优势。二是积极开发网络教育资源，形成网上网下教育教学的互动。面对课程容量大、教学时数少、师生见面稀的情况，可以充分发挥网络信息联系便捷的特点，建立教育教学的网络拓展方式：教师可以开设个人教学博客，其内容涵盖对课程内容的答疑解惑、学术前沿介绍、经典好文推荐等，借此拓展学习者的学习视野；教师可以借助公共论坛，开辟"问题讨论"、"读书交流"、"你说我说"、"考试专版"等学习专题栏目，围绕不同话题，形成学习者之间、师生之间的思想碰撞、相互切磋与共同提高；教师还可以采用邮件交流的方式、通过在线对话的方式回答学生的问题、了解学生对教学的反馈情况。这样就把高校校园网建设成为思想政治理论课的重要渠道和发展平台。

需要指出的是，改进和创新教育教学方式方法，实现教学手段多样化，必须依据学科理论内容的特点，着眼于思想理论的教育。传授不同的教育教学内容需要不同的教育教学方式方法和手段，但教育教学方式方法和手段的选择又必须服务于教育教学内容的传授。如果不着眼于思想理论的教育，盲目地照抄照搬或简单移植一些所谓现代的教育教学方式方法，如价值澄清法，就会陷于片面追求方式方法创新的形式主义中，虽然可能制造出活跃的课堂气氛，但不能正面地、清晰地展现教育教学内容。只有结合理论的特点，着眼于思想理论的教育，改进教育教学方式方法和实现教学手段多样化，才能有效提高教师的授课质量，促使思想政治理论课程学习活动的有效运行。当然，还要求教师必须贯彻理论联系实际等多种教学原则，综合运用启发式等多种教育教学方法。

总之，随着社会的进步、时代的发展，思想政治理论课程教育教学方法、教学载体、教学方式的改革与创新，应当以适应该课程发展的需要,适应大学生心理、思想特点的实际,充分发挥大学生的主体性为原则。把教师的主导性与学生的主体性有机结合起来,变单向讲授为师生的双向互动,调动学习者学习的积极性,在一定程度上改变了以往"重知识、轻能力,重分数、轻素质,重灌输、轻主体,重课内、轻课外,重教师讲、轻学生学,局限课堂多、走出课堂少,局限课本多、开展活动少,局限校园多、走向社会少,要我学现象多、我要学现象少"[①]的局面,较好地克服了学习者学习的被动状态,克服了学习者的潜能得不到充分发挥、学生个性得不到充分发展的局面,使该课程学习效果得到明显提高。

(三) 进一步加强思想政治理论课程的科学化和学科化发展

思想政治理论课程学习是以课程为中心而展开的,课程及其教材是学习者学习的最基本载体和学习对象,是学习者提升思想理论素质和发展能力的基础,一旦离开课程这个根基,学习将成无本之木,无源之水。从现代课程论发展脉络来看,课程研究都离不开对学习问题的探讨,甚至围绕学习问题生发、拓展其理论体系,这是因为"课程从根本上都是针对学习而言的"[②]。因此,学习也不能不与课程相联系,在课程决策、课程设计、课程实施和课程评价等环节上都包含对学习的安排和考虑。比如在课程设计中,就包含"学习经验的选择确定"[③],尤其"在经验课程中,学习的内容不是预先统合,而是在整个学习过程中加以展开的"[④]。甚至有学者"用经验定义课程本质",其主旨是"使得课程与学习者的关系从单向成为双向的","将学习者的主动学习行为纳入课程","重视学习者积极性、鼓励学习者主动参与、肯定学习者个人经历和体验的课程才日益发展起来"。[⑤] 由此不难看出,课程及其教材问题在学习生态系统中占有极其重要的地位。

[①] 骆郁廷:《高校思想政治理论课程论》,武汉大学出版社2006年版,第226页。
[②] 丁念金:《课程论》,福建教育出版社2007年版,第9页。
[③] 黄甫全:《课程与教学论》,高等教育出版社2002年版,第192页。
[④] 钟启泉:《现代课程论》,上海教育出版社2003年版,第24页。
[⑤] 从立新:《课程论问题》,教育科学出版社2000年版,第90—91页。

在思想政治理论课程视阈中，由于该课程及其教材是国家文化意志和国家法定意识形态的集中表达，其中所涉及的理论体系是党和国家长远发展的思想基础，它显著不同于一般智育课程或人文社会科学课程，其性质和地位具有特殊性。所以，大学生或学习者学习什么？应当树立什么样的思想政治观念？不能不受制于该课程及其教材所阐述和涵盖的思想理论内容及体系。但是，学习者对一门课程产生学习兴趣，除了充分发挥教师教育教学的艺术和手段等外在影响外，其关键环节还在于该课程及其教材本身的魅力。思想政治理论课程的魅力就在于所阐述和倡导的思想内容的真理性、理论性、逻辑性及其学术性。所以，加强该课程建设不仅要完善其内容的逻辑体系，做好教材和相关学习资料的编写工作，还要把建设的中心和着力点放在该课程的学科化和科学科发展。从当下思想政治理论课程建设的态势来看，其建设重心应集中在以下两个方面：

其一，夯实思想政治理论课程的学科基础，推进该课程的学科化和科学化发展。从实践来看，世界上所有国家都高度重视国民教育教材和学科建设，以学科形式推进其课程建设，通过教材和学科建设表达国家意志和民族信念，这也是现代课程发展的基本经验和做法，而这对思想政治理论课程建设来说具有更重要的特殊意义。长期以来，思想政治理论课程是以公共理论课的形式自立于高校课程体系之中，在教育和培养大学生成长成才方面发挥了不可替代的重要作用。但由于认识观念或其他原因作祟，很多人包括一些其他专业的教育者对该课程的理解和看法是比较片面的甚至错误的。譬如，认为思想政治理论课程是一门可以随意组合、任意增减的公共课程，是应景的政治课或政治传声筒，既无学科基础又无学科形态，可有可无，等等。这些认识偏差和错误观念的存在无疑削弱了该课程的形象，必然使学习者产生排斥心理。以学科形式推进课程建设不仅有助于增强学科依托、解决课程的归属问题，有助于消除某些认识偏差或错误观念，从而提升课程的科学化形象；而且有利于增强该课程内容及体系的稳定性，促使学习者真信、真学、真用。

夯实思想政治理论课程的学科基础，就是要推进马克思主义理论学科在思想政治理论课程建设中的支撑作用。首先，进一步增强马克思主义理论在该课程中的核心指导地位。马克思主义理论学科既具有一般学科的普遍性质,又具有学科自身的特殊性质,兼有科学性和学术性双重特征;而且马克思主义理论学科的研究对象,即马克思主义是我们立党立国的根本指导思想,是社会主义意识形态的旗帜,是社会主义核心价值体系的灵魂,也是全国各族人民团结奋斗、夺取建设中国特色社会主义新胜利的共同理论基础和强大思想武器。马克思主义理论学科通过对马克思主义科学原理的研究,不仅提升了对马克思主义与时俱进的理论品质及其现时代的理论创新的认识,而且有助于加强马克思主义对思想政治理论课程内容和方法的指导。基于此,思想政治理论课程建设应自觉坚持马克思主义的理论指导,以马克思主义理论和马克思主义理论教育为中心,该课程设计、编写及其教育教学均要围绕这一中心展开。其次,进一步增强该课程与马克思主义理论学科的内在联系。马克思主义理论学科所属的各个二级学科的研究对象和研究内容,应为丰富和充实思想政治理论课教学内容提供理论的和思想的材料,为思想政治理论课教学实现思想性、政治性、意识形态性与知识性、学术性的统一提供学科的思维方式方法,为提高思想政治理论课程教育教学的实效打下研究性基础。马克思主义理论学科通过研究马克思主义基本原理及其形成和发展的历史,研究它在世界上的传播与发展,研究马克思主义中国化的理论与实践,并且把马克思主义研究成果运用于思想政治理论课程教育教学之中,使马克思主义理论教育与思想政治教育相统一、思想政治理论课程建设与思想政治教育发展相统一。

其二,强化思想政治理论课程的学术性,推进该课程的学科化和科学化发展。学术性是思想政治理论课程内容的内在特征,该课程的学术性是其科学性、价值性的集中体现。该课程的核心内容马克思主义理论是人类思想文化智慧的结晶,它在知识的广度和深度上具有非常高的水平。譬如,"马克思在他所研究的每一个领域,甚至在数学领域,都具有独到的发现,这样的领域是很多的,而且其中任何一个领域他都不是浅尝辄止。"[①] 马克思主义在对人类社会发展的一般规律的揭示中,在

---

① 《马克思恩格斯选集》第3卷,人民出版社1995年版,第776—777页。

对科学真理的阐释中,体现了理论逻辑的力量和学术价值的魅力。马克思主义理论为无产阶级提供改造社会的思想武器,它具有鼓舞无产阶级斗志、引导无产阶级沿着社会发展的趋势去改造社会的巨大作用。因此,马克思主义理论又具有为无产阶级劳动人民服务的意识形态功能。理论的科学性为其意识形态功能的发挥提供了强大的支持,而意识形态功能之所以能得到充分发挥,关键正在于马克思主义理论的真理价值和学术魅力。学术性和意识形态性在马克思主义理论中得到了完美结合。所以,思想政治理论课程对大学生进行的马克思主义理论教育和思想政治教育,不但具有明显的政治性和意识形态性,还具有浓厚的学术性。思想政治理论课程讲究学术性,可以避免该课程"只有通过纯粹马克思主义的教育这条直路"[①]接近学习者,该课程的学术性能以其逻辑严谨性、表达丰富性、话语新颖性的方式引起学习者的兴趣,唤醒他们的学习热情,使他们全神贯注地学习钻研。

  学术性是内涵广泛的术语,它主要表现在论证程序、逻辑结构、话语样式、阐述方式以及资料运用程度等方面的学术规范性和艺术性。而思想政治理论课程的学术性具有特定含义,它一方面是指该课程内容的直观的学术性,这要求在教材编写和研制过程中遵循学术规范,使其理论内容展现论证的严谨性、逻辑的清晰性、结构的合理性、话语的新颖性、资料的详尽性等,使学习者在学习过程中感受其理论内容理论逻辑的力量和学术价值的魅力,从而真信、真学、真用。另一方面是指对该课程内容体系进行内在的整合,使该课程内容凸显马克思主义理论本身的整体性:一是思想政治理论课各门课程体系必须反映马克思主义理论整体性的要求,将各门课程融于马克思主义理论学科之中,与马克思主义理论学科构成一个整体;二是思想政治理论课各门课程自身都有着整体性,它并不是马克思主义三个组成部分的哪一个部分,但既相对独立,而又相互之间密切关联,是有机统一的。[②] 这样整体性的课程设计不但强化了该课程的科学性,而且有利于该课程整体性地教育和培养学

[①] 《列宁选集》第 4 卷,人民出版社 1995 年版,第 649 页。
[②] 参见张雷声:《马克思主义整体性的三个层次》,载《思想理论教育导刊》2008 年第 2 期,第 46—47 页。

习者思想政治素质,并不是单科式的或是分门别类的培育学习者的思想政治素质。强化思想政治理论课程的学术性就是从这两个层面着手的,前者是该课程学术性的形式,是非常必要的;后者是其学术性的核心,是其学术性的根本和灵魂之所在,二者相辅相成,缺一不可。

上述探讨将直接或间接影响思想政治理论课程学习的问题纳入研究领域,试图从课程论和教学论的视阈分析该课程的学习问题,这就必然要从课程论和教学论两个层面厘清与学习的关系。通过思想政治理论课学习研究使该课程论、教学论和学习论三个领域互相贯通,三者形成内在的、有机的联系,在思想政治理论课程教育教学的改革和发展过程中,既发挥各自的优势和功能,又相互补充、相互辉映,共同实现思想政治理论课程教育教学的目标。

二、改进思想政治理论课程学习评价的构想

学习评价是一个完整学习过程的重要组成部分,它是对学习过程和学习结果的必要总结和反思。从教育实践经验来看,改变学习者学习的最迅速的方式就是改变其学习评价方式及评价体系。这说明学习评价对学习起导向作用,有什么样的评价方式就会导致学习者有什么样的学习方式、学习态度和学习结果。学习评价属于教育评价的一种类型,从广义的角度看,学习评价与课程评价、教学评价的内涵一致。课程评价"是由判断课程在改进学生学习方面的价值的那些活动构成的"[1],同时,"对教师而言,他们所做的评价绝大多数是针对学习结果进行的,而且学习结果评价是他们进行教学评价、教材评价的重要参考指标"[2]。任何评价都有自身目的,而"教育评价的目的,就是人们开展教育评价之前,所设想的和规定的教育评价活动所欲达到的效果和结果"[3]。思

---

[1] 施良方:《课程理论:课程的基础、原理与问题》,教育科学出版社1996年版,第149页。

[2] 杨心德、蔡维静:《社会学科学习与教学设计》,上海教育出版社2005年版,第269页。

[3] 陈玉琨:《中国教育评价论》,广东教育出版社1993年版,第32页。

想政治理论课程学习评价的目的应是促使学习者通过理解、领会、掌握马克思主义基本理论和思想道德观念，从而树立正确的世界观、人生观和价值观。

一般而言，"评价乃是系统搜集证据用以确定学习者实际上是否发生了某些变化，确定学生个体变化的数量或程度。"[①] 这一评价的依据比较适合对智育课程或其他类型课程学习的评价，而对于如何评判个体思想政治观念的转化程度则难以操作，这是因为其评价涵盖了个体的情感、品德、意志、态度、信念等非认知领域，评价结果具有模糊性和不确定性。"而以往的思想政治理论课程学习评价惯常以学业成绩作为衡量学习成果的唯一标准，是一种定量评价，过于强调评价的区分、甄别的功能。不但其评价内容单一，偏重知识目标，忽略能力、情感、意志、态度等目标，注重理论知识的再现，忽略思想理论的建构；而且其评价方法单一，过分关注对其学习结果的终结性评价，忽视对其学习过程的形成性评价，难以发挥评价的反馈、纠正、激励的功能，并且评价标准单一，重视绝对评价法，忽视个体内差异评价法。这样的学习评价不但忽视了其学习的目标性、政治性和价值性，学习者作为评价的对象处于被动地位，难以他们调动的积极性、主动性和能动性，不利于激励学习者成长成才，也影响了评价结果的客观性和科学性，难以发挥评价的教育功能。"[②] 针对以往其学习评价的弊端，势必要根据该课程的性质及其学习的特点，以实现学习目的为根本，进一步改进和完善其学习评价体系和方式。然而，从操作层面上来说，学习评价的改进是一项系统、复杂而综合的工程，涉及该课程教育教学理念、体制、机制的转变，教育教学方式、方法的改革，以及其教育教学配套措施的完善等诸多领域和层面，在此，仅仅从宏观上提出如何改进其学习评价的基本构想。

学习者是思想政治理论课程学习活动的中心，是学习活动的起点和

[①] [美] B. S. 布卢姆等编：《教育评价》，邱渊等译，华东师范大学出版社1987年版，第6页。

[②] 参见袁惠红：《研究性学习在高校思想政治理论课教学中的应用初探》（硕士学位论文），西南大学2006年，第33页。

归宿。要改进思想政治理论课程学习评价的方式、方法,其根本在于树立起"以学生为本"的评价观。

第一,学习者参与评价。学生评价是教育评价体系中的核心内容之一,它是指"对学生学习进展与行为变化的评价"①。在以往的思想政治理论课程学习评价中,作为评价对象的学习者一直处于被动地位,该评价往往由教师或主管部门来设计、实施,学习者不能真正参与其中,教师也不能准确地发现其教育教学存在的问题和弊端,其学习评价的目的和意义不明确。新的学习评价方式的构建,首要任务就是恢复和确立学习者学习评价的主体地位,激发学习者参与的热情,这样学习者才能理解和领悟该学习评价的目的、意义和作用,从而全面参与到该课程学习评价过程之中,不再置身于外,而是积极参与该学习评价标准的设计和制订,主动搜集相关学习评价信息,逐渐对自己的学习质量和学习结果做出符合实际的价值判断。学习者参与评价,将自评、他评和互评三结合,并逐步发展到以自评为主,使学习者在参与评价中认识自我、反思自我、发展自我。就是学习者逐步将外在的评价目标内化为其学习需要和自我发展的需要,并自觉按照评价目标和评价结果调整和改进自身的学习状态,进一步提升学习能力和学习效果。"一是发现自身的独特学习潜能,了解学习过程中在知识、能力、情感、意志、态度等方面的收获和取得的进步,总结在亲身参与其学习活动中所获得的感悟和体验,增强自信,获得成就感,进一步激发学习的兴趣和信心。二是反思学习过程,了解自己的学习状况,发现需要改进的方面。比如学习态度和主动精神如何、创新能力和实践能力怎样、意志品质是否需要磨炼、搜集利用信息的方法和途径是否高效,发现、分析、解决问题的思维方法是否得当,与人沟通合作的能力是否良好?等等。三是从其他学习者对自己的评价中,看到自己的不足,纠正自我评价的偏差,并吸收别人的长处,完善自我评价。"②

第二,完善科学的评价标准和评价方法。评价的科学性和合理性在

---

① 陈玉琨:《教育评价学》,人民教育出版社1999年版,第23页。
② 参见袁惠红:《研究性学习在高校思想政治理论课教学中的应用初探》(硕士学位论文),西南大学2006年版,第33—34页。

于其评价标准的科学、统一,以及评价方法的适切性和多样性,即要运用多种评价形式和评价方法衡量众多个性化的学习者,这样才有利于教师发现学习者的学习能力和学习特点,正确把握学习者的学习效果。科学的评价标准和评价方法包含多项内容,其完善需要一个艰苦探索的过程,但该评价包含一些有利于实施的基本原则,如"其学习评价要关注每个学习者的原有理论知识基础和个性特点,以个体内差异评价法为主,灵活应用绝对评价法,慎重应用相对评价法。定性评价和定量评价相结合,以定性评价为主。过程评价和结果评价相结合,以过程评价为主"[1]。有研究者认为,其学习评价适合采用"成长记录袋"(或称档案袋)的评价方法。[2] 思想政治理论课程学习评价可以借鉴该评价法的优点,以激励学习者有效开展学习活动。譬如,以学习小组为单位,建立"成长记录袋",搜集学习者在学习过程中的"作品",如学习者的提问、为讨论和辩论准备的资料、阅读的书目与学习心得、小组调查访问报告、社会实践活动资料、自我反思材料、小论文、小组专题研究成果等。这些成果能真实反映出学习者的学习成长历程,包含知识、情感、态度、能力等多方面的评价因素。教师要依据这些材料,发现学习者的学习潜能,了解他们的学习态度和兴趣特长,掌握其学习过程中取得的成绩和存在的问题,对不同学习者的不同方面、不同程度的进步给予肯定和鼓励。同时,又提供给学生发表意见和对"作品"进行反省的机会,有助于学生反思能力和自我评价能力的发展。[3]

第三,实施表现性评价。思想政治理论课程学习是一个不断发展变化的过程,它不仅包含了其学习的结果如经验的获得,也包含了其学习过程中思想情感的体验。因此,其学习评价的目的不仅仅在于对结果的

---

[1] 袁惠红:《研究性学习在高校思想政治理论课教学中的应用初探》(硕士学位论文),西南大学2006年版,第34页。

[2] "成长记录袋"评价法是在20世纪80年代西方评价改革运动中产生的,是指教师和学生有意识地将各种有关学生表现的材料收集起来,并进行合理的分析与解释,以反映学生的状况或成就的一种评价方式。参见周卫勇主编:《走向发展性课程评价——谈新课程的评价改革》,北京大学出版社2002年版,第64页。

[3] 参见袁惠红:《研究性学习在高校思想政治理论课教学中的应用初探》(硕士学位论文),西南大学2006年版,第34页。

鉴定，也不仅是对该学习过程的控制，它作为一种过程性的评价，其评价的目的是在形成判断的基础上，进一步引发、激起学习者的持续学习行动。在这个学习过程中，"学生需要利用评价的机会来了解自己的进步，评判自己的成绩，监控自己的发展。他们具有认识自己的优势、倾向和不足之处的能力。"① 这就需要运用表现性评价。所谓表现性评价，"主要是通过可直接观察的实际行为表现来考察学习者掌握知识、技能或具备某种态度的程度"②。表现性评价体现了重视过程性评价、重视质性评价、重视非学业评价的特征，这种评价方法恰好解决了该课程学习中的评价难题。它侧重于把握学习者的情感倾向和价值取向，考察学习者对理论知识的掌握及其思想政治观念的建构情况，这有助于激发学习者的学习动机，对思想政治理论课程学习评价具有适切性。

当然，其学习评价的改进离不开对学习考试考核方式的改进。在新的历史时期，要根据高校人才培养目标和培养规格的要求，积极探索适应思想政治理论课程教育教学特点、能正确引导大学生健康成长要求的考试考核方式，逐步建立闭卷与开卷、笔试与口试、道德认知与实际行为、课堂教学与社会实践、日常思想状况与关键时期表现相结合的科学测评体系，全面、客观地反映大学生运用马克思主义立场、观点、方法分析解决问题的能力和思想道德品质的实然状况。

上述提升思想政治理论课程学习的相关措施仅仅是从学校教育系统和学校教育环境着眼的，事实上，在日益开放、多元的社会发展态势下，该课程学习总是受到社会环境的直接或间接的影响。客观地说，社会环境的影响对该课程学习的影响在很大程度上是消极的、破坏性的，而不是积极的、建设性的。如何化解社会环境中的不利因素？从根本上来说，社会环境的消极因素和现象还需要依靠社会自身的发展和进步去克服；而从教育功能的角度来说，这正是思想政治理论课程教育教学的本位职责和使命，除了充分发挥该课程教育教学正面的、主导性的指引

---

① [美]埃伦·韦伯著：《有效的学生评价》，国家基础教育课程改革"促进教师发展与学生成长的评价研究"项目组译，中国轻工业出版社2003年版，第190页。

② 夏正江：《关于研究性学习评价方式的构想》，载《课程·教材·教法》2003年第11期，第28页。

作用外，还必须从其他方面如制度、体制等环节合力加强建设。总之，思想政治理论课程学习是一种复杂的、综合的心理活动过程，为改进和提升该课程学习效果的措施和手段同样复杂而综合。只要该课程学习活动不停顿地开展，那么指导、引导或服务其学习活动的措施和手段也必然要不断地改进和创新，这是个艰巨的、未有穷期的系统工程。

中外文参考文献

一、中文文献

(一) 著作类

[1]《马克思恩格斯选集》(1—4卷),北京:人民出版社,1995年。

[2]《列宁选集》(1—4卷),北京:人民出版社,1995年。

[3]《毛泽东选集》(1—4卷),北京:人民出版社,1991年。

[4]《毛泽东著作选读》(上下册),北京:人民出版社,1986年。

[5]《周恩来选集》(上下卷),北京:人民出版社,1980年,1984年。

[6]《刘少奇选集》(上下卷),北京:人民出版社,1981年,1985年。

[7]《邓小平文选》(1—3卷),北京:人民出版社,1993年,1994年。

[8]《江泽民文选》(1—3卷),北京:人民出版社,2006年。

[9]《毛泽东同志论教育工作》,北京:人民教育出版社,2000年。

[10]《邓小平论教育》,北京:人民教育出版社,1995年。

[11] 顾海良等著:《高校思想政治理论课程建设研究》,北京:经济科学出版社,2009年。

[12] 顾海良:《高校思想政治教育导论》,武汉:武汉大学出版社,2006年。

［13］石云霞：《"两课"教学法研究》（第二版），武汉：武汉大学出版社，2003年。

［14］佘双好：《现代德育课程论》，北京：中国社会科学出版社，2003年。

［15］顾海良、佘双好：《高校思想政治理论课程教学改革研究》，武汉：武汉大学出版社，2006年。

［16］骆郁廷：《高校思想政治理论课程论》，武汉：武汉大学出版社，2006年。

［17］石云霞：《高校思想政治理论课程建设史研究》，武汉：武汉大学出版社，2006年。

［18］石云霞：《新中国成立以来高校思想理论教育史研究》，北京：人民教育出版社，2005年。

［19］张雷声：《新时期思想政治理论课教学方法探讨》，北京：高等教育出版社，2006年。

［20］教育部社会科学司：《普通高校思想政治理论课文献选编（1949—2006）》，北京：中国人民大学出版社，2007年。

［21］段忠桥：《建国以来普通高校马克思主义理论课和思想品德课课程设置及教学内容历史沿革资料汇编》（上下册），北京：高等教育出版社，2004年。

［22］顾明远：《教育大辞典》（1—12卷），上海：上海教育出版社，1990年。

［23］梅荣政：《用马克思主义引领社会思潮》，武汉：武汉大学出版社，2008年。

［24］骆郁廷：《精神动力论》，武汉；武汉大学出版社，2003年。

［25］郑永廷等：《社会主义意识形态发展研究》，北京：人民出版社，2002年。

［26］郑永廷等：《德育发展研究：面向21世纪中国高校德育探索》，北京：人民出版社，2006年。

［27］戚万学：《道德学习与道德教育》，济南：山东教育出版社，2006年。

[28] 王健敏：《道德学习论》，杭州：浙江教育出版社，2002 年。

[29] 林崇德：《品德发展心理学》，上海：上海教育出版社，1989 年。

[30] 冯忠良：《学习心理学》，北京：教育科学出版社，1981 年。

[31] 冯忠良等：《教育心理学》，北京：人民教育出版社，2000 年。

[32] 王逢贤：《学与教原理》，北京：高等教育出版社，2000 年。

[33] 邵瑞珍：《学与教的心理学》，上海：华东师范大学出版社，1990 年。

[34] 莫雷：《教育心理学》，广州：广东人民出版社，2005 年。

[35] 黄济、王策三：《现代教育论》，北京：人民教育出版社，1996 年。

[36] 林崇德：《学习与发展》，北京：北京教育出版社，1992 年。

[37] 钟启泉：《现代教学发展》，北京：教育科学出版社，1988 年。

[38] 施良方：《课程理论：课程的基础、原理与问题》，北京：教育科学出版社，1996 年。

[39] 施良方、崔允漷主编：《教学理论：课堂教学的原理、策略与研究》，上海：华东师范大学出版社，1999 年。

[40] 陈琦、刘儒德：《当代教育心理学》，北京：北京师范大学出版社，2007 年。

[41] 施良方：《学习论》，北京：人民教育出版社，2001 年。

[42] 王策三：《教学论稿》（第二版），北京：人民教育出版，2006 年。

[43] 皮连生：《教育心理学》（第三版、第四版），上海：上海教育出版社，2005 年、2006 年。

[44] 郭秀艳：《内隐学习》，上海：华东师范大学出版社，2003 年。

[45] 柳海民：《教育过程论》，重庆：重庆出版社，1994 年。

[46] 王道俊、王汉澜：《教育学》，北京：人民教育出版社，

2004年。

［47］陈桂生：《教育原理》（第二版），上海：华东师范大学出版社，2005年。

［48］鲁洁、王逢贤：《德育新论》（第二版），南京：江苏教育出版社，2002年。

［49］张卿：《学与教的历史轨迹——20世纪的教育心理学》，济南：山东教育出版社，1995年。

［50］钟以俊：《现代学习原理与学法指导》，合肥：中国科学技术大学出版社，1995年。

［51］阎永利：《教学最优化艺术》，北京：教育科学出版社，1995年。

［52］田慧生、李如密：《教学论》，石家庄：河北教育出版社，1996年。

［53］李伯黍、燕国材：《教育心理学》，上海：华东师范大学出版社，1993年。

［54］伍新春：《高等教育心理学》，北京：高等教育出版社，2001年。

［55］沈怡文：《学习方法》，武汉：湖北教育出版社，1999年。

［56］蒯超英：《学习策略》，武汉：湖北教育出版社，1999年。

［57］张奇：《学习理论》，武汉：湖北教育出版社，1999年。

［58］姚梅林：《学习规律》，武汉：湖北教育出版社，1999年。

［59］李洪玉、何一粟：《学习动力》，武汉：湖北教育出版社，1999年。

［60］李洪玉、何一粟：《学习能力发展心理学》，合肥：安徽教育出版社，2004年。

［61］刘电芝：《学习策略研究》，北京：人民教育出版社，2001年。

［62］姚梅林：《学习心理学》，北京：北京师范大学出版社，2006年。

［63］刘强：《思想政治学科教学论》，北京：高等教育出版社，

2000年。

［64］王坤庆：《现代教育哲学》，武汉：华中师范大学出版社，2000年。

［65］吴庆麟：《认知教学心理学》，上海：上海科学技术出版社，2000年。

［66］黄甫全：《现代课程与教学论学程》，北京：人民教育出版社，2006年。

［67］丁念金：《课程论》，福州：福建教育出版社，2007年。

［68］吴康宁：《教育社会学》，北京：人民教育出版社，2005年。

［69］王敏：《思想政治教育接受论》，武汉：湖北人民出版社，2002年。

［70］邱柏生：《思想教育接受学》，太原：山西人民出版社，1992年。

［71］张琼、马尽举：《道德接受论》，北京：中国社会科学出版社，1995年。

［72］张耀灿、郑永廷、吴潜涛、骆郁廷：《现代思想政治教育学》，北京：人民出版社，2006年。

［73］张耀灿等：《思想政治教育学前沿》，北京：人民出版社，2006年。

［74］佘双好：《大学生思想政治教育方法研究》，北京：高等教育出版社，2010年。

［75］从立新：《课程论问题》，北京：教育科学出版社，2002年。

［76］张晓明、陈建文：《高等教育心理学》，北京：高等教育出版社，2008年。

［77］王希华：《现代学习理论评析》，北京：开明出版社，2003年。

［78］顾明远、孟繁华：《国际教育新理念》，海口：海南出版社，2001年。

［79］孙喜亭：《教育原理》，北京：北京师范大学出版社，2003年。

［80］全国高校思想政治教育研究会：《全国高校思想政治教育研究会第七次代表大学暨2008年会论文集》，2008年。

［81］徐辉、季诚钧等：《大学教学论》，杭州：浙江大学出版社，2004年。

［82］靳玉乐：《潜在课程论》，南昌：江西教育出版社，1996年。

［83］张春兴、林青山：《教育心理学》，台北：东华书局，1994年。

［84］莫雷、张卫等：《学习心理研究》，广州：广东人民出版社，2005年。

［85］张大均：《教育心理学》，北京：人民教育出版社，2005年。

［86］钱焕琦：《教育伦理学》，南京：南京师范大学出版社，2009年。

［87］刘惊铎：《道德体验论》，北京：人民教育出版社，2006年。

［88］钟启泉：《现代课程论》，上海：上海教育出版社，2003年。

［89］鲁洁：《当代德育基本理论探讨》，南京：江苏教育出版社，2003年。

［90］朱小蔓：《情感教育论纲》，南京：南京出版社，1993年。

［91］张大均：《教与学的策略》，北京：人民教育出版社，2003年。

［92］朱立元：《接受美学》，上海：上海人民出版社，1989年。

［93］薛天祥：《高等教育学》，桂林：广西师范大学出版社，2001年。

［94］章志光：《社会心理学》，北京：人民教育出版社，1996年。

［95］章志光：《心理学》（第三版），北京：人民教育出版社，2002年。

［96］沈壮海：《思想政治教育有效性研究》（第二版），武汉：武汉大学出版社，2008年。

［97］高文、徐斌艳、吴刚：《建构主义教育研究》，北京：教育科学出版社，2008年。

［98］项久雨：《思想政治教育价值论》，北京：中国社会科学出版

社，2003年。

[99] 张澍军：《德育哲学引论》，北京：人民出版社，2002年。

[100] 沈德立：《高效率学习的心理学研究》，北京：教育科学出版社，2006年。

[101] 皮连生：《知识分类与目标导向教学——理论与实践》，上海：华东师范大学出版社，1998年。

[102] 张世欣：《思想政治教育接受规律论》，上海：上海三联书店，2005年。

[103] 梁桂麟、徐海波：《当代高校公共理论课教育教学》，北京：中国社会科学出版社，2004年。

[104] 高慎英：《体验学习论：论学习方式的变革及其知识假设》，桂林：广西师范大学出版社，2008年。

[105] 任长松：《探究式学习：学生知识的自主建构》，北京：教育科学出版社，2005年。

[106] 庞维国：《自主学习——学与教的原理与策略》，上海：华东师范大学出版社，2003年。

[107] 刘昌明等：《论学习道德》，北京：石油工业出版社，1996年。

[108] 吴俊：《道德学习研究》，长春：吉林人民出版社，2007年。

[109] 任长松：《新课程学习方式的变革》，北京：人民教育出版社，2003年。

[110] 谭顶良：《学习风格论》，南京：江苏教育出版社，1998年。

[111] 房玫：《思想政治理论教育教学导论》，合肥：安徽人民出版社，2005年。

[112] 戚万学：《冲突与整合——20世纪西方道德教育理论》，济南：山东教育出版社，1995年。

[113] 刘丽琼：《思想政治理论课教学接受论》，北京：人民出版社，2009年。

[114] （美）杜威著：《民主主义与教育》，王承绪译，北京：人民出版社，1990年。

[115]（英）柯林·比尔法、约翰·威尔逊：《体验式学习的力量》，黄荣华译，广州：中山大学出版社，2003年。

[116]（日）小原国芳著：《小原国芳教育论著选》，刘剑乔等译（上卷），北京：人民教育出版社，1993年。

[117]（美）齐默尔曼、邦纳、科瓦齐著：《自我调节学习：实现自我效能的超越》，姚梅林、徐守森译，北京：中国轻工业出版社，2001年。

[118]联合国教科文组织国际教育发展委员会编著：《学会生存》，华东师范大学比较教育研究所译，北京：教育出版社，1996年。

[119]（瑞士）皮亚杰、英海尔德著：《儿童心理学》，吴福元译，北京：商务印书馆，1981年。

[120]（苏联）瓦西留克著：《体验心理学》，黄明译，北京：中国人民大学出版社1989年。

[121]（美）莫里斯·L.比格著：《学习的基本理论与教学实践》，张敷荣等译，北京：文化教育出版社，1983年。

[122]（美）G.H.鲍尔等著：《学习论——学习活动的规律探索》，邵瑞珍等译，上海：上海教育出版社，1987年。

[123]（苏联）赞可夫编：《教学与发展》，杜展坤等译，北京：文化教育出版社，1980年。

[124]（美）布鲁纳著：《布鲁纳教育论著选》，邵瑞珍、张谓城等译，北京：人民教育出版社，1989年。

[125]（苏联）巴班斯基著：《教育教学过程最优化》，吴文侃译，北京：教育科学出版社，1986年。

[126]（美）布鲁纳著：《教育过程》，邵瑞珍译，北京：文化教育出版社，1982年。

[127]（美）J.M.索里、C.W.特尔福德著：《教育心理学》，高觉敷等译，北京：人民教育出版社，1982年。

[128]（美）加涅著：《学习的条件》，傅统先、陆有铨译，北京：人民教育出版社，1985年。

[129]（美）林格伦著：《课堂教育心理学》，章志光等译，昆明：

云南人民出版社，1983 年。

［130］（德）F. W. 克罗恩著：《教学论基础》，李其龙等译，北京：教育科学出版社，2005 年。

［131］（瑞士）皮亚杰著：《发生认识论原理》，王宪译，北京：商务印书馆．1996 年。

［132］（日）羽生正义主编：《学习心理学——教与学的基础》，周国韬编译，长春：吉林教育出版社，1989 年。

［133］（美）班杜拉著：《思想和行动的社会基础：社会认知论》，林颖等译(上、下册)，上海：华东师范大学出版社，2001 年。

［134］（美）奥苏贝尔等著：《教育心理学——认识观点》，余星南等译，北京：人民教育出版社，1994 年。

［135］（日）辰野千寿著：《学习心理学》，山效华等译，长春：吉林人民出版社，1986 年。

［136］（美）加涅等著：《教学设计原理》，皮连生等译，上海：华东师范大学出版社，1999 年。

［137］（美）阿尔斯代尔·麦金太尔著：《伦理学简史》，龚群译，北京：商务印书馆，2003 年。

［138］（美）斯蒂芬·L. 平陇：《教学原理》，单文经译，上海：华东师范大学出版社，2003 年。

［139］（日）佐滕正夫著：《教学原理》，钟启泉译，北京：教育科学出版社，2001 年。

［140］（美）柯尔伯格著：《道德教育的哲学》，魏贤超译，杭州：浙江教育出版社，2000 年。

［141］（美）科尔伯格著：《道德发展心理学》，郭本禹等译，上海：华东师范大学出版社，2004 年。

［142］（苏联）伊·斯·马里延科著：《德育过程原理》，牟正秋、王明辉译，人民出版社，1985 年。

［143］（美）约翰·杜威著：《民主主义与教育》，王承绪译，北京：人民教育出版社，2001 年。

［144］（英）彼得斯著：《道德发展与道德教育》，邬冬星译，杭

州：浙江教育出版社，2004 年。

[145]（美）路易斯·拉思斯著：《价值与教学》，谭松贤译，杭州：浙江教育出版社，2003 年。

[146] 霍尔·戴维斯著：《道德教育的理论与实践》，陆有铨、魏贤超译，杭州：浙江教育出版社，2003 年。

[147]（英）约翰·威尔逊著：《道德教育新论》，蒋一之译，杭州：浙江教育出版社，2003 年。

[148]（美）费斯汀格著：《认知失调理论》，郑全权译，杭州：浙江教育出版，1999 年。

[149]（美）约翰·罗尔斯著：《正义论》，何怀宏等译，北京：中国社会科学出版社，1988 年。

[150]（美）马斯洛著：《人的潜能和价值》，林方等编译，北京：华夏出版社，1987 年。

[151]（日）西田几多郎著：《善的研究》，何倩译，北京：商务印书馆，1965 年。

[152]（美）爱因斯坦：《爱因斯坦文集》（第 3 卷），许良英等译，北京：商务印书馆，1976 年。

[153]（德）康德著：《道德形而上学原理》，苗力田译，上海：上海人民出版社，1986 年。

[154]（苏联）B. A. 苏霍姆林斯基著：《给教师的建议》，杜殿坤编译，北京：教育科学出版社，1984 年。

[155]（美）卡扎米亚斯、马西亚拉斯著：《教育的传统与变革》，福建师范大学教育系译，北京：文化教育出版，1981 年。

（二）论文类

[1] 顾海良：《着力创新，推进高校思想政治理论课的新发展》，《思想理论教育导刊》，2005 第 11 期。

[2] 顾海良：《改革开放以来高校思想政治理论课程建设论略》，《思想理论教育导刊》，2008 第 9 期。

[3] 佘双好：《思想政治理论课程教师应提升学科建设意识》，《思

想理论教育导刊》，2007 年第 9 期。

[4] 佘双好：《加强思想政治理论课程建设，提升思想政治理论课程主导性》，《高校理论战线》，2005 年第 6 期。

[5] 王健敏：《社会规范学习认同心理过程研究》，《教育研究》，1998 年第 1 期。

[6] 王健敏：《道德学习的心理特点与基本方式》，《山东师范大学学报（人文社会科学版）》，2005 第 2 期。

[7] 张雷声：《马克思主义整体性的三个层次》，《思想理论教育导刊》，2008 年第 2 期。

[8] 沈壮海：《论思想政治教育理论研究的新范式和新形态》，《思想理论教育导刊》，2007 年第 2 期。

[9] 陈秉公：《论"两课"教学的六个基本范畴》，《思想教育研究》，2004 年第 1 期。

[10] 刘电芝、黄希庭：《学习策略研究概述》，《教育研究》，2002 年第 2 期。

[11] 戚万学、唐汉卫：《应加强对道德学习问题的研究——兼论一种新的道德学习观其教育学意义》，《伦理学》，2005 年第 9 期。

[12] 唐爱民、刘晓：《道德学习的哲学思考》，《山东师范大学学报（人文社会科学版）》，2005 年第 2 期。

[13] 熊建生：《思想政治教育内容结构导论》，《思想理论教育》（综合版），2007 年第 7、8 期。

[14] 项久雨：《论思想政治教育价值评价的特点及其功能》，《学校党建与思想教育》，2004 年第 3 期。

[15] 高德胜：《道德学习在生活中是如何发生的》，《南京师大学报（社会科学版）》，2004 年第 3 期。

[16] 冯建军：《论当代学校中的道德学习》，《教育评论》，2002 年第 2 期。

[17] 张典兵、贺民：《道德教育的时代课题：探究性道德学习》，《现代教育科学》，2006 年第 02 期。

[18] 檀传宝：《让道德学习在欣赏中完成——试论欣赏型德育模

式的具体建构》,《北京师范大学学报(人文社会科学版)》,2002年第2期。

[19] 刘昌明:《学习道德教育的实践与思考》,《煤炭高等教育》,1999年第1期。

[20] 李梅:《体验学习——21世纪重要学习方式》(硕士学位论文),华南师范大学,2004年。

[21] 徐永赞:《思想政治教育接受过程研究》(博士学位论文),吉林大学,2006年。

[22] 蔡明星:《论探究学习》(硕士学位论文),福建师范大学,2004年。

[23] 陈春梅:《高校思想政治理论课程教学评价研究》(硕士学位论文),武汉大学,2005年。

[24] 袁惠红:《研究性学习在高校思想政治理论课教学中的应用初探》(硕士学位论文),西南大学,2006年。

二、外文文献

[1] Francis J Schweigert, "Learning the Common Good: Principles of Community-based Moral Education in Restorative Justice". *Joural of Moral Education.* June 1999, Vol. Vol. 28, No. 2.

[2] Patrick· Maclagan, "The Organization Context for Moral Development: Questions of Power and Access". *Jouernal of Business Ethics.* June 1996, Vol. 15, No. 6.

[3] L. W. Anderson, "International Encyclopedia of Teaching and Teacher Education". *Elevier Service Ltd.* 1995.

[4] E. Wenger, *Commuitities of Practice: Learning, Meaning and Identity.* Cambride MA: Cambridge University Press, 1995.

[5] G. Wells, *Dialogic Inquiry: Towards a Sociocultural Practice and Theroy of Education.* New York: Cambridge University Press, 1999.

[6] Christopher Peter, Martin Seligman, *Character Strengths and Vir-*

tues: *A Handbook and Classification.* London: Oxford University Press, 2004.

[7] J. Mark, Halstead, Ed. ; Monica J. Taylor, Ed. , *Values in Education and Education in Values.* Falmer Press, 1996.

[8] W. L. Bateman, *Open to Question: The Art of Teaching and Learning by Inquriy.* San Francisco: Jossey – Bass Publishers, 1990.

[9] Pedro Ortega Ruiz, "Moral Education as Pedagogy of Alterity". *Journal of Moral Education*, Vol. 33, No. 3, Sept. 2004.

[10] Nurit Talor; Dvais Boningger, "Counterfactual Thinking as a Mechanism in Narrative Persuasion". *Human Commmunication Research*, July 2004 pp. 301 – 328.

[11] Clifford H. Edwards, "The Moral Dimensions of Teaching and Classroom Discipline". *American Secondery Education.* Sep. 2000, Vol. 28, No. 3.

[12] E. David, "Campbell Social Capital and Service Learning". *Political Science and Politics.* Sept. 2000. Vol. 33, No. 3.

[13] Thomas Ehrlich, "Civic and Moral Learning about Campus". Sep. 1999, Vol. 28, No. 4.

[14] Richard W. Miller, "Ways of Moral Learning". *The Philosophical Review.* Oct. 1985, Vol. 1994, No. 4.

[15] Stephen Brookfield, "Understanding and Facilitating Moral Learning in Adults". *Journal of Moral Education.* Sep. 1998, Vol. 27, No. 3.

[16] Susan. Meyers, "Service Learning in Alternative Education Settings". *Clerning House*, Nov&Dec. 1999, Vol. 73, No. 2.

[17] Susan Hunter; Jr. Richard A. Brisbin, "The Impact of Service Learning on Democratic and Civic Values". *Politial Science and Politics.* Sep. 2000, Vol. 33, No. 3.

后 记

本书是在我的博士论文的基础上进一步修改、加工和完善而成的。掐指算来，我踏入思想政治教育学科领域业已十二个年头了。十二年来，虽然我本人的生活环境、社会角色以及工作单位发生了很大变化，而我与思想政治教育学科之间的关系却未曾疏离，反而愈益紧密。我已从最初的懵懂学习者，逐渐"转身"为以此为安身立命根基的从业者，在该学科的教学和研究第一线默默耕耘不辍。从某种意义来说，本书所承载的内容和观点，亦是本人十余年来从事思想政治教育专业学习、教学和研究的阶段性总结。

就目前研究现状来看，本书是国内学界较早系统地探讨思想政治理论课程学习问题的学术专著。尽管本书在结构和体系上还不够成熟，其中某些观点尚需推敲和斟酌，有待进一步深入研究和完善，但本书是从学习者这个视角着眼，以学习作为其核心范式，对思想政治理论课程学习问题进行了系统的、专门的研究，集中探讨了有效的思想政治理论课程学习活动是如何展开、如何推进的，初步回答了什么是思想政治理论课程学习、怎样进行思想政治理论课程学习这个基本论题。就这个层面而言，本书在思想政治教育学科领域具有一定的开拓价值。本书的问世若能引起学界对思想政治理论课程学习问题研究的关注，并使该领域研究得以持续深化，这对于我本人和思想政治教育学科来说，则善莫大焉。

本书的完稿不仅仅凝聚了我个人的心力和汗水，同样也凝合了诸多师长教诲和点拨的智慧。本书论题最初是受我的博士生导师佘双好教授启发而成的，在尔后的研究思路凝练、内容体系建构以及论文写作过程中，佘老师总是不遗余力地给予我悉心指导，鼓励和支持我表达新的见

后 记

解和认识，不仅竭尽其力地为我提供研究资料和书籍，而且与我一同承担论文写作的风险和困难。倘若没有佘老师高屋建瓴的点拨和指正，本书几乎难以顺利完稿。此外，在我论文的开题、预答辩、评阅和答辩等环节中，武汉大学马克思主义学院思想政治教育学科点的骆郁廷教授、沈壮海教授、倪素香教授、熊建生教授、项久雨教授以及教育部高等学校社会科学发展研究中心主任冯刚教授、清华大学刘书林教授、华中师范大学张耀灿教授、中山大学李辉教授等诸位老师也提出了许多宝贵意见，使我论文写作中避免了诸多误区，少走了不少弯路。对于诸位老师的谆谆指导和指正，感谢之情难以言表。

本书出版之际，非常怀念和感谢同门学习、深造的师兄弟如佘斯勇博士和龚超博士等，以及武汉大学思想政治教育学科点2006级诸位同窗好友，他们敏捷的才思、独到的见解使我在论文的构思和写作中深受启发。在论文撰写过程中，挚友李重明博士帮助我查阅和校对相关文献资料，在此一并表达最诚挚的感谢。在此，非常感谢本书中所引用或参考的文献作者，如果没有他们的前期研究和理论观点的支撑，本书的写作只能是空中楼阁。此外，还要特别感谢我的妻子吴海云女士和女儿吴璇，正是她们的支持、鼓励，给予我奋发向上、不断进取的信心、动力和勇气。

本书之所以能顺利出版，主要得益于漳州师范学院科研处的大力支持和资助，漳州师范学院马克思主义学院领导、同仁及其马克思主义理论硕士学科点也给予了充分的帮助，同时也离不开中央编译出版社郑锦编辑的热情指导和辛勤工作。在此，谨表示由衷的谢忱。

吴学兵
2012年5月于漳州

图书在版编目（CIP）数据

思想政治理论课程学习研究/吴学兵著.—北京：中央编译出版社，2012.6
ISBN 978-7-5117-0175-6

Ⅰ.①思… Ⅱ.①吴… Ⅲ.①高等学校—思想政治教育—教学研究—中国 Ⅳ.①G641

中国版本图书馆 CIP 数据核字（2012）第 108244 号

思想政治理论课程学习研究

责任编辑	郑　锦
责任印制	尹　珺
出版发行	中央编译出版社
地　　址	北京市西城区车公庄大街乙 5 号鸿儒大厦 B 座　邮编：100044
电　　话	（010）52612345（总编室）　　（010）52612336（编辑室） （010）66161011（团购部）　　（010）52612332（网络销售） （010）66130345（发行部）　　（010）66509618（读者服务部）
网　　址	www.cctpbook.com
经　　销	全国新华书店
印　　刷	河北下花园光华印刷有限责任公司
开　　本	787×960 毫米　1/16
字　　数	268 千字
印　　张	18
版　　次	2012 年 7 月第 1 版第 1 次印刷
定　　价	49.00 元

凡有印装质量问题，本社负责调换，电话：010 - 66509618